ISBN 978-1-5281-6021-6
PIBN 10932043

HISTOIRE

DES

ONSTITUANT

PAR

A. DE LAMARTINE.

TOME QUATRIÈME.

PARIS.

VICTOR LECOU	PAGNERRE
10, RUE DU BOULOI	RUE DE SEINE, 18

1855

L'auteur et les éditeurs se réservent le droit de traduction en toutes langues

HISTOIRE

DE LA

RÉVOLUTION

FRANÇAISE

89

LES CONSTITUANTS

LIVRE QUATORZIÈME.

I.

La victoire que l'éloquence de Mirabeau venait de
faire remporter au roi par la prérogative, au moins
partagée, du droit de paix et de guerre, et les insinuations de la cour, qui voulait grandir son allié
en lui, décidèrent enfin le côté droit de l'Assemblée
à s'unir au centre pour décerner au grand orateur
les fonctions de président, que l'envie et la haine
lui avaient jusque-là disputées.

IV.

« Gilles César, » réplique Mirabeau, « sera pris
» dans ses propres filets ! »

Lafayette, au contraire, triompha, et Mirabeau ne
fut élevé à la présidence qu'au mois de juin 1790,
c'est-à-dire à une époque où ses fonctions temporaires devaient cesser avant le mois de la fédération.
Lafayette préféra faire nommer pour président de la
fédération un royaliste, le marquis de Bonnay, homme
incapable d'offusquer sa popularité. La présidence de
Mirabeau, même flatteuse pour son importance politique, n'en eut pas moins d'éclat pour sa gloire: il y
éclipsa tous ses prédécesseurs et tous ses successeurs
par des qualités d'ordre, d'impartialité de caractère
et d'exactitude que ses ennemis soupçonnaient le
moins en lui; il se proportionna comme partout à
son rôle.

La mort de Franklin, le patriote américain, survenue
pendant sa présidence, lui prétexta l'occasion d'un discours funèbre dont l'accent s'élevait au-dessus du
tombeau pour prophétiser la liberté des deux mondes.

« Franklin est mort ! Il est retourné au sein de la
» divinité, le génie qui affranchit l'Amérique et versa
» sur l'Europe un torrent de lumières !

» Le sage que deux mondes réclament, l'homme
» que se disputent l'histoire des sciences et l'histoire
» des empires, tenait sans doute un rang élevé dans
» l'espèce humaine.

» Assez longtemps les cabinets politiques ont noti-

» fié la mort de ceux qui ne furent grands que dans
» leur éloge funèbre! Assez longtemps l'étiquette des
» cours a proclamé des deuils hypocrites! Les nations
» ne doivent porter que le deuil de leurs bienfai-
» teurs ; les représentants des nations ne doivent
» recommander à leur hommage que les héros de
» l'humanité.

» Le congrès a ordonné dans les quatorze Etats
» confédérés un deuil de deux mois pour la mort de
» Franklin, et l'Amérique acquitte en ce moment ce
» tribut de vénération et de reconnaissance pour l'un
» des pères de sa constitution.

» Ne serait-il pas digne de vous, messieurs, de
» vous unir à cet acte vraiment religieux, de parti-
» ciper à cet hommage rendu à la face de l'univers,
» et aux droits de l'homme, et au philosophe qui a
» le plus contribué à en propager la conquête sur
» toute la terre? L'antiquité eût élevé des autels à
» ce vaste et puissant génie qui, au profit des
» mortels, embrassant dans sa pensée le ciel et la
» terre, sut dompter la foudre et les tyrans; l'Eu-
» rope, éclairée et libre, doit du moins un témoi-
» gnage de souvenir et de regret à l'un des plus
» grands hommes qui aient jamais servi la philoso-
» phie et la liberté.

» Je propose qu'il soit décrété que l'Assemblée na-
» tionale portera pendant trois jours le deuil de Ben-
» jamin Franklin. »

Cette courte présidence montra sous de nouveaux rayons la stature de l'orateur de la France.

II.

Pendant les semaines qui précédèrent la fédération du 14 juillet, les discussions sur la révolution semblèrent précipiter leur cours. Les vainqueurs de la Bastille reçurent des titres et des places d'honneur dans les cérémonies civiques, faveurs et privilèges qui mécontentèrent les citoyens de Paris en ayant l'apparence de donner à quelques-uns la victoire de la liberté qui était revendiquée par tous.

Un baron allemand, naturalisé en France, Anacharsis Clootz, fanatique apôtre de l'émancipation philosophique du genre humain, dont il devait même être plus tard le généreux martyr, apporta à l'Assemblée l'hommage du monde affranchi par elle de ses aristocraties, de ses théocraties antiques. L'idée était juste, l'acte était théâtral et mesquin, presque grotesque. Pour faire comparaître en personne tous les peuples de l'univers dans la députation qui représentait le globe, le baron de Clootz avait enrôlé et revêtu de tous leurs costumes nationaux quelques étrangers et quelques comparses des scènes publiques, mascarade indigne du lieu, de la pensée et du but. Les parades étaient aussi solennelles que le cortége était trivial. Ce contraste changea en sarcasmes la majesté parodiée de la scène, subie plutôt que provoquée par l'Assemblée nationale.

Le sublime et le ridicule se confondent toutes les fois qu'on veut personnifier l'humanité dans des hommes de chair. Clootz devint, aux yeux des ennemis de l'émancipation, un puéril comédien.

III.

L'Assemblée, pressée par la nécessité et par la voix de Mirabeau, reprit en ce temps-là la question des finances, menaçant tous les trois mois de paralyser la vie du gouvernement et de la nation. M. de Talleyrand avait indiqué le remède unique dans la vente des sept milliards des biens, sans possesseurs réels, du clergé. Penchand et Clavière, deux Génevois consommés dans la science de la multiplication des richesses et de leur circulation par le crédit, avaient conçu les premiers et donné à Mirabeau les plans et les procédés d'une grande création de papier-monnaie sous le nom d'assignats. Mirabeau avait vu de loin et du premier coup d'œil que toute révolution profonde occasionnerait dans le corps social une perturbation aggravée par la panique du peuple et par la terreur des classes qui possèdent en masse le numéraire et qui le répandent ou le tarissent à volonté; que cette disposition naturelle ou artificielle du numéraire tarirait du même coup le travail et le salaire, seule vie du peuple et seul moyen de toutes les transactions; que cet évanouissement du salaire et cette paralysie des transactions amèneraient le marasme du corps social; que le marasme amènerait promptement le murmure et le mécontentement unanime ou contre les riches détenteurs du numéraire, ou contre la révolution elle-même, qu'on accuserait d'être la cause d'une misère publique dont elle n'était que l'occasion. Avec l'intelligence d'un esprit supérieur et avec la prévoyance d'un cœur honnête, en grand homme d'Etat de l'Assemblée, il n'avait vu que deux moyens de prévenir cette rétraction, par la faim, des principes révolutionnaires qu'il voulait faire triompher même du découragement public : ou livrer les riches aux pauvres et proclamer, comme dans une société prise d'assaut, une ère de confiscation et de pillage; ou créer un numéraire nouveau en assez grande masse pour suppléer, dans les transactions, dans les acquisitions, dans le luxe, dans les besoins réciproques, dans le travail, dans le salaire, le numéraire enfoui par la peur ou émigré par la malveillance. Le premier moyen était un crime au lieu d'un salut, un acte de barbarie en pleine civilisation, qui aurait changé des législateurs en Attilas de la propriété. Le second moyen était le papier-monnaie hypothéqué sur les biens appropriés à l'Etat par la réforme de l'Eglise propriétaire.

Le papier-monnaie, tant discrédité en France depuis par la dépréciation tout accidentelle des assignats, était en soi, comme il est encore aujour-
d'hui, une monnaie égale et supérieure à quelques
égards à la monnaie métallique. Toute monnaie est,
quoi qu'on en dise, une valeur de pure convention : la monnaie est un signe frappé ou écrit au
coin de la société ou de l'Etat pour représenter comme moyen d'échange telle ou telle valeur convention-
nelle aussi des choses de nécessité ou de luxe que les
hommes ont besoin d'échanger entre eux sans les
échanger en nature ; les pièces de monnaie sont les
mots de la langue universelle des valeurs, mots à
l'aide desquels tous les intérêts de vendeurs et d'acquéreurs s'entendent et transigent dans la nation et
quelquefois dans l'univers; que ces mots soient frappés en or ou gravés en caractères d'imprimerie, l'effet
est le même, du moment où la convention s'applique
à l'un comme à l'autre et que la confiance s'y attache avec la même certitude. L'or lui-même, que nous
regardons par préjugé comme le type de la richesse,
n'a en soi presque aucune valeur directe et subs-
tantielle : c'est le plus inutile des métaux pour les
besoins réels de l'homme; le fer et le cuivre ont
mille fois plus d'emplois et de service dans l'habi-
tation des peuples. Une nation mourrait de faim devant des Alpes d'or. La convention seule en a fait un
signe de richesse. Mais ce n'est qu'un signe, ce n'est

pas la richesse; il n'y a de richesse que ce qui nour
rit, abrite, vêt, chauffe, abreuve directement l'humanité. Cela est si vrai, que si l'or venait à se découvrir dans une telle abondance sur quelque coin
du globe qu'on pût en frapper indéfiniment en monnaie, il perdrait sa valeur, et que des nations en-
tières, annulant la convention qui le constitue valeur,
on arriveraient, comme nous le voyons déjà, à le dé-
monétiser. Le Français qui se croit riche présenterait
en Hollande, en Belgique, en Chine ses monceaux d'or,
qu'on lui donnerait contre son or démonétisé à peine
du pain. La monnaie métallique ou de papier n'est
donc en réalité que convention, convention sociale, nationale, et quand elle est plus accréditée, internationale.

Le papier-monnaie, ou assignats, inventé et obsti-
nément défendu par Mirabeau et ses amis, reposait
sur cette simple base : l'Etat frappe la monnaie avec
ce qui lui convient et la fait circuler sous la garantie de la loi suprême, pourvu que cette monnaie,
signe de richesse et moyen d'échange, représente non
fictivement, mais réellement, une valeur. Or, quelle
est la valeur suprême, type et source de toute autre
valeur? C'est la terre. Toute pièce de monnaie, frappée au coin de l'Etat et garantie par l'Etat, qui
représente un morceau de terre, cette valeur fondamentale de toutes les autres valeurs, sera donc la plus
parfaite des monnaies, bien qu'elle ne soit qu'un
morceau de papier.

Mais Mirabeau ne se dissimulait rien de ce que la pensée d'un homme d'Etat doit apprécier dans les circonstances, dans les passions, dans les préjugés mêmes du moment où il avait à opérer en grand une transformation si inusitée en France du signe monétaire.

Il se disait : Le système de Law et les déceptions de la Régence sur les chimères du Mississipi ont décrédité les actions, sorte de papier-monnaie en France. Il faut donc rendre visible l'hypothèque de l'assignat. Il se disait : Les biens du clergé ne trouveront qu'un petit nombre d'acquéreurs à vil prix au moment de leur vente, parce qu'il y aura cinq à six millions de terre en vente à la fois, et à peine un ou deux millions circulants pour les acquérir ; il faut donc ajourner et distribuer les ventes par époques successives et par portions de sol achetable au fur et à mesure des besoins urgents de l'Etat.

Enfin, il se disait : Le clergé a répandu à tort dans les masses le préjugé de l'inviolabilité et de la consécration divine de ses propriétés territoriales. Le champ a été élevé à la sainteté de l'autel : le dépouiller paraît dépouiller Dieu. Bien que les classes supérieures en instruction et en intelligence sachent parfaitement que la dotation territoriale de tel ou tel culte n'est point le culte lui-même, et que le sol national tout entier sous les pieds du peuple ne soit que l'héritage de Dieu tour à tour donné, usurpé,

pas la richesse ; il n'y a d
ri, abrite, vêt, chauffe,
nourit. Cela est si vrai,
couvrir dans une telle s
du globe qu'on pût en fr
naie, il perdrait sa vale
tières, annulant la conven
en arrivant, comme no
matitiser. Le Français qu
en Hollande, en Belgique,
qu'on lui donnerait contre
du pain. La monnaie né
donc en réalité que conven
simple, et quand elle est pl

Le papier-monnaie, ou
même défendu par Mira
sur cette simple base : l'E
ce qui lui convient et la
somme de la loi suprême,
signe de richesse et moye
fictivement, mais réellem
est la valeur suprême, ty
valeur ? C'est la terre. To
pé au coin de l'État e
représente un morceau d
mentale de toutes les autr
parfaite des monnaies,

LES CONSTITUANTS

Mais Mirabeau ne se dissimulait rien de ce que la pensée d'un homme d'Etat doit apprécier des circonstances, dans les passions, dans la nature mêmes du moment où il avait à opérer une transformation si inusitée en France de la ... monétaire.

Il se disait : Le système de Law et la chute de la Régence sur les chimères du Ministère ont discrédité les actions, sorte de papier-monnaie ...

Il faut donc rendre visible l'hypothèque de ...

Il se disait : Les biens du clergé ne trouveront ... petit nombre d'acquéreurs à vil prix au ... leur vente, parce qu'il y aura cinq à six ... terre en vente à la fois, et à peine ... millions circulants pour les acquérir; il faut ajourner et distribuer les ventes par ... ... et par portions de sol achetable ... mesure des besoins urgents de l'Etat.

Enfin, il se disait : Le clergé a ... dans les masses le préjugé de l'in... ... ... divine de ses propriétés ... champ a été élevé à la ... ... pouiller conquis depuis Charlemagne et reconquis par la famille sur la mainmorte, le clergé, dépossédé du sol, criera à la profanation et au sacrilége. Ce cri troublera beaucoup de consciences; les fidèles se refuseront à acquérir une parcelle des biens réputés biens de l'autel, les timides craindront la vengeance divine, les scrupuleux le scandale, les incrédules mêmes le respect humain, le mauvais renom de ces biens. Le clergé, quoique indemnisé par quatre-vingts millions de rentes payées par la nation, passera pour proscrit et spolié; les biens des proscrits ont une odeur de ruine, de sang, de larmes lente à s'évaporer du sillon. On évitera de les acquérir directement. On ne voudra pas avoir sur le sol sa parcelle visible, reconnaissable et revendicable peut-être un jour par les successeurs de ce clergé proscrit; il faut donc confondre ces titres dans une masse inextricable de titres telle, que la monnaie des assignats qui les représente, forcément placée comme monnaie dans la main de tous, ne soit néanmoins pour personne un scrupule, une irréligion, un crime, une accusation. Donnons ces biens aux municipalités et aux villes, êtres collectifs sans nom, sans scrupule et sans responsabilité, et jetons ensuite l'assignat, qui est hypothéqué sur ces biens, dans la circulation générale et forcée, afin que nul ne soit en réalité coupable de la mesure universelle. Le clergé lui-même vendra, achètera, trafiquera, vivra avec ce signe monétaire hypothéqué sur mulguée sans l'aveu du pape, devînt le germe d'un schisme qui joindrait les passions religieuses, les plus indomptables de toutes, aux passions politiques, dans les éléments de guerre civile qui s'accumulaient à chaque pas de la Révolution. Une franche déclaration de liberté et de neutralité aurait eu moins de périls que cette déplorable immixtion de l'Assemblée constituante dans l'organisation de l'Eglise.

Louis XVI, conseillé dans cette circonstance par sa foi religieuse timorée, refusa sa sanction au décret sur la constitution civile du clergé avant d'avoir consulté la cour de Rome, régulatrice de sa conscience dans les affaires de l'Eglise. Il pressentit le schisme. Tout fait présumer dans les correspondances secrètes du temps et dans la correspondance de Mirabeau lui-même, divisé alors par tactique entre la monarchie et la Révolution, que Louis XVI et la reine ne virent pas sans espérance ce germe de division entre l'Assemblée et la conscience du peuple des campagnes. Le refus de sanction avait l'avantage pour eux d'innocenter complétement le roi aux yeux des populations ferventes de tout attentat contre l'Église, et de ranger la foi derrière la royauté.

Néanmoins, si l'Assemblée constituante avait institué son Église révolutionnée face à face avec l'ancienne Église, sans contraindre ni les ecclésiastiques à leur serment ni les populations à leur orthodoxie nationale, la guerre civile pouvait être évitée, ou du

moins ajournée faute de prétextes, et les deux autels
subsister concurremment jusqu'à ce que l'autel salarié
et l'autel libre se fussent acclimatés, comme en Angleterre, dans les institutions. Mais le serment exigé,
que nous raconterons bientôt, donna motif à la persécution, la persécution au martyre, le martyre à la
révolte. Tout s'alluma du feu de la foi et du fanatisme de l'impiété nourris l'un et l'autre de brandons
politiques. L'Assemblée constituante alluma ainsi l'incendie qu'elle voulait éteindre.

La liberté religieuse, premier but de la Révolution,
fut ajournée d'un siècle.

VI.

Ce fut à quelques jours de distance que l'Assemblée abolit la noblesse et les titres qui constataient
ces distinctions désormais puériles si elles n'étaient
pas offensantes entre les citoyens, de prince, duc,
comte, marquis, baron. La pensée des législateurs,
à l'exception du petit nombre d'entre eux qui prenaient,
comme dans beaucoup de démocraties, la jalousie
pour de la lumière, ne fut nullement d'abolir par
un décret ce qu'un décret n'a pu fonder, c'est-à-
dire la noblesse naturelle, mais d'abolir la noblesse
politique. La noblesse naturelle, filiation authentique
et honorable du sang, du temps, des mœurs, de la
pureté et de l'antiquité des familles, filiations ins-

tinctives et séculaires respectées sur toute la terre, s'allie parfaitement avec la liberté et ne contredit point l'égalité, puisqu'elle ne donne à aucun citoyen de supériorité de droit sur aucun autre, et qu'elle appartient librement à tous. Cette noblesse n'est que de la considération publique, elle n'est point du privilège. C'est la bonne renommée d'une maison, la vertu du même sang présumée dans une même race, le rejaillissement des qualités du père sur le nom des fils, la récompense des ancêtres dans les descendants. Cette présomption d'honneur et de vertu continuée ou transmise de veine en veine avec le sang, l'éducation, les exemples dans une même famille, est presque toujours conforme à l'expérience historique, qui atteste depuis sa première page jusqu'à la dernière l'influence des races et leurs prédispositions indélébiles à tel ou tel caractère social. La nature en cela n'est ni aristocratique ni démocratique, car ces vertus héréditaires de la race se transmettent aussi bien dans les plus humbles familles des classes inférieures de la nation que dans les classes supérieures de situation. La nature peut se perfectionner et se maintenir dans le foyer domestique le plus modeste comme elle peut se détériorer et déroger dans les plus hauts rangs. Il y a des noblesses dans la chaumière et dans l'atelier comme il y a des ilotes dans les palais et dans les cours. C'est l'estime publique qui décerne seule cette

noblesse et qui l'enregistre avec ou malgré la loi
dans ses souvenirs. Une législation stupidement démocratique qui voudrait abolir cette noblesse des familles honorées séculairement de la notoriété de son
honneur, de ses services au pays, de ses vertus,
devrait, pour être rigoureusement conséquente, abolir aussi les noms de famille et interdire aux fils
de porter le nom du père, car ce nom est une
distinction, et ce nom est un titre supérieur à tous
les titres, puisqu'il rappelle des vertus et qu'il pré-
sume la bonne renommée. Si la pensée de l'Assemblée constituante alla jusqu'à ce nivellement des
bonnes et des mauvaises renommées, elle dépassa
l'égalité civique pour proclamer une égalité naturelle qui n'exista jamais, qui contredit la nature
elle-même, qui détruit l'émulation du patriotisme et
qui enlève au citoyen illustre et bon la rémunéra-
tion d'estime que la brièveté de la vie humaine ne
permet à la société de récompenser que dans ses
fils. Nous croyons que les sages de l'Assemblée constituante ne tombèrent pas dans cette inconséquence
et dans cette ingratitude, sollicitées par d'aveugles
démagogues, et qu'ils ne prétendirent détruire que
les titres qui rappelaient des priviléges, des conquêtes, des inégalités de droit d'impôts, des humiliations de castes, vestiges d'une invasion, d'une
féodalité, d'une servitude qui n'existaient plus.

VII.

La discussion fut à la fois philosophique et éloquente, surtout par la généreuse abnégation des orateurs les plus nobles de noms et de races, faisant spontanément au peuple le sacrifice de ces supériorités devenues des hochets. Les Montmorency, les Noailles, les Lameth, les Lafayette, les Saint-Fargeau, la plupart des gentilshommes de l'Assemblée, se signalèrent par leur empressement à rejeter ces vaines dépouilles des priviléges ou des vanités d'une autre époque, qui pouvaient porter ombrage à l'égalité.

« C'est aujourd'hui le tombeau de la vanité et de » tous les monuments de l'orgueil de caste! » s'écria Lambel. « Abolissons la noblesse héréditaire! » Un applaudissement général prouve que ce cri sortait du cœur du pays tout entier. Charles Lameth en développa rapidement les motifs. On se précipita, comme au 4 août, au pied de la tribune, pour y rivaliser d'abnégation. On y laissa monter Lafayette, qui portait l'égalité américaine dans son nom aristocratique, et dont on attendait l'oracle de la démocratie sur un tel sujet.

« Je ne disputerai jamais sur la parole, » dit Lafayette. « J'espère n'avoir jamais à disputer sur la » constitution. La motion que M. de Lameth appuie » est une conséquence si nécessaire de la constitution,

ses conseillers. Il sentait assez, depuis les états généraux, que cette noblesse, placée entre le peuple et
le trône, en lui conservant l'apparence du roi d'une
caste au lieu du roi d'une nation, lui donnait plus
d'antipathie que de force dans la masse... M. Necker
ne le comprit pas; il publia une lettre et des observations puériles pour le maintien des titres, des
armoiries et des livrées. Sa voix, qu'on n'écoutait
déjà plus, se perdit dans le bruit des applaudissements et des murmures soulevés par cette grande
déclaration de l'égalité.

VIII.

Le maire de Paris, Bailly, vint, d'après le vœu de
la commune et de la municipalité du royaume, demander à l'Assemblée constituante la fixation du jour,
du lieu et des formes de la fédération de tous les
corps civils et de toutes les gardes nationales de l'empire, pour prêter le serment irrévocable et unanime
à la liberté le 14 juillet, anniversaire de la conquête
de la Bastille.

L'Assemblée se hâta de porter ce décret. Une discussion s'éleva sur le plan et sur le rôle qui serait
assigné au roi dans cette solennité nationale, ainsi que
sur le serment qu'il aurait à prêter à la nation. Target,
rédacteur du décret, proposa que le roi fût assis à la
droite du président de l'Assemblée, infériorité de rang

qui détrônait le souverain devant le peuple représenté dans le cérémonial. Target disait que le roi *serait prié* de prendre ce jour-là le commandement des gardes nationales de la nation armée, comme s'il n'eût pas été tous les jours, par la constitution, le chef de la force armée.

Maury protesta avec raison contre cette dégradation constitutionnelle cachée sous la forme d'un hommage. Il fut applaudi du côté monarchique.

« Généreux représentants d'un peuple libre, » s'écria Maury en finissant, « n'imitez pas ces peuples de » l'Orient qui renferment toute la famille royale dans » une prison, qui conduisent l'héritier du trône à l'es- » clavage, et qui ne l'arrachent à son cachot que » pour en faire le lendemain le plus absolu des des- » potes. Puisque votre trône est héréditaire, puisque » c'est là une maxime fondamentale de l'Etat, la » nation ne peut trop décerner d'honneur à ceux qui » y ont des droits. C'est par cette affluence d'hom- » mages que vous pourrez récompenser votre roi » d'avoir réhabilité la nation dans tous ses droits; » vous ne voulez pas que la famille de votre mo- » narque soit la seule à qui il reste des désirs à » former dans ce jour à jamais solennel. »

Barnave contesta par des arguties de légiste au roi, chef constitutionnel de l'armée, le droit de commander aussi de droit les gardes nationales, créant ainsi deux armées et deux rois face à face, gage certain de guerre civile, comme des législateurs in-

sensés proposèrent de nos jours de diviser l'armée
entre l'Assemblée législative et le président d'une république. Il revendiqua la place d'honneur pour le
président de l'Assemblée au-dessus du roi, représentant héréditaire.

Cazalès parla en royaliste indigné, pour qui les
souvenirs précédaient et dominaient les lois. Il prouva
que toute institution où le roi ne serait pas le chef
de la force armée serait un contre-sens de la nature.
Il sentait que le roi était roi par son occupation
héréditaire du trône, et non par la constitution,
puisque son autorité avait préexisté à celle de l'Assemblée, convoquée par lui-même.

« A l'ordre ! » s'écria-t-on.

« N'est-ce pas du 14 juillet que doit commencer
» sa légitime autorité ? » reprit Cazalès. « Laissez à sa
» volonté le serment qu'il voudra prêter; que ses
» engagements soient libres. Son civisme et ses vertus
» vous sont connus; voilà les véritables garants du
» bonheur du peuple français.

» Rapportez-vous-en à son patriotisme; il en a
» donné tant de preuves éclatantes, qu'il serait cri-
» minel à nous d'en douter. C'est par ses vertus
» qu'il sera lié; voilà le seul lien digne de Sa Ma-
» jesté. Tout autre avilirait la dignité du chef su-
» prême de la nation; tout autre serait indigne de
» lui; tout autre prêterait au roi la couleur d'un
» chef de parti... »

(Les murmures redoublent. On demande, avec plus
de force, que l'orateur soit rappelé à l'ordre. Plusieurs membres veulent que M. de Cazalès s'explique
sur cette dernière phrase.)

« Je dis ce qui me plaît ; je n'en dois compte à
» personne. Tout autre serment, dis-je, prêterait au
» roi la couleur d'un chef de parti... »

(Une voix : « Monsieur le président, faites votre
» devoir ; rappelez à l'ordre ceux qui s'en écar-
» tent. »)

« Je sais me soumettre aux décrets quand ils sont
» rendus ; mais avant, je dis ce que j'en pense. Un
» serment qu'on ferait prêter au roi dans une autre
» circonstance que son couronnement imprimerait le
» caractère de la faction à toute assemblée qui ose-
» rait l'exiger. Que le roi soit libre de prendre avec
» sa nation tel engagement qu'il lui plaira. Je ne
» sais quelle prédilection l'Assemblée a pour les ser-
» ments : les serments ont de tous les temps servi
» à rallier les partis ; c'est par des serments qu'on a
» vu les factieux se soustraire à une autorité légi-
» time. Je conclus donc, car je n'aime pas les ser-
» ments, à ce que le premier et le dernier article
» soient écartés par la question préalable, et qu'on
» accorde, à la confédération, une place distinguée
» aux princes du sang français. »

Le décret passa malgré l'opposition de Cazalès. Le
roi n'eut que la place à la droite du président. La

France entière se souleva pour envoyer à cette majestueuse cérémonie ses magistrats, ses citoyens notables, ses députations de districts, de municipalités, de gardes nationales. Elle accourait pour ratifier de sa personne, de ses armes, de ses serments, le 14 juillet de Paris. Les esprits prévoyants et alarmés redoutaient dans ce prodigieux rassemblement et dans cette explosion d'enthousiasme la main cachée des factions, les intrigues du parti d'Orléans, l'ascendant de Lafayette, l'apparition d'un Cromwell, le 14 juillet de la France.

IX.

Mirabeau, plus plongé que jamais dans ses intrigues secrètes avec la reine, n'avait point paru dans ces dernières discussions, de peur de s'y caractériser trop témérairement ou pour le parti populaire ou pour le roi. Elevé par ses derniers triomphes de tribune au-dessus de l'enthousiasme de la nation, sa voix pouvait contre-balancer un peuple ou un roi; il pesait à lui seul autant que l'Assemblée; il faisait attendre ses paroles, et savourait enfin sa gloire. Jamais un homme placé si haut par le génie ne descendit cependant plus bas par le caractère que le puissant orateur pendant les semaines qui précédèrent la fédération. Reprenons un moment le récit de ses agitations et de ses menées, de ses ambi-

tions, de ses alliances, de ses antipathies, qui agitaient et troublaient l'empire et lui-même.

Nous avons vu qu'après avoir sondé Necker, le
comte de Provence, Lafayette, les Lameth eux-mêmes,
et après avoir à demi noué, à demi rompu avec tous,
il avait enfin renoué définitivement avec le roi et avec
la reine, par l'intermédiaire de son ami, une alliance
presque semblable à une désertion de l'Assemblée.
Nous verrons bientôt des actes qui justifient trop ce
mot. Mais, après avoir essayé quelque temps d'imprimer par ses conseils et par sa seule force occulte
une impulsion politique à la cour, à l'Assemblée, à
l'opinion publique, dans le sens d'une restauration
du pouvoir exécutif par la constitution, il s'aperçut
qu'un homme avait pris à la fois, et devant la
cour et devant le peuple, une situation dictatoriale qui
neutralisait entièrement ses plans, à moins que cet
homme ne se prêtât à une alliance avec lui qui dou-
blerait, en la concentrant, leur force. Cet homme
était Lafayette. Mais Lafayette, on l'a vu aussi, avait
refusé toute alliance qui aurait été un partage de
l'empire. L'entraîner à soi était impossible, le renverser était difficile. Il ne restait qu'à se subordonner à lui pour le conquérir à ses vues et pour se
faire l'instrument de celui dont il n'avait pu devenir
l'égal. Flatter ce qu'on méprise, se subalterniser avec
l'homme qu'on déclare inférieur à son rôle, se lier,
se donner, se vendre à celui qu'on brûle de trahir,

c'est le dernier degré de la décadence de l'âme et
de l'avilissement de soi-même à ses propres yeux,
L'orgueil ne proteste pas moins que la vertu contre
cette prostration de la dignité et de la sincérité humaines. C'est pourtant à cette profonde abjection que
nous sommes forcés de contempler Mirabeau dans
les correspondances de sa main que nous avons sous
les yeux, et où il est lui-même devant la postérité son
propre délateur. Il faut lire presque en entier les
lettres secrètes de Mirabeau à Lafayette, pour croire
non-seulement à l'existence, mais à l'accent de ser-
vilité qu'elles respirent. Les voici :

« Lorsque la chose publique est en péril, mon-
» sieur le marquis, lorsqu'elle ne peut être sauvée
» qu'en lui redonnant, par des efforts communs, le
» mouvement qu'elle a perdu, et que nul poste pour
» y concourir n'est parfaitement assigné, s'isoler,
» même avec des intentions pures, de celui qui doit
» en donner le signal, de celui qui peut seul uti-
» lement en régler le but, ne serait qu'un acte de
» mauvais citoyen, et consulter, dans ce rapproche-
» ment que commande le devoir, les légères con-
» venances qui lient ou séparent les hommes serait
» une bien vulgaire faiblesse.

» C'est ce que je me suis dit à moi-même, lorsque
» j'ai réfléchi sur nos premières liaisons, sur les
» causes qui m'ont tenu éloigné de vous, sur l'état
» présent des affaires et sur vous, monsieur le mar-

» quis. J'entends par *Vous*, tout ce qui est, tout ce
» qui est devenu inséparable de vous-même : votre
» renommée, sous tous ses rapports, et votre pou-
» voir,

» Je me suis éloigné de vous, parce que vos liai-
» sons politiques de ce temps n'étaient dignes ni de
» vous ni de moi, parce que vous placiez mal, je
» ne dis pas votre confiance personnelle (pourquoi
» scruter les cœurs?), mais, si je puis m'exprimer
» ainsi, votre confiance publique, vos moyens, vos
» espérances et celles de l'Etat; que vous cherchiez
» en vain, en les élevant jusqu'à vous, à agrandir
» des pygmées, et qu'au lieu de ces grands hommes
» d'hier, il vous fallait des compagnons d'armes
» distingués, du moins par la vétérance.

» Ces motifs d'éloignement n'existent plus. Les
» Barnave, les Duport, les Lameth, ne vous fatiguent
» plus de leur active inaction. On singe longtemps
» l'adresse, mais non pas la force; on fait d'assez
» bons tours avec des machines; on imite même le
» bruit du tonnerre, mais on ne le remplace pas.

» Vous voilà donc, monsieur le marquis, je ne
» dis pas isolé, mais uniquement entouré de vous-
» même, de quelques amis d'un caractère décidé,
» et, par dessus tout, de la chose publique. Qu'allez-
» vous faire et que ferai-je moi-même?—Je n'établis
» ces questions que pour vous rendre compte de mes
» propres sentiments,

» Les vrais périls qui menacent l'État sont la longue
» lutte de l'anarchie, l'inhabitude du respect pour la
» loi, toute secousse qui pourrait démembrer l'em-
» pire, toute scission de l'opinion publique, les com-
» bats des nouveaux corps administratifs, et, surtout,
» le jugement que le royaume et l'Europe vont por-
» ter sur l'édifice de cette constitution, dont bientôt
» l'échafaudage, qui ne permettait pas d'en saisir
» l'ensemble, disparaîtra. Ce jugement, monsieur le
» marquis, sera la véritable loi; cet oracle est plus
» sûr que celui de nos décrets.

» Au milieu de tant de dangers, j'oublie le plus
» grand : l'inaction du seul homme qui puisse les
» prévenir. Mais, sans doute, ce n'est pas à ne rien
» faire qu'est destinée cette dictature déférée au seul
» citoyen entre les mains de qui ce pouvoir, ne fût
» pas une nouveauté, qui ne parût que rester à sa
» place, qui trouvât dans son âme les seules limites
» qu'une telle autorité, pour être utile, puisse com-
» porter.

» Vous agirez donc, monsieur le marquis; mais,
» dès lors, que ferai-je moi-même? — Rester dans
» l'inaction, même afin de ne pas contrarier des vues
» que j'ignorerais, de ne pas marcher sans le savoir,
» sans le vouloir, dans un sens inverse, quoiqu'au même
» but, serait un parti trop difficile pour un homme
» assez connu par l'impatience du talent, de la force
» et du courage; pour un homme qui a aussi sa

» portion de gloire à recueillir, qui s'est trop engagé
» dans le combat pour rester neutre, que trop de
» regards empêchent de se cacher, et dont le silence
» même, chose si indifférente s'il s'agissait de tant
» d'autres Français, serait regardé comme un crime.
» Agir sans vous, que ferais-je, qui ne fût peut-être
» un effort inutile pour la chose publique, un essai
» dangereux pour moi-même?

» C'est de cette double conviction, monsieur le
» marquis, qu'est né en moi l'impérieux désir de
» me rapprocher de vous, pour ne m'en séparer
» jamais; et vos amis et les miens, et ceux qui lisent
» dans mes plus arrière-pensées, peuvent me rendre
» le témoignage que nulle réserve n'entrera dans cette
» union, pour laquelle l'estime que je porte à vos
» vertus privées est heureusement d'accord avec cette
» fatalité inouïe qui vous a irrévocablement lié, dans
» une époque si mémorable, aux destinées de la
» France. Personne ne connaît plus que moi les élé-
» ments de crainte et d'espérance qui attirent vers
» vous la plus saine partie de la nation; personne
» ne sent mieux l'importance de vous y attacher plus
» que jamais pour former du moins un seul point
» de ralliement au milieu des divisions qui nous
» décomposent, pour réunir les opinions par les
» hommes, puisqu'on ne peut réunir les hommes
» par les opinions.

» Sans doute, ce ne serait pas vous combattre que

» de poursuivre, avec encore plus de courage, une
» carrière où j'ai recueilli aussi quelques lauriers.
» Mais ce ne serait pas vous seconder, et, préférant
» par dessus tout le salut de l'État, c'est systémati-
» quement, et par d'assez longues réflexions, que
» j'ai repoussé toute espérance d'un succès qui ne
» serait pas le vôtre. Si cette réunion est refusée,
» je n'aurai parlé qu'à un homme d'honneur qui
» saura se taire et qui me rendra ma lettre. Si
» elle est acceptée, nous mettrons en commun tous
» les moyens de réussir, tout ce qui, dans une liai-
» son politique indissoluble, peut être solidaire entre
» l'un et l'autre *.

» Je regarde, parmi les moyens de réussir, le sou-
» lèvement de ces obstacles que mes ennemis m'op-
» posent sans cesse, soit en mettant d'assez longues
» erreurs de ma vie privée en opposition avec ma
» conduite publique, soit en tourmentant mon exis-
» tence domestique pour me détourner de mes tra-
» vaux, soit en détachant de moi la confiance de
» ces hommes qui ne connaissent d'autres vertus que
» l'ordre et l'économie. Peu importe, sans doute, si
» l'on ne me croit d'aucune influence ou si l'on ne
» met aucun prix à la seconder, que je sois sans

* Dans le manuscrit de Mirabeau, les mots suivants sont
rayés : « Et la confiance peu commune de vous laisser un
» écrit si exempt de toute équivoque, de toute ambiguité,
» vous sera le premier gage d'un dévouement illimité. »

» corps dévoré par ces vers rongeurs qui répandent
» un si cruel poison sur ma vie, qui me rendent le
» moindre succès, la moindre faveur populaire une
» fois plus difficile à obtenir qu'à tout autre. Mais
» si l'on pense qu'il n'est point indifférent d'attacher
» l'opinion à de certains chefs, pourquoi ne cherche-
» rait-on pas à ravir des prétextes à mes ennemis,
» et à me rendre, non pour moi-même, mais pour
» la patrie en danger, toutes mes forces ? C'est sous
» ce rapport seulement que je désire que mes dettes
» soient payées, et qu'un ami, indiqué par moi, soit
» chargé des fonds et des opérations nécessaires pour
» me liquider.

» Je ne regarde pas comme un nouvel objet de
» demande la rénovation du bon que le roi m'a ac-
» cordé pour la première grande ambassade. Si des
» places qui imposent de grands devoirs sont encore
» des grâces, la responsabilité ennoblit du moins la
» demande de cette sorte de faveurs. Tel l'objet
» qu'en d'autres temps j'ai dédaigné, me trouverait
» moins indifférent aujourd'hui ; non que mes idées
» soient rapetissées ou mes sentiments moins énergi-
» ques, mais parce que l'horizon politique de l'Eu-
» rope est entièrement changé. Si les antiques sou-
» venirs de la Grèce, de l'Asie et du Bosphore n'ont
» pas suffi autrefois pour me séduire, je découvre à
» cet instant à Constantinople le levier d'une in-
» fluence entièrement inconnue. Là aboutissent et les

» barrières qui doivent contenir le Nord et les prin-
» cipaux liens de tout le commerce de l'univers; là
» se trouvent peut-être les seuls moyens de hâter
» pour la France le retour de sa considération poli-
» tique, sans presque aucun emploi de ses forces.
» Et quand on pense à ce qu'il en coûte, indépen-
» damment des dons de la nature, d'études et de
» travaux, pour se rendre utile dans une aussi dif-
» ficile carrière, on doit pardonner de se mettre sur
» les rangs à ceux qui ont fait quelques preuves
» de talent.

» Monsieur le marquis, il est rare que de pa-
» reilles confidences se fassent par écrit; mais je
» suis bien aise de vous donner cette marque de
» confiance, et cette lettre a même un autre but.
» Si jamais je viens à violer les lois de l'union po-
» litique que je vous offre, servez-vous de cet écrit
» pour montrer que j'étais un homme faux et per-
» fide en vous l'écrivant. C'est vous dire assez si
» mon intention n'est pas de vous être fidèle. Hors
» ce seul cas, cette lettre ne sera qu'un dépôt in-
» violable entre vos mains.

» Le comte DE MIRABEAU. »

Le 1ᵉʳ juin, Mirabeau reprend :

« Vous m'aviez donné rendez-vous hier, monsieur
» le marquis; vos affaires ne vous ont pas permis
» d'y être fidèle; rien de plus simple, et je n'en

» parlerais même pas si la difficulté de vous ren-
» contrer ne devenait pas très nuisible.

» Que faisons-nous, monsieur le marquis? Rien,
» nous laissons faire. Et dans quelle époque? avec
» quels adversaires? Lorsque chaque tourbillon par-
» ticulier, appelé *département*, *district*, *municipalité*,
» s'élance dans notre système, et que la rapidité
» de chacun d'eux est accélérée chaque jour par
» des événements fortuits, par la contagion de
» l'exemple, par la canicule, par les hommes les
» plus actifs, les plus pervers et les plus tenaces
» que recèle ce pays.

» Parmi beaucoup de frères d'armes, vous avez
» quelques amis (moins que vous ne croyez); parmi
» beaucoup de salariés, vous avez peu de servi-
» teurs; mais je ne vous] connais ni un conseil
» sévère ni un agent distingué. Pas un de vos
» aides de camp de confiance n'est sans mérite mi-
» litaire: vous recommenceriez une fort belle guerre
» d'Amérique avec eux. Pas un de vos amis n'est
» sans valeur et sans vertus : ils honoreront tous
» votre réputation de citoyen privé; mais pas un
» de ceux-là ne connaît les hommes et le pays,
» pas un de ceux-ci ne connaît les affaires et les
» choses. Monsieur le marquis, notre temps, notre
» révolution, nos circonstances ne ressemblent à rien
» de ce qui a été; ce n'est ni par l'esprit, ni par
» la mémoire, ni par les qualités sociales que l'on

» peut se conduire aujourd'hui : c'est par les com-
» binaisons de la méditation, l'inspiration du génie,
» la toute-puissance du caractère. Connaissez-vous
» un de vos comités, concevez-vous un comité pos-
» sible qui soit à ce régime ?

» Ici ce qui me reste à vous dire deviendrait em-
» barrassant, si j'étais, comme tant d'autres, gonflé
» de respect humain, cette ivraie de toutes les ver-
» tus, car ce que je pense et veux vous déclarer,
» c'est que je vaux mieux que tout cela, et que
» borgne peut-être, mais borgne dans le pays des
» aveugles, je vous suis plus nécessaire que tous vos
» comités réunis. Non qu'il ne faille des comités,
» mais à diriger, et non à consulter ; mais à répan-
» dre, propager, disperser, et non à transformer
» en conseil privé : comme si l'indécision n'était pas
» toujours le résultat de la délibération de plusieurs,
» lorsque ce résultat n'était pas la précipitation, et
» que la décision ne fût pas notre premier besoin
» et notre unique moyen de salut ! Je vous suis plus
» nécessaire que tous ces gens-là, et toutefois, si
» vous ne vous défiez pas de moi, au moins ne vous
» y confiez pas du tout. Cependant, à quoi pensez-
» vous que je puisse vous être bon, tant que vous
» réserverez mon talent et mon action pour les cas
» particuliers où vous vous trouverez embarrassé, et
» qu'aussitôt sauvé du non sauvé de cet embarras,
» perdant de vue ses conséquences, la nécessité d'une

» marche systématique, dont tous les détails soient
» en rapport avec un but déterminé auquel tout
» tende, et non qui se prête à tout, vous me laisse-
» rez sous la remise pour ne me provoquer de nou-
» veau que dans une crise dont le calmant sera
» peut-être contradictoire à l'ensemble de la con-
» duite que je vous eusse fait tenir si j'avais été
» votre conseil habituel, votre ami abandonné, le
» dictateur enfin, permettez-moi l'expression, du dic-
» tateur? Car je devrais l'être, avec cette différence
» que celui-là doit toujours être tenu de dévelop-
» per et de démontrer, tandis que celui-ci n'est plus
» rien s'il permet au gouvernement la discussion,
» l'examen. Ah ! monsieur de Lafayette, Richelieu
» fut Richelieu contre la nation pour la cour, et,
» quoique Richelieu ait fait beaucoup de mal à la
» liberté publique, il fit une assez grande masse de
» bien à la monarchie. Soyez Richelieu sur la cour
» pour la nation, et vous referez la monarchie en
» agrandissant et consolidant la liberté publique;
» mais Richelieu avait son capucin Joseph. Ayez
» donc aussi votre *éminence grise*, ou vous vous per-
» drez en ne nous sauvant pas. Vos grandes qua-
» lités ont besoin de mon impulsion; mon impulsion
» a besoin de vos grandes qualités; et vous en croyez
» de petits hommes qui, pour de petites considéra-
» tions, par de petites manœuvres et dans de petites
» vues, veulent nous rendre inutiles l'un à l'autre,

» et vous ne voyez pas qu'il faut que vous m'épou-
» siez et me croyiez, en raison de ce que vos stupides
» partisans m'ont plus décrié, m'ont plus écarté ! —
» Ah ! vous forfaites à votre destinée !

» Résultat et refrain : rendez-vous très prochain
» où vous soyez exact, et vous seul et vous-même,
» c'est-à-dire mesuré mais loyal, sage et circons-
» pect, mais décidé à vouloir, puisqu'il faut vouloir
» ou périr. »

Cette nouvelle démarche de Mirabeau auprès de
M. de Lafayette eut lieu après que les relations du
premier avec la cour avaient été régulièrement établies. Elle fut faite pour ainsi dire à la demande de
Louis XVI, qui comprit de quelle utilité il était que
MM. de Lafayette et de Mirabeau s'entendissent pour
servir sa cause. Cette nouvelle tentative n'eut pas plus
de succès que les précédentes, et, pour en éclaircir
la cause, nous allons citer ici le passage des Mémoires de la Marck.

X.

M. de Fontanges sollicitait en même temps l'intervention de la reine auprès de Lafayette pour former entre les deux rivaux une alliance qui pût sauver le roi et la monarchie des dangers tous les
jours plus imminents. « L'archevêque, » écrit la Marck
le 27 juin, « sort de chez la reine; il lui a pré-

» paré par écrit ce qui doit être dit demain au
» Balafré, d'après le mémoire que vous aurez fait
» passer à cette princesse; si cet impuissant capitan
» tergiverse, la reine dira franchement:« Je l'exige! »
» La reine a été très contente de l'écrit de vous
» qu'elle a reçu hier matin. »

L'impuissant capitan et le Balafré étaient deux
allusions habituelles par lesquelles Mirabeau dési-
signait son ennemi, l'une pour le peindre en ridicule, l'autre pour le faire redouter de la reine
comme un rival au trône, en le comparant au grand
factieux historique, le duc de Guise, dit le Balafré.
« Si la reine, » ajoute la Marck dans ce billet à
Mirabeau, « veut faire croire à Lafayette que c'est
» par M. de Ségur qu'elle est décidée à recourir à
» vous, de cette manière elle peut en effet détour-
» ner les soupçons d'autres relations. Cela est ha-
» bilement combiné de sa part. »

XI.

Les périls s'accumulaient sur la tête de cette princesse. La fédération, si redoutée par elle, approchait,
et le cri populaire· contre elle menaçait d'une explosion terrible. De sourdes menées dans Paris semblaient préparer un accès de fureur du peuple. Le
duc d'Orléans écrivait de Londres qu'il était résolu
à revenir pour prendre ce jour-là·son poste à l'As-

semblée. Le 1er juillet, Mirabeau faisait parvenir la note suivante à la reine :

« Il est parfaitement certain que la dernière se-
» maine, et encore les jours précédents, de petites
» charrettes ont distribué dans les faubourgs, sur les
» quatre ou cinq heures du matin, du pain à huit
» sous, tandis que, d'après la dernière jonglerie de
» M. Necker, il en coûte encore onze, et que pour
» être d'accord avec ses comptes, il devrait être à
» seize. Quand on combine ce que les moyens d'in-
» surrection, l'argent versé dans les troupes (soixante-
» sept mille francs ont été répandus dans huit jours
» dans le régiment de Touraine, mon frère en a
» la preuve), les émissaires parsemés dans les pro-
» vinces, les boute-feux, folliculaires soudoyés à Pa-
» ris, tout ce que cela réuni doit coûter d'argent,
» on sent la nécessité de contre-miner en ce genre,
» et surtout de découvrir les banquiers de l'anar-
» chie et leur marche.

» Lundi au soir, les deux Lameth ont eu une
» longue conférence avec une vingtaine d'officiers
» de la garde soldée.

» Comme Desmoulins paraît être du directoire se-
» cret des Jacobins pour la fédération, et que cet
» homme est très accessible à l'argent, il sera pos-
» sible d'en savoir davantage, et cela est d'autant
» plus important que madame Lamothe est à Paris
» et que c'est sûrement là encore une machine,

» Au reste, je déclarerai verbalement sans cela les
» contre-moyens qui sont à ma disposition.

» M. le duc d'Orléans a emprunté cinq millions
» en Hollande, dont une partie est déjà à Paris.
» On aura sur ce prince la probabilité ou l'impro-
» babilité de son retour, et sur la conduite à tenir
» dans les deux cas, une note raisonnée. »

Madame de Lamothe était cette femme perverse
qui avait joué un rôle si funeste à la renommée de
Marie-Antoinette dans l'affaire du collier. Évadée de
Paris par on ne sait quelle connivence de la cour,
elle vivait à Londres, elle y écrivait des pamphlets
obscènes contre la reine, qu'elle présentait comme
sa complice à un peuple capable de tout croire de
ce qui pouvait déshonorer l'épouse du roi. Elle menaçait de venir à Paris demander à l'Assemblée la
révision de son jugement; elle promettait « de révé-
» ler sur la reine des scandales ou des crimes qui
» ne flétriraient pas moins sa politique que sa pu-
» deur. » Cette menace, dans un tel moment, faisait
frémir Marie-Antoinette, pour qui la calomnie était
plus redoutable que la mort. On parlait tout haut
d'un comité autrichien, découvert par Brissot, qui
se rassemblait chez la reine, et qui était le conseil
permanent de la contre-révolution et de la trahison
dans le cœur même du roi et dans le palais de la
révolution. Des motions mortelles contre la reine et
son comité retentissaient dans les journaux et dans

les clubs. On la dépeignait comme une nouvelle
Catherine de Médicis, conspirant avec l'étranger,
fanatisant ses partisans par ses séductions et pré-
parant impunément dans l'ombre les piéges et les
poignards d'une nouvelle Saint-Barthélemy. Les plus
modérés parlaient d'un divorce qui serait imposé au
roi par le peuple pour l'arracher à ses influences.
Des fanatiques poussaient à la sédition et à l'assassinat. Lafayette seul contenait par la garde nationale
ces tragiques extrémités de la fureur populaire. Le
danger le rendait plus nécessaire que jamais à la
reine et au roi : on ne lui contestait rien du pouvoir suprême, pas même l'apparence.

« Voyez, » écrivait Mirabeau à la reine pendant
qu'il caressait Lafayette ; « voyez à quel point on
» sert l'homme redoutable ! combien il est servi
» malgré lui-même par les événements ! combien on
» a réparé ses propres fautes ! comme on en a fait
» l'homme de la fédération, l'homme unique, l'homme
» de Paris et des provinces ! comme il amoindrit tout
» ce qu'il touche, bien que les provinces, en gé-
» néral, ne soient pas portées à donner un rival au
» monarque ! J'ai prédit, j'ai deviné. Mes prophé-
» ties, mes conseils ont été inutiles. Cette terrible
» situation, où l'on n'ose pas consulter ni employer
» un homme de sens ni même se désentourer des
» traîtres, il faut la changer ! »

Nous dirons plus tard quels conseils il donnait

pour la changer. L'instinct du peuple ne le trompait que sur le nombre et les trames du comité
autrichien qui soufflait ses projets à la reine. Ce
comité existait en effet; mais il ne se composait que
du comte de Mercy-Argenteau, ambassadeur d'Autriche; du comte de la Marck (prince Auguste d'A-
remberg), son ami; de Mirabeau, leur oracle caché
dans leur ombre; de M. de Fontanges, l'émissaire
de confiance de Marie-Antoinette, et peut-être du
comte de Fersen, seigneur suédois qui lui avait
dévoué un culte chevaleresque plus personnel que
politique. Aucun de ces hommes ne conspirait
contre la nation, tous conspiraient d'esprit ou de
cœur pour le raffermissement d'un pouvoir royal qui
manquait en ce moment à la révolution elle-même,
et pour le salut d'une princesse que les uns ser-
vaient comme reine et que les autres admiraient
comme femme.

XII.

Le roi fit demander à Mirabeau, par un membre
de ce comité, un plan de conduite et un plan de
discours à la nation pour le grand jour de la fédération, qui lui inspirait à la fois tant d'anxiétés et
tant d'espérances.

« Il faut, » répondit Mirabeau, « faire remplir au roi
» les deux fonctions de général de la fédération et

» de monarque; il faut qu'il arrive à cheval en qua-
» lité de général de la nation armée et des troupes,
» et qu'il parle à titre de général à chaque dépar-
» tement sous les armes, en attendant l'arrivée de
» l'Assemblée nationale ; il faut qu'après l'arrivée de
» l'Assemblée, il change de rôle, descende de che-
» val, monte au trône et en parte pour monter sur
» les marches de l'autel de la patrie, où il prêtera
» son serment. Il y sera porté et il en sera re-
» porté surtout par les bras de ces milliers d'hommes
» dont on veut le menacer, tandis qu'ils ne respirent
» que monarchisme. En résumé, si le roi veut gou-
» verner par lui-même et se convaincre que les for-
» mules et les étiquettes n'ont été inventées que pour
» hébéter les princes et pour mettre leurs sujets dans
» la dépendance de leurs vizirs, le roi des Français
» sera bientôt le premier et le plus puissant mo-
» narque de la terre. »

Dans ces conseils, Mirabeau supposait au roi l'héroïsme du génie qu'il sentait en lui-même. Mais la
nature, qui se joue des rangs, avait mis l'héroïsme
et le génie dans le sujet, et la timidité dans le prince.
Le discours, dont nous avons la copie dans les papiers
de l'orateur, n'avait de mérite que la brièveté. L'éloquence du cœur, la seule éloquence de Louis XVI,
y manquait. Le roi, dans ses harangues publiques,
fut mieux conseillé par Beaumetz, membre de l'Assemblée, qui rédigeait ses discours.

« J'ai eu hier, » ajoutait plus loin Mirabeau pour
la reine, « une conférence de trois heures avec Gilles
» César (Lafayette). Il a été sur la piste de Cromwell
» plus que ne le comporte sa pudibondité naturelle. »

« Cessera-t-il, » dit-il plus tard à la reine, « d'être
» le plus dangereux ennemi du pouvoir royal, lui
» qui non content de l'éclipser, de l'isoler, de l'exer-
» cer lui-même, s'en attire tous les hommages et les
» respects? Il affiche hautement d'être l'idole de l'ar-
» mée la plus factieuse du royaume. J'avais toujours
» cru qu'il fallait une autre armée à ce chef et un
» autre chef à cette armée. »

XIII.

On voit par l'amertume des termes que la honteuse prostration de Mirabeau avait échoué devant
l'inflexibilité de Lafayette, et que les instances de la
reine auprès de ce général avaient échoué dans la
tentative d'alliance qu'elle rêvait entre ces deux rivaux. Il ne restait à Mirabeau, pour dernière ressource d'ambition, que de servir la reine elle-même.
S'il pouvait parvenir à la voir librement, à lui inspirer, par l'éblouissement de ses paroles et par la chaleur chevaleresque de son dévouement, la conviction
d'esprit et la confiance de cœur dont il avait besoin
pour dominer arbitrairement par ses conseils, il ne
doutait pas que cette coalition entre la majesté sédui-

sante d'une reine jetée par l'infortune sous la direction et la toute-puissance de son propre génie, ne
dominât le roi par la reine et la révolution par le
roi. Dans tous les cas, il eût été le Strafford sublime
de la France, et il était assez fort de cœur et assez
ambitieux pour ne pas redouter l'échafaud de Strafford.

Dans cette pensée, il désespéra un moment de tout
s'il n'obtenait pas des entretiens secrets avec la
reine, et il espéra au delà de toute espérance s'il
pouvait obtenir d'elle les entretiens qu'il désirait.
Toute sa correspondance avec la Marck, M. de Fontanges et avec la reine elle-même pendant les six
semaines qui précédèrent la fédération, n'était qu'une
insinuation passionnée, directe ou indirecte, à la mystérieuse faveur qu'il sollicitait de Marie-Antoinette.
Ce n'était pas seulement la politique et l'ambition,
c'était l'homme dans Mirabeau qui aspirait à cette
auguste intimité avec sa souveraine. Le tribun dans
son cœur n'avait jamais complétement effacé le gentilhomme; la révolution n'était que dans son esprit,
le royalisme était dans son sang. Il n'avait tant menacé ses maîtres que pour les dompter et les servir
après les avoir domptés. Il avait des remords d'a-
voir porté ses coups trop loin et trop haut sur des
têtes royales. Il regrettait amèrement ses apostrophes menaçantes à la tribune et ses outrages jusqu'au sang à la personne de Marie-Antoinette dans

ses entretiens avec Lafayette et les Lameth et avec Barnave. Il voulait du moins en obtenir le pardon de la bouche d'une femme qu'il avait désignée aux poignards de ses ennemis. Plus il avait été outrageant et funeste, plus il voulait être repentant et dévoué à cette souveraine détrônée déjà du cœur de ses sujets, et qui n'avait plus d'appui contre eux que son premier persécuteur. Cette situation, neuve dans l'histoire, d'un factieux qui abat et qui relève une reine, flattait son orgueil, enivrait son ambition, passionnait son cœur ; car il faut le redire pour bien faire comprendre les obscurités de ce grand homme, il avait un cœur ; ce cœur, aussi puissant que son génie, faisait invisiblement pencher, à son insu, sa raison du côté où se portaient ses sentiments, et dans le retour de Mirabeau vers la reine à cette crise de sa vie publique, il y avait plus de cœur que de politique.

XIV.

Nous avons vu que la reine désirait et redoutait également cette entrevue, qui pouvait l'engager plus avant qu'il ne convenait à sa sûreté et à sa dignité comme reine. Elle l'avait toujours fait espérer et toujours ajournée sous des prétextes qui n'étaient pas seulement des excuses. Il ne fallut rien moins que l'insistance un peu amère de Mirabeau, la crainte de le mécontenter trop profondément et l'imminence des périls dont la menaçait la pro-chaine réunion de la France confédérée dans Paris, pour la décider à cette faveur décisive. Mais le secret qui devait couvrir les entretiens de la reine et de son allié était difficile à assurer. Les Tuileries, gardées par la garde nationale seule, étaient moins un palais qu'une prison. Tous les yeux connaissaient le visage du grand orateur. Lafayette avait peuplé les abords et l'intérieur même du château de sur-veillants affidés qui l'auraient informé de la présence d'un tel visiteur dans les appartements secrets de la reine. Un de ses officiers supérieurs entretenait des liaisons intimes avec une des femmes du service intérieur de la princesse : tout était regard et tout serait révélation dans ce palais. Il fallut, pour faci-liter l'entrevue et le mystère, que la famille royale affectât le besoin d'aller respirer quelques jours l'air plus pur du printemps au château de Saint-Cloud, résidence favorite et personnelle de Marie-Antoinette. Ce château, enveloppé de forêts, accessible, par les avenues et les portes du parc public et du parc réservé, jusque sous les fenêtres de la reine, per-mettait de dérober à l'inquisition la plus jalouse, surtout dans les ombres de la soirée, les rappro-chements de la reine et de ses conseillers. La con-fidence d'une seule femme de la princesse et d'un seul valet de chambre de service, pour introduire et pour congédier le visiteur, était suffisante. Ces deux affidés étaient assurés à la reine pendant la semaine de son séjour à Saint-Cloud.

Lafayette d'un côté, les Lameth et leurs amis de l'autre, l'un à demi informé, les autres seulement avertis par les apparences des pas de Mirabeau, cherchaient à tout prix à acquérir la preuve des intimités dont ils avaient la conviction; ils faisaient attentivement épier les abords de Saint-Cloud. Mirabeau épiait, de son côté, les espions. Prévenu enfin par l'aumônier de la reine, M. de Fontanges, du jour et de l'heure où Marie-Antoinette l'attendrait dans le parc réservé de sa résidence, Mirabeau s'appliqua quelques jours avant à dérouter les idées et à tromper la surveillance dont il était l'objet, par des courses à cheval sans but hors de Paris. Il affecta d'avoir besoin pour sa santé de cet exercice à cheval dans le bois de Boulogne et dans les bois de Meudon. Un de ses neveux, le jeune comte du Saillant, l'accompagnait. Leur retour à Paris sans s'être arrêtés à aucune porte accréditait le bruit des promenades équestres de Mirabeau sans autre but que le mouvement et le plaisir. Le rendez-vous de la reine était fixé au 3 juillet, à la nuit tombante.

Mirabeau s'ouvrit à sa nièce de prédilection, la marquise d'Arragon, qui habitait une maison de campagne sur la colline de Passy; il alla coucher plusieurs fois chez sa nièce, afin qu'on s'accoutu–

mât à ses absences de Paris sans en rechercher
les motifs. Plusieurs avenues rurales à travers les
champs labourés conduisaient de Passy à Saint-Cloud,
en évitant les routes fréquentées. Quelques jours
avant le 3 juillet, Mirabeau, ne voulant se fier du
secret à aucun mercenaire, s'adressa à son neveu,
le jeune comte du Saillant, dont le dévouement
inné avec le sang à la monarchie de ses ancêtres
avait souvent contredit les opinions révolutionnaires
de son oncle. « Es-tu toujours aussi ardent roya-
» liste? » dit l'orateur au jeune homme, avec un
sourire d'intelligence qui présumait et appelait la
réponse. Le comte du Saillant lui dit franchement
que l'infortune de ses souverains, bien loin de le
détacher de la cause royale, avait ajouté encore la
pitié au devoir de son cœur. « Eh bien ! » reprit,
avec l'accent d'un gentilhomme converti, Mirabeau,
« puisque tu es toujours si dévoué au roi, je vais
» t'offrir une occasion de le servir, et peut-être de
» le sauver. » Il confia alors à son neveu son
alliance cachée avec la cour, l'entrevue qui devait
cimenter indissolublement cette coalition du trône
et du talent entre la reine et lui. Il fit sentir l'importance d'un secret d'où dépendait sa tête et peut-
être la tête même de sa souveraine. L'oncle et le
neveu cherchèrent ensemble le moyen de l'assurer.
Dans l'état de fermentation où étaient les esprits à
Paris, la découverte authentique d'une entente entre

la princesse et le tribun pouvait faire éclater le cri d'une double trahison, et du cri de trahison à là mort de Foulon ou de Flesselles, il n'y avait que les bras levés d'un groupe d'assassins.

Il fut convenu que le comte du Saillant se dé-guiserait en postillon et conduirait, dans un ca-briolet à deux chevaux, son oncle jusqu'à une porte dérobée du parc de Saint-Cloud.

XV.

Mirabeau, parti à cheval de Paris, passa en effet la journée du 2 juillet dans la maison de sa nièce, à Passy; à la chute du jour, comme s'il eût voulu revenir inopinément à Paris, le comte du Saillant, qui avait éloigné les serviteurs sous divers prétex-tes, attela lui-même ses chevaux au cabriolet, et conduisant son oncle par des sentiers de charrues qu'il avait étudiés la veille, il franchit le pont, tourna la ville de Saint-Cloud et déposa Mirabeau au sommet de la colline, non loin d'une entrée inobservée du parc. Un serviteur sûr de Marie-Antoinette l'attendait; la porte s'ouvrit d'elle-même au premier bruit de pas au dehors; elle se re-ferma sans bruit sur le visiteur. On le guida en silence à travers un reste de crépuscule vers le pa-villon le plus élevé des jardins réservés du palais, où la reine l'attendait. Le lieu de la conférence

n'aurait pas été plus dramatiquement choisi par
l'histoire pour impressionner l'âme d'un homme sensible et superbe qu'il n'avait été choisi par la
nécessité. Ce sujet devenu en quelques mois de vicissitudes plus roi que son roi lui-même, cette reine
du plus puissant empire de l'Europe s'échappant fur-
tivement de ses appartements comme pour un crime
pour rencontrer un factieux repentant, obligée de
se confier à l'obscurité, tant le moindre rapport
avec elle aurait porté ombrage, malheur et peut-
être mort à ceux qui se dévouaient à son sort; les
hautes ombres du parc de Saint-Cloud répandant
leurs ténèbres sur les mystères d'une politique désespérée; à ses pieds cette route blanchissante de
Versailles et de Sèvres où l'on croyait voir passer
encore, avec le cortége de cette cour reconquise et
humiliée, les têtes coupées de ses gardes sur les
piques de leurs assassins; à quelques pas de ce
tertre, les lueurs des fenêtres des appartements de
ce château royal où dormaient dans l'ignorance de
leur destinée les enfants de cette dynastie au bord
des détrônements, des proscriptions et des écha-
fauds, pendant que leur mère veillait, s'humiliait
et pleurait dans ces jardins pour les racheter de la
mort; enfin par dessus les vastes toits du château
et le cours resplendissant de la Seine, les reflets sur
le ciel des milliers de lumières et de réverbères
de cette capitale d'où sortait, comme d'un volcan

humain sans pitié et sans repos, les clameurs, les incendies, les écroulements de ce trône! Jamais le grand orateur n'avait parlé aux hommes assemblés un langage si émouvant et si tragique que celui que les lieux, les sentiers, la nuit, la reine qu'il allait voir, lui parlaient à lui-même au bout des allées qu'on lui faisait traverser. L'homme, par la hauteur de ses pensées et par la vibration sympathique de sa grande âme, était digne d'entendre et de répercuter jusqu'aux larmes cette éloquence de l'heure et des lieux.

XVI.

On connaît par les confidences de l'âge avancé de M. de Fontanges, devenu après l'exil évêque d'Autun, ce qui fut entendu ou répété de cet entretien dont cet aumônier de la princesse était le seul confident dans le palais et le témoin à distance dans le jardin.

Elle attendait Mirabeau, selon ses propres paroles à elle-même, avec un frisson d'effroi et d'espérance que lui donnait depuis longtemps le nom de cet homme dans lequel la Révolution s'était personnifiée pour elle et qui personnifiait aujourd'hui le seul espoir qui lui restât de dompter ou de séduire la Révolution. Les cours, comme les peuples, qui ne comprennent pas la puissance abstraite et anonyme des idées, donnent un nom d'homme à toute chose, afin de pouvoir la comprendre, la voir, l'adorer ou la haïr. Le nom de Mirabeau était pour la reine et pour le roi le nom de la révolte des états généraux, de l'insolence de l'Assemblée nationale, se faisant place d'un mot en face et bientôt au-dessus du trône, du soulèvement de Paris le 14 juillet, des violences, des trames et des crimes nocturnes des factieux. Le 6 octobre, il avait été à leurs yeux coupable, complice ou accusé de tous leurs désastres, le géant du peuple, le Samson de la monarchie; lui seul avait pu ébranler, lui seul encore à leurs yeux pouvait soutenir ou relever l'édifice sous les ruines duquel ils étaient à demi ensevelis.

XVII.

En apercevant la reine à quelques pas devant lui sur l'esplanade en dehors du pavillon, Mirabeau resta un moment immobile et suspendu comme s'il avait reçu un coup au cœur. Il inclina très bas la tête dans une attitude de respect et de douleur qui demandait plus de pardon de son nom, de sa présence, de ses fautes, qu'aucun langage n'aurait pu en implorer. C'était dans un seul geste l'émotion devant la femme, le culte devant la reine, la confusion de l'abaissement de sa souveraine, le repentir de ses torts, la reconnaissance de la faveur, le serment de la réparation.

La reine comprit tout dans ce discours muet, et se rassura elle-même devant un homme qui savait séduire autant qu'il savait intimider. Elle lui pardonna tout avant qu'il eût parlé. On pardonne tout quand on espère beaucoup. Sa physionomie s'éclaira dans l'ombre de ses peines de ce regard, de ce sourire, de cette rougeur de timidité vaincue qui font le charme de tant d'autres charmes. Sa figure, entrevue dans ces demi-ténèbres qui effacent les premières pâleurs et les premières maculations de la douleur pour ne laisser éclater que la majesté et la pureté des grandes lignes du visage, éblouit et toucha fortement Mirabeau, si sensible à toutes les diversités de la nature dans les femmes. La maturité encore svelte de la fille de Marie-Thérèse, la langueur posée de la mère, la dignité de la princesse, la douleur de la femme, n'avaient rien enlevé encore à la beauté de la reine. Ses cheveux, qui blanchirent deux ans après en une seule nuit de captivité, prélude de mort, avaient encore l'abondance, la souplesse, la teinte blonde de son Danube natal. La maternité n'avait ni grossi ni affaissé sa taille. La gravité douce, les tristesses cachées, l'orgueil vaincu, les insomnies, les déchirements d'affection, les larmes habituelles avaient au contraire concentré dans ses regards, sur ses lèvres, dans tous ses traits, plus de cet épanouissement d'expression qui s'évapore dans la jeunesse, qui se prodigue dans le bonheur, mais qui se recueille dans la maturité, et auquel le malheur ajoute ce que la nature peut ajouter de plus pénétrant à la beauté, le pathétique des yeux, si voisin du pathétique du cœur.

Elle s'avança avec une gracieuse précipitation de pas vers Mirabeau. Celui-ci, déférant d'autant plus à l'étiquette du trône devant une femme qu'il avait eu plus d'irrespectuosité envers l'étiquette du trône devant le roi, attendait, selon l'usage, que la reine lui adressât la première la parole.

« Monsieur le comte, » lui dit-elle d'une voix émue et qui attestait l'effort de témérité qu'elle avait à surmonter pour parler à un tel interlocuteur, « au- » près d'un ennemi ordinaire, d'un homme qui aurait » juré la perte de la monarchie sans avoir le génie » de comprendre que la monarchie est la nécessité » d'un grand peuple, je ferais en ce moment la dé- » marche la plus téméraire et la tentative la plus » déplacée, mais quand on parle à un Mirabeau, on » s'élève au-dessus de ces craintes et de ces consi- » dérations ordinaires, et on n'est pas moins certaine » d'être comprise par son génie que sentie par sa » loyauté. »

XVIII.

Soit qu'elle eût trouvé d'elle-même, avec la sublime habileté d'un instinct de femme et de mère, la note la plus vibrante en ce moment dans le cœur de Mirabeau, en se servant de cette expression : *Un Mirabeau!* qui distançait l'homme d'État de tous les autres hommes, et qui le plaçait d'avance hors de l'étiquette et du temps dans la postérité des hommes historiques, soit que la Marck et M. de Fontanges, connaissant l'orgueil et ses forces dans leur ami, eussent insinué ces paroles à la reine, ces paroles, autant que le son de voix qui les enfonça dans son cœur, firent frémir de satisfaction la vanité et le cœur de Mirabeau. On n'a jamais su ce qu'il y répondit, si ce n'est par des lambeaux décousus de confidences faites par les amis de Mirabeau, à qui il n'épargnait pas celles qui flattaient sa gloire, et par les conseils écrits dans les notes subséquentes de la reine, vraisemblablement écho réfléchi et communication développée de cet entretien. L'histoire, dans un pareil drame, n'invente pas, elle raconte. Ce serait profaner à la fois le génie, la majesté et le malheur que de supposer des paroles dans la bouche de Mirabeau et des larmes dans les yeux de la reine. Tout ce qu'on sait de cet entretien, qui se prolongea pendant trois heures dans la nuit, sans paraître jamais tarir à ceux qui en attendaient à distance la fin, c'est que Marie-Antoinette se vanta souvent après, au roi et à ses confidents les plus intimes, des paroles qu'elle avait trouvées abondantes et pénétrantes dans son cœur, pour soutenir la con-

versation avec Mirabeau ; de l'impression que le génie
et l'âme de l'homme redouté avaient faite sur elle,
et de l'impression décisive et irrévocable qu'elle se
flattait d'avoir faite sur lui.

En effet, au moment de prendre congé de la
reine, Mirabeau, toujours un peu théâtral dans ses
plus sincères émotions, et croyant toujours avoir la
postérité pour témoin, se précipita à genoux, sur le
sable, aux pieds de la reine, et, prenant dans ses
mains la main qu'elle lui tendait en s'inclinant avec
grâce pour le relever, « Madame! » s'écria-t-il avec
un accent qui s'éleva au-dessus du murmure d'un
entretien à voix basse, « quand votre héroïque mère
» Marie-Thérèse faisait à un de ses sujets la grâce
» de le recevoir, elle ne le congédiait jamais sans
» lui donner sa main à baiser! » Puis, collant ses
lèvres sur les doigts de la reine arrosés de ses
larmes, et se relevant comme d'un élan qui l'aurait élevé désormais au-dessus de la terre, « Ma-
» dame, » reprit-il avec un lyrique enthousiasme,
« ce baiser sauve la monarchie! »

La reine, transportée elle-même d'une émotion qui
était devenue une confiance dans cet entretien, accepta l'augure, rentra en larmes dans ses appartements et s'évanouit auprès du berceau de ses enfants.
« Cet homme m'a bouleversée, » dit-elle le lendemain à la femme de service du palais, qui s'éton-
nait de sa pâleur; « il m'en a tant coûté de me

» rencontrer seule avec le destructeur de la monar-
» chie! Mais tout est oublié; il rachète ses fautes
» par son dévouement. Avec un tel homme pour
» lui, le roi est sauvé! » M. de Fontanges écrivit
le surlendemain au comte de la Marck que la reine
avait reçu une telle commotion de la conférence
avec son ami, qu'elle n'avait pu sortir, depuis deux
jours, de ses appartements, et même de son lit. Mirabeau jouit de l'impression qu'il avait produite
autant que de l'impression qu'il avait reçue. Il rentra
à Paris, décidé à faire triompher le roi ou à mourir.

XIX.

Mais déjà les surveillants de Lafayette ou les espions des Lameth avaient eu vent de ce rapprochement entre la reine et leur ennemi dans le parc de
Saint-Cloud, et faisaient circuler une prétendue lettre
d'une femme de la cour tombée et ramassée par un
passant dans une allée du parc, et racontant l'entrevue présumée, sans néanmoins en reproduire les
vrais détails.

« Il se répand quelque bruit sur la course de
» samedi, » écrivait le 5 M. de Fontanges au prince
d'Aremberg. « Il me paraît que ce n'est qu'un chu-
» chotement; mais avertissez Mirabeau pour qu'il
» fasse attention à ce qui pourrait se dire et pour
» qu'il s'étudie à donner le change aux soupçons. »

Mirabeau, de son côté, écrivait le 6 à la reine :
« On a remis au comité des recherches une lettre
» dénonciatrice de mon entrevue à Saint-Cloud; cette
» lettre est d'une mauvaise écriture et remplie de
» tant de fautes d'orthographe, que cela me paraît à
» moi une affectation. On prétend qu'elle a été trou-
» vée le lundi ou le mardi dans le parc de Saint-
» Cloud. Il est clair que l'on cherche à faire de tout
» cela une intrigue dont l'*Orateur du Peuple*, qui l'a
» déjà dénoncée, n'a pas paru une base suffisante.
» Je sais, à n'en pouvoir douter, que les Lameth,
» Duport, Menou, d'Aiguillon, et même Péthion, met-
» tent une grande activité à acquérir la preuve que
» j'ai eu une conférence à Saint-Cloud. Toutes les
» machinations accumulées ne feront pas, je crois,
» qu'ils puissent m'entamer sérieusement dans l'As-
» semblée nationale, mais elles peuvent me compro-
» mettre et me dépopulariser. »

Telle fut cette entrevue, dernière illusion d'espoir
au cœur de la reine, et apogée de la puissance de
Mirabeau, qui touchait à son déclin, en abandonnant
la route où il avait le premier entraîné la nation.

Les révolutions rétablissent souvent pour un jour
ce qu'elles ont détruit, mais elles n'ébranlent jamais
à demi ce qu'elles ont mission de détruire. On peut
les conduire quelquefois avec du génie et du courage,
on ne peut jamais les faire rétrograder avant qu'elles
aient touché et dépassé leur but. Leur force d'im-

pulsion est d'autant plus irrésistible qu'elle est plus combattue. Quand on les sert, elles soulèvent; quand on les dirige, elles obéissent; quand on les endigue, elles submergent; quand on les trahit, elles se vengent.

Mirabeau, qui savait tant de choses par théorie et par inspiration, allait bientôt l'apprendre par expérience aux dépens de sa renommée, et, s'il avait vécu, aux dépens de son sang.

LIVRE QUINZIÈME.

I.

Nous l'avons vu au commencement de ce récit, l'œuvre de la Révolution française était double. Cette Révolution n'était pas seulement une conquête du gouvernement par le peuple, elle était surtout une philosophie en action. Sa première pensée, qui n'allait point alors jusqu'à la république, était en politique de promulguer l'égalité civile de toutes les classes composant la famille française autour d'un trône constitutionnel assis sur le principe vrai de la souveraineté représentative du peuple. La seconde pensée était de promulguer la liberté complète de l'esprit humain en matière de foi, en dépossédant l'Église exclusive et privilégiée de son monopole temporel sur les consciences, en affranchissant l'âme du citoyen, et en s'en rapportant à la raison et à la liberté des individus ou des associations du soin de choisir, de desservir ou d'exercer la plus haute, la plus sainte et la plus inviolable des attributions humaines, la croyance, la morale et le culte. La philosophie révolutionnaire voulait ainsi, en plaçant Dieu hors la loi, ou plutôt à une incommensurable hauteur au-dessus de la loi, faire deux choses nécessaires à toute révolution qui touche indirectement aux consciences : premièrement, respecter dans ces consciences le plus individuel, le plus vulnérable et le plus moral des droits religieux, droit divin que la faveur de l'État profane ou que la persécution opprime ; secondement, introduire par la liberté de symbole et par la concurrence de culte la lumière philosophique à plus grands flots dans l'âme des peuples, rejeter par la parole et par l'émulation des cultes libres l'élément humain et l'alliage politique et profane que la suite des siècles avait fait, selon les philosophes, contracter aux vérités les plus pures, enfin faire marcher ainsi la raison humaine ou vers une religion entièrement rationnelle sans autre autorité que la conviction individuelle, ou vers un christianisme d'association libre affranchi de toute Eglise d'Etat.

II.

La Révolution, au mois de juin 1790, avait accom-

pli et même dépassé son premier but, son but politique, car tout pouvoir et toute aristocratie étaient
en ruines autour d'elle, et elle se précipitait jusque
dans l'anarchie. Mais l'Assemblée était loin d'avoir
atteint de même son second but, son but philosophique. La question religieuse, qu'elle avait écartée
sans cesse et qu'elle aurait voulu écarter toujours
par des réticences ou par des ajournements, revenait
sans cesse. L'Assemblée ne pouvait plus reculer devant une solution. L'Eglise, si fatalement liée avec
l'Etat, s'écroulait avec le trône : il fallait ou la relever seule ou l'abattre tout à fait. L'Assemblée constituante, qui ne voulait pas la relever, n'avait pas la
résolution de l'abattre. Cette Eglise, aux yeux du
peuple, représentait encore ce qu'il y a de plus im-
mortel dans le cœur de l'homme : la religion. Le
peuple accusait les prêtres, mais respectait l'autel.
Il voulait bien que la Révolution portât une main
réformatrice sur les abus de l'Eglise ; qu'elle sécu-
larisât ces cent quarante mille moines ou abbés, su-
perfétation onéreuse du sacerdoce; qu'elle réduisît le
nombre de ses ministres, disproportionné au service
des autels comme à la réalité de leur vocation ; qu'elle
dépouillât les cardinaux, les évêques, les prélats, les
abbés, bénéficiaires de richesses souvent stériles dont
jouissaient des célibataires sans héritiers ; qu'elle s'af-
franchît de la souveraineté de Rome, temporellement
du moins, souveraineté qui s'immisçait dans les af-

aires de l'Etat sous prétexte de surveiller les affaires de l'Eglise ; il voulait bien même que l'Assemblée portât la main sur la discipline administrative de ce nombreux et puissant sacerdoce qui couvrait l'empire, mais il ne voulait pas qu'une proclamation nationale de schisme scandalisât les consciences, agitât les temples, émut les populations, et donnât prétexte aux ennemis de la liberté de convaincre la Révolution d'impiété et de sacrilége. Les politiques et les philosophes les plus hardis ou les plus irréligieux de l'Assemblée tremblaient de remuer au fond de l'âme du peuple des villes et surtout des campagnes ces redoutables questions qui touchent à Dieu et qui donnent une force presque divine aux passions et aux résistances qu'elles font éclater dans les âmes ; ils redoutaient de donner pour auxiliaires au despotisme et à l'aristocratie, qu'ils avaient à combattre, tout un clergé dépossédé de son peuple et tout un peuple dépossédé de son clergé. Jusque-là la Révolution plébéienne et rurale de nature et de principes avait été unanime contre les vieilles institutions : la question religieuse pouvait la diviser ; la diviser, c'était la perdre. L'hésitation de l'Assemblée s'expliquait par la gravité du péril.

III.

Cependant, il fallait achever la constitution ou se

déclarer vaincu par l'Église après avoir triomphé du trône. Les rapports entre l'Église et l'État étaient si intimes, si organiques et si multipliés, qu'une constitution qui ne les aurait pas réglés aurait été convaincue d'inanité ou d'impuissance. On avait bien pu décréter impunément que les biens territoriaux du clergé, domaine national comme le sol lui-même, seraient échangés contre un salaire obligatoire payé par l'État aux ministres du culte catholique considérés comme officiers publics de morale; on avait bien proclamé métaphysiquement la tolérance et l'égalité des cultes devant la loi, mais on n'avait pas osé aller plus loin. Dans la discussion de février 1790, Maury, Cazalès, d'Espréménil, Virieu, les évêques, les orateurs de la droite, avaient porté ironiquement à Mirabeau et au parti révolutionnaire le défi de déclarer dans la constitution si la religion catholique était ou n'était pas la religion officielle et dominante de la nation française. Mirabeau lui-même avait éludé la réponse; Robespierre s'était abstenu; un seul homme, Charles Lameth, avait eu le courage de professer tout haut l'égalité des consciences, l'abstention de l'État et l'incompétence de la loi politique en matière de culte. Bien que tous les révolutionnaires de l'Assemblée applaudissent en secret à ces vérités, presque tous avaient accusé son excès d'audace. Une sorte de respect humain général semblait retenir l'Assemblée à son dernier pas sur le seuil de la liberté de conscience. Les philosophes eux-mêmes avaient, dans leurs paroles à la tribune, l'hypocrisie convenue de l'orthodoxie. Nul ne voulait donner à son ennemi politique le droit de l'accuser d'impiété devant la nation ; tous craignaient on ne sait quel grand ana-thème du peuple révolutionnaire contre la première main qui toucherait à ces choses saintes. Le comité chargé de présenter un plan de constitution civile du clergé réfléchissait depuis neuf mois sans oser écrire sa pensée, mais l'époque fixée pour la fédéra-tion approchait et lui commandait de présenter enfin au serment national son œuvre complète.

IV.

Le projet de constitution civile du clergé, surveillé dans sa rédaction par Camus, député d'une foi ri-goriste, ne touchait qu'avec respect à l'institution catholique ; il se bornait à la régler en France dans sa partie administrative et dans ses rapports avec l'État. Ce n'était point un schisme, c'était la base d'un con-cordat à conclure avec l'autorité religieuse de Rome pour conformer l'administration du catholicisme à la nouvelle constitution de la nation ; seulement, ces bases d'un concordat futur, n'ayant été ni discutées ni acceptées préalablement à Rome, et promulguées par l'autorité civile seule, attentaient ainsi à l'autorité du souverain pontife, chef de la catholicité, et pouvaient donner lieu à des réclamations bien ou mal fondées à Rome et à des résistances dans le royaume.

L'Assemblée, scrupuleuse sur le fond, téméraire sur la forme, osait ainsi trop ou trop peu. Elle aurait dû, ou charger le roi de négocier préalablement avec l'autorité catholique pour s'entendre avec le pape avant de promulguer sa constitution ecclésiastique, ou déclarer franchement que le pape était incompétent pour intervenir dans les affaires purement administratives; salarier le clergé existant comme elle avait promis de le faire; mettre l'Église en dehors de sa constitution civile, et abandonner au pape et aux associations catholiques du royaume le soin de s'administrer selon leur gouvernement volontaire, selon leur rite et selon leur foi. En s'immisçant elle-même dans l'administration catholique, dans la forme d'élection ou de nomination des ministres de la religion, dans la discipline du sacerdoce, elle dépassait ses droits politiques; elle allait réveiller le schisme, l'anathème, les foudres de Rome, les controverses, les scrupules, les alarmes, et bientôt les révoltes dans les populations. Rompre nettement les clauses du traité spirituel et temporel avec Rome était dans son droit; les modifier à elle seule arbitrairement, les imposer d'un côté à Rome, de l'autre aux fidèles, était un abus de pouvoir. Elle s'immisçait ainsi dans le gouvernement des choses de foi avec la même inconséquence qui avait induit le gouvernement de l'Église à s'immiscer dans les choses d'Etat. Elle transposait la tyrannie à son profit ; elle ne la détruisait pas.

V.

Sans doute l'Assemblée constituante n'allait pas plus loin que Louis XIV et Bossuet dans la révolte de l'État contre les maximes et les suprématies du gouvernement pontifical ; car Louis XIV et Bossuet, non contents de retirer au pape le subside ecclésiastique des annates, du même droit que l'Assemblée constituante avait retiré la propriété territoriale au clergé, avaient attenté même à la suprématie en matière de dogme par leur quatrième proposition imposée au clergé français. Cette quatrième proposition, faisant de l'Église gallicane une véritable république au lieu d'un membre de la monarchie catholique, retirait au gouvernement du pape le droit de statuer sur les articles de foi, réservait un éternel appel contre ses décrets et permettait la désobéissance provisoire jusqu'à la décision d'un concile nominal absent, jamais convoqué, tribunal sans juges et sans voix, qui livrait chaque Église nationale à son propre esprit et l'Église générale à l'anarchie.

L'Assemblée constituante n'intervenait que dans l'administration de l'Église, mais cette administration touchait à la discipline, et la discipline se

confondait indirectement avec l'orthodoxie. D'ailleurs
Louis XIV et Bossuet étaient catholiques et intimidaient Rome au nom d'un royaume calme, puissant,
consolidé , qui imposait ses volontés à l'Europe.
L'Assemblée constituante, au contraire , n'avait pas
la foi et parlait au nom d'un royaume à demi déchiré, où les partis politiques allaient, à la voix de
Rome, se compliquer des dissertations religiéuses, et
où l'excommunication pouvait agiter les peuples et
intimider la Révolution. Un pontife agitateur oɹ vengeur de l'Église de France n'était donc pas tenu
envers l'assemblée révolutionnaire aux mêmes ménagements et aux mêmes déférences que la cour
romaine avait subis en face de Louis XIV. Elle
pouvait sonner le tocsin du Vatican et proclamer la
guerre de conscience. Déjà cette guerre, qui couvait
encore , était dans l'âme du clergé dépossédé. Le
moindre souffle pouvait allumer l'incendie.

VI.

Un juriste éminent, Treilhard, se chargea de
défendre cette constitution civile du clergé de tout
reproche d'impiété ou de schisme, ou même d'empiétement sur les droits de l'Eglise, et le fit en avocat
plus qu'en politique. En analysant les propositions
du comité ecclésiastique, il ne lui fut pas difficile de
démontrer que ces propositions, très plausibles et

très bien intentionnées pour la partie militante du
clergé des paroisses, au lieu d'ébranler l'établissement catholique dans le royaume, n'avaient pour but
que de le régulariser, les dispositions principales se
bornant à attribuer à l'Etat le droit de modifier les
circonscriptions des diocèses, trop nombreux et trop
inégaux pour la bonne administration des paroisses,
à supprimer les juridictions ecclésiastiques incompatibles avec l'égalité de justice, à abolir les émolu-
ments sans fonctions, à mieux répartir au bénéfice
du clergé actif les salaires de l'Eglise, enfin à attribuer au peuple l'élection de ses évêques et de ses
fonctionnaires religieux. Treilhard s'efforça de prouver que rien dans ces dispositions ne portait la
moindre atteinte au droit de gouvernement spirituel
de l'Eglise par son chef et par son pouvoir dogmatique à Rome, et que l'histoire et les traditions
s'accordaient, depuis les apôtres, depuis Charlemagne
et depuis saint Louis, à reconnaître ce droit temporel de répartition des évêchés dans les souverains
et l'élection de ses évêques dans le peuple.

Un curé, l'abbé Leclerc, défendit avec éloquence
et avec ardeur la divinité des droits de l'Eglise et
la compétence de ses tribunaux. Il ne lui fut pas
difficile, à son tour, de démontrer que l'élection
des prélats et des prêtres par le peuple anéantirait
à la fois la hiérarchie sacerdotale et le pouvoir du
souverain pontife sur ses ministres.

« Je resterai fidèle, » s'écria-t-il en terminant, « à
» l'exemple de l'archevêque d'Aix, je resterai fidèle
» à ces principes du gouvernement ecclésiastique,
» parce qu'ils tiennent à la foi. Nous condamnons
» hautement une constitution qui conduit au pres-
» bytérianisme, cette dissolution de l'unité et de
» l'autorité, et si nous ne nous élevions pas contre
» cette doctrine, les évêques, au jour du jugement,
» seraient en droit de nous demander compte de
» notre lâcheté ! »

L'Assemblée, en touchant à la conscience, arrachait aux langues jusqu'alors muettes des accents qui présageaient la guerre ou le martyre, cette victoire des vaincus.

Robespierre lui-même, dominé par l'esprit général de réticences ou d'hypocrisie qui faussait cette discussion, au lieu de soutenir l'émancipation franche des consciences, soutint la constitution civile et religieuse du comité. Il fit, comme ses collègues, de la religion une institution légale, au lieu d'en faire une faculté divine. Il demanda le mariage des prêtres. Un murmure général l'interrompit au premier mot et étouffa sa parole sur ses lèvres. L'Assemblée tremblait qu'une témérité de parole sur un sujet si délicat ne fournît aux catholiques le prétexte de dire que la Révolution attentait à la sainteté du sacerdoce. Robespierre, ordinairement si audacieux de discours, n'osa insister contre le scandale unanime, et descendit de la tribune sans avoir achevé sa pensée.

Camus, mieux écouté parce que son catholicisme connu donnait autorité à ses opinions sur les catholiques, réfuta en théologien les objections des théologiens de l'Assemblée.

Le curé de Roanne, Goulard, lui succéda.

« J'ai dû me taire, » dit-il, « quand on dépouil-
» lait le clergé : le chrétien, plus encore que le
» philosophe, méprise les richesses. Mais lorsqu'on
» veut changer la constitution de l'Église, dissoudre
» la hiérarchie, détruire toute correspondance entre
» les membres et la tête, correspondance sans la-
» quelle l'unité périt, je dois parler. Les curés
» dépendent des évêques, les évêques dépendent du
» souverain pontife, telle est ma foi ! On veut nous
» séparer du chef de l'Église, on veut nous en-
» traîner dans le schisme, on veut établir le pres-
» bytérianisme en France ! Je vous conjure, au nom
» du Dieu de paix, de rejeter toute innovation qui
» alarmerait les fidèles. L'intention de la nation n'a
» pas été de vous constituer en concile ! »

Un autre curé, l'abbé Gaulte, cent fois interrompu par les autres ecclésiastiques et par d'Espréménil, soutint que l'Église était une république apostolique où le principe de l'élection des prêtres appartenait traditionnellement aux fidèles. L'impatience de trancher une question qui portait la passion plus loin que les opinions dans les âmes fit voter à une forte majorité le plan du comité ecclésiastique.

Le roi, par scrupule de conscience autant que par prudence de gouvernement, ajourna la sanction et l'exécution de ce décret jusqu'à la conclusion des négociations qu'il allait ouvrir à ce sujet avec Rome. La cour de Rome, où retentissaient les gémissements du clergé dépouillé, était loin, malgré le caractère indulgent et l'esprit conciliateur du souverain pontife, de se prêter à des concessions à une assemblée révolutionnaire destructive de sa hiérarchie et de sa discipline, de son ascendant et de sa richesse en France. Le schisme encore invisible du peuple était inévitable aux yeux des politiques. On verra bientôt que les adversaires de la Révolution le fomentaient de toutes leurs passions contre elle. Mirabeau lui-même, trahissant sa propre cause pour celle de la cour, se félicitait, dans ses conseils au roi, d'une agitation religieuse poussée jusqu'à la guerre civile. Cette agitation, si elle était entretenue par le roi, devait, selon lui, rendre à la royauté toute la popularité du catholicisme dans les masses. Ce machiavélisme est un des expédients les plus impardonnables de la défection de ce grand homme.

La lenteur du roi à sanctionner la constitution civile de l'Église laissa quelques mois couver, avant d'éclater, l'œuvre incomplète et impolitique de l'Assemblée. En se déclarant neutre et incompétente entre les cultes, sans faveur et sans oppression, elle aurait fait la paix des âmes; en prenant un demi-parti pour l'Église et un demi-parti pour la liberté philosophique, elle faisait le schisme, et tous les ennemis du schisme devenaient les ennemis de la Révolution.

Cet acte fut la grande faute, et, on peut le dire, la grande pusillanimité de l'Assemblée constituante. Le courage de la vérité lui manqua : le principe des religions d'État, qu'elle était appelée à détruire et qu'elle institua une fois de plus dans le monde, ne donna pour force à la Révolution que des transfuges de l'autel discrédités par l'apostasie, et la religion de conscience, soulevée par la persécution légale, ne lui donna que des ennemis et des martyrs, juste punition de sa faiblesse.

Nous en verrons bientôt les conséquences.

VII.

Pendant ces délibérations de l'Assemblée, préludes de la confédération prochaine, la France et le roi respiraient de leur longue agitation. Un avenir de réconciliation et de sécurité semblait s'ouvrir aux yeux de tous les citoyens. Les esprits et les cœurs se détendaient. A l'exception de quelques sourdes conspirations des démagogues à l'intérieur et de quelques trames des émigrés et des princes mal tissues à l'étranger, Lafayette et la garde nationale maintenaient Paris.

L'enthousiasme révolutionnaire, un moment consterné et amorti par la disette, par l'apparition des brigands, par les excès sanguinaires de la place de Grève et des journées d'octobre, se relevait dans l'âme de la nation. On croyait toucher à la fin d'une crise douloureuse, mais inévitable, et se reposer bientôt dans la jouissance paisible d'une liberté représentative, où le pouvoir, généreusement laissé au roi par le peuple, ne serait que le couronnement de la démocratie. Le roi lui-même, à cette époque, était revenu des terreurs que les sinistres images des 5 et 6 octobre avaient imprimées dans son esprit. Entouré de respect et de sécurité par Lafayette, il attendait avec confiance le jour de la fédération, où sa réconciliation définitive avec son peuple serait scellée, au champ de Mars, par le serment de la constitution et par les hommages des fédérés, représentants de la reconnaissance des départements pour ses concessions accomplies. Aucune faction perturbatrice n'avait en ce moment assez de force et assez d'audace pour s'interposer entre le prince repopularisé et le peuple heureux.

Le duc d'Orléans, seul, inquiétait encore Lafayette. Ce prince, sollicité par ses partisans à Paris, supportait péniblement un plus long ostracisme à Londres. S'il avait renoncé au rôle de factieux, son nom, son rang, sa dignité, son immense fortune, ses familiers en France ne lui permettaient pas de renoncer également au rôle de premier prince du sang et à

la popularité éventuelle que ses opinions révolutionnaires pouvaient lui rattacher dans la nouvelle constitution du royaume. Des soupçons justes ou injustes
de complicité dans les premières agitations de la
Révolution avaient entaché son nom ; mais une conduite loyale pouvait effacer ces taches. Une crise
imprévue pouvait faire disparaître le roi. Entre le
trône et lui, il n'y avait qu'un enfant et deux
princes : l'un, le comte d'Artois, fugitif et hostile
au peuple ; l'autre, le comte de Provence, jouissant
de quelque influence dans les conciliabules de la cour
de son frère, soupçonné de quelque ambition au
palais, mais sans éclat et sans crédit sur les masses.
L'absence du duc d'Orléans dans de telles circonstances était une renonciation anticipée à toute can-
didature au trône électif ou à la régence, si jamais
le trône devenait vacant ou si une régence venait à
s'ouvrir. Indépendamment de ces motifs, l'absence
du duc d'Orléans pendant la fédération était un aveu
de criminalité dans les attentats d'octobre, dont la
voix publique l'accusait et dont l'enquête, non encore
terminée, du Châtelet et du comité des recherches,
ne l'avait pas encore absous.

Ou conçoit donc la juste impatience de ce prince
à revenir prendre sa place de député parmi ses
collègues de l'Assemblée constituante, et sa place de
prince populaire dans son palais de Paris. Tout
atteste que le prince, à cette période de sa vie,

ne nourrissait plus aucune pensée criminelle dans son âme. La terreur des excès populaires dont il avait été, sinon le moteur et le prétexte, du moins le témoin à Paris et à Versailles, l'amour des jouissances paisibles que lui procurait son immense fortune, le dégoût des agitations publiques, pour lesquelles la nature ne l'avait pas trempé, la réflexion, l'avenir de ses enfants et les conseils salutaires d'Agnès de Buffon, devenue toute-puissante sur son cœur, avaient prévalu complétement sur ses velléités ambitieuses. Il avait sincèrement résolu de rompre tous ses liens avec le parti démagogique, de s'attacher au parti loyalement constitutionnel, qui était celui de la nation en masse, et de se dévouer à Louis XVI, qu'il plaignait et qu'il aimait avec les sentiments d'un parent et les devoirs d'un sujet. Mais le duc d'Orléans était un de ces hommes qui oscillent sans cesse entre le repentir et les fautes, et qui n'ont ni assez de caractère pour le crime ni assez de constance pour l'honnêteté.

La cour elle-même ne faisait rien de ce qu'elle aurait dû faire pour ramener ce prince à son devoir et pour lui rendre facile et sûre la résipiscence qu'il témoignait. Lafayette, on ne sait par quelle prévention ou par quel ombrage, ne cessait d'entretenir le roi et la reine dans ses antipathies et dans ses terreurs au nom du duc d'Orléans. Un mémoire secret que Lafayette adressait au roi peu de jours avant la fédération et au moment où le duc d'Orléans le menaçait déjà de son retour à Paris, témoigne de ces sollicitudes du dictateur de Paris pour desservir son ennemi éloigné : « Je vois, » dit Lafayette dans ce Mémoire, « la faction d'Orléans grossie de tous les ennemis personnels de Votre Majesté, du roi et de la reine, et de tous ceux qui voudront établir en France une confédération de républiques. Ce parti réunit beaucoup de gens inconsidérés qu'on aveugle et qu'on entraîne, et des trésors étrangers sont consacrés à le grossir. Je dois dire au roi que les circonstances sont trop dangereuses, trop instantes, pour que le salut de la chose publique et le sien puissent être assurés par des demi-partis et des demi-mesures. Votre Majesté connaît mes principes; si c'est à moi qu'elle s'en rapporte, ce doit être sans réserve, et en même temps que je lui promets tous mes efforts pour assurer les bases de la constitution dont je lui envoie le plan, j'ai besoin, pour allier les intérêts de la liberté et du roi, de trouver en elle une confiance de tous les instants. »

Pendant que Lafayette cherchait à capter ainsi pour lui seul la confiance sans réserve du prince et de la reine, il écrivait à une femme confidente de ses pensées les plus secrètes, et il laissait transpirer dans ses entretiens avec les révolutionnaires républicains les déboires de son âme et les aigreurs de son mé-

contentement contre le roi et la reine assujétis sous
sa main.

« La reine se flatte de chimères, » dit-il, « et, par
conséquent, son époux, qu'elle tourne à son gré.
On parle d'insinuations faites à la députation de
Bordeaux pour recevoir la famille royale. Vous m'avez
souvent prêché la déférence pour le roi et la reine.
C'était inutile, parce que mon caractère m'y porte
depuis leur malheur; mais croyez qu'ils auraient
été mieux servis et la chose publique aussi par un
homme dur. Ce sont de grands enfants qui n'ava-
lent la médecine salutaire que quand on leur fait
peur. La reine et lui sont obsédés de méfiance et
de sentiments aristocrates. Les ministres se rendent
justice les uns les autres et laisseraient périr le
pouvoir le plus robuste. L'Assemblée est divisée en
quinze ou vingt partis. J'ai pour ma quinzaine de
Pâques un président de l'Assemblée orléaniste, la
brouillerie avec le parti de Duport, les prêtres au
confessionnal, la contre-révolution de M. de Maille-
bois qui échauffe d'autres têtes, un plan de pillage
de la caisse d'escompte, les districts et la commune
qui se mangent le cœur, le civil et le militaire en
querelle, l'armée incertaine de son sort, M. Necker
qui fait ses malles et trente mille ouvriers affamés. »

VIÍI.

Mais au milieu de ces conseils confidentiels de dévouement glissés tous les jours dans la main du roi, de ces efforts pour dominer la reine, de ces caresses aux partis hostiles de la cour, de ces mépris confiés trop haut et trop souvent à l'indiscrétion de ses amis, et de ces anxiétés renaissantes sur l'ordre public, Lafayette ne perdait pas un instant de vue le duc d'Orléans, seul rival redouté qui pût lui disputer sa dictature.

Informé par M. de la Luzerne, ambassadeur de France à Londres, du projet que ce prince avait de repasser sur le continent pour assister à la fédération, Lafayette lui envoya son aide de camp de Boinville, pour lui déclarer que sa présence à Paris serait encore un péril public. Le duc d'Orléans, comme la première fois, avait paru accueillir favorablement les sollicitudes de Lafayette et renoncer à son voyage; seulement, il s'était réservé, dans son entrevue avec l'ambassadeur et avec l'émissaire de Lafayette, d'écrire à ses amis de Paris une lettre explicative de sa prolongation d'absence, afin qu'on n'attribuât pas à une lâche condescendance aux injonctions de Lafayette un éloignement qu'il n'accordait, disait-il, qu'à un scrupule désintéressé pour la tranquillité du roi et pour l'amortissement des factions remuées malgré lui par son nom. M. de Boinville était reparti pour Paris, rapportant à Lafayette cette assurance.

Mais à peine M. de Boinville avait-il quitté Londres, qu'une lettre de l'ambassadeur de France, la Luzerne, avait informé le général d'un nouveau revirement d'esprit et de résolution dans le prince. « Je crois devoir vous envoyer vite un courrier, » écrivit l'ambassadeur à Lafayette, « afin que vous puissiez prévenir les démarches que pourraient faire à l'Assemblée les amis ou plutôt les fauteurs du duc d'Orléans. Deux heures après le départ de Boinville, le prince est venu me trouver, et voici à peu près ce qu'il m'a dit : « — Je veux bien me sacrifier pour la chose publique; mais je suis si affecté de penser que les gens qui me connaissent et qui me connaîtront par la suite seront tous convaincus que je n'ai rompu le plan que j'avais formé et que j'avais annoncé publiquement en France et en Angleterre d'être à Paris le 14 juillet, que par des motifs de crainte et de faiblesse personnelle, et non par des sentiments d'attachement à mon roi et à ma patrie, que, malgré l'engagement que j'ai pris, il y a trois jours, avec vous, malgré les dangers personnels que je cours, j'aime mieux partir à l'instant pour Paris, y précéder peut-être M. de Boinville, au moins avant qu'on ait fait aucune démarche à l'Assemblée, que de rester en Angleterre dans cette pénible situation. J'y resterai cependant si vous voulez vous prêter à un tempérament qui, dans ce moment-ci, me racommoderait avec moi-même et serait peut-être par la suite une justification de ma conduite auprès de mes amis. »

» Après ce beau préambule, le charmant prince a tiré de sa poche une note qui avait l'air d'avoir été écrite à la hâte, mais qui, dans le fait, était fort adroite, et que j'ai reconnue par cette raison être l'ouvrage de Laclos. Cette note était un récit très véritable de quelques parties de notre conversation en présence de Boinville, et l'on pouvait fort bien en conclure qu'en votre nom, il avait voulu effrayer le prince par des dangers chimériques; mais ce qui, dans le fait, l'avait engagé à rester en Angleterre, c'étaient les observations que je lui avais faites pour lui prouver que son retour en France pourrait exciter de grands troubles.

» J'ai refusé, comme vous le croyez bien, de certifier un pareil écrit, en lui disant qu'assurément je confirmerais tout ce qui s'était passé entre nous lorsque les circonstances l'exigeraient, mais que ce n'était pas le moment, et qu'il y aurait le plus grand inconvénient, pour son honneur et sa propre gloire, que personne au monde sût tout ce qui s'était dit dans notre conversation du matin.

» Il serait inutile et beaucoup trop long, mon cher marquis, de vous répéter tout ce que m'a dit M. le duc d'Orléans, tantôt pour m'attendrir sur sa situation, tantôt pour me persuader qu'il allait partir si je ne lui donnais les moyens de se réconcilier avec lui-même. Je n'ai pas été emporté par le sentiment, comme vous le croyez bien; je n'ai pas été non plus fort effrayé du projet de partir sur-le-champ pour la France, quoique j'aie cru qu'il se pourrait bien que Laclos peut-être parvînt à le décider si je me refusais à lui donner toute satisfaction; mais d'autres réflexions m'ont engagé à lui donner l'écrit dont je vous envoie la copie; peut-être j'ai eu tort, mais j'espère que vous serez bien convaincu que c'est un tort de jugement, non un manque d'intérêt pour votre personne et votre gloire.

» J'ai cru premièrement que toutes les fois que M. le duc d'Orléans affirmerait que Boinville et moi avions été le trouver et lui avions représenté en votre nom que des gens malintentionnés pourraient se servir de son nom en arrivant à Paris pour y exciter des troubles, il nous serait impossible de refuser d'attester un tel fait. Je n'ai pas trouvé une grande différence entre la certitude de pouvoir se faire donner un certificat toutes les fois qu'il le jugerait convenable, ou de l'avoir réellement en main.

» J'ai craint un peu aussi, je l'avoue, que le désespoir ne lui fît prendre le parti d'aller à Paris, et qu'il ne partît malgré toutes nos précautions. Vous savez que le désespoir des poltrons est quelquefois dangereux. J'ai pensé que, dans le fait, nous avions tout ce que nous voulions, puisque nous l'empêchions d'aller à Paris, ce qui était notre unique but, et que nous pouvions le manquer si j'étais trop roide dans cette occasion. J'ai pensé aussi que dans un moment où tout Paris était consterné de la prétendue arrivée du prince, on vous saurait un gré extrême de lui avoir fait donner un avis amical de rester à Londres, et que, pour éviter que des brouillons puissent se servir un jour de ma note, vous pourriez dès à présent raconter à vos amis et même à vos ennemis la mission de Boinville, et rendre par vous-même assez public tout ce qui est consigné dans l'écrit que j'ai donné à M. le duc d'Orléans. Enfin, après avoir bien pesé le pour et le contre et avoir écrit le certificat, j'ai pensé aussi que je pourrais bien avoir fait une sottise. Je vous prie au moins de ne pas l'attribuer ici à un défaut de zèle ni à la tendre amitié que je vous ai vouée pour la vie. »

IX.

Cet écrit de M. de la Luzerne remis au duc d'Orléans était une attestation des instances faites par l'ambassadeur et par M. de Boinville, au nom du roi et auprès du prince, pour le prier de prolonger son séjour à Londres dans l'intérêt de la tranquillité publique.

Le duc, armé de cette pièce compromettante pour Lafayette, n'hésita plus, sans doute dirigé par l'habile machiniste d'intrigues Laclos, à dénoncer cette oppression morale du dictateur de Paris à l'opinion et à l'Assemblée. Il rédigea ou fit rédiger la lettre suivante à l'Assemblée nationale :

« Le 25 du mois dernier, j'ai eu l'honneur d'écrire au roi pour prévenir Sa Majesté que je me disposais à me rendre incessamment à Paris; ma lettre a dû arriver à M. de Montmorin le 29 du même mois. J'avais depuis pris, en conséquence, congé du roi d'Angleterre et fixé mon départ à aujourd'hui 3 juillet après midi; mais, ce matin, M. l'ambassadeur de France est venu chez moi et m'a présenté un monsieur qu'il m'a dit être M. de Boinville, aide de camp de M. de Lafayette, envoyé de Paris par son général, le mardi 29, pour une mission auprès de moi. Alors ce M. de Boinville m'a dit, en présence de M. l'ambassadeur, que M. de Lafayette me conjurait de ne pas me rendre à Paris; et, parmi plusieurs motifs qui n'auraient pu fixer mon attention, il m'en a présenté un plus important : celui des troubles qu'exciteraient des gens malintentionnés qui ne manqueraient pas de se servir de mon nom. Le résumé de ce message et de cette conversation est certifié par M. l'ambassadeur de France, dans un écrit dont j'ai l'original entre les mains, et dont copie, signée de moi, est ci-jointe. Sans doute, ie n'ai pas dû compromettre légèrement la tranquillité publique, et j'ai pris le parti de suspendre toutes démarches ultérieures; mais ce n'a pu être que dans l'espoir que l'Assemblée nationale voudrait bien, dans cette occasion, régler la conduite que j'ai à tenir, et voici les raisons sur lesquelles j'appuie cette demande.

» A l'époque de mon départ pour l'Angleterre, ce fut M. de Lafayette qui me fit, le premier, au nom du roi, la proposition de me charger de la mission que Sa Majesté désirait me confier. Le récit de la conversation qu'il eut avec moi à ce sujet est consigné dans un exposé de ma conduite que je me proposais de rendre public, seulement après mon retour à Paris, mais que, d'après ce nouvel incident, je prends le parti de publier aussitôt, comme aussi d'en faire déposer l'original sur le bureau de l'Assemblée. On y verra que, parmi les motifs que M. de Lafayette me présenta pour accepter cette mission, un des principaux fut déjà que, mon départ ôtant tous prétextes aux malintentionnés de se servir de mon nom pour exciter des mouvements tumultueux dans Paris, lui, M. de Lafayette, en aurait plus de facilité pour maintenir la tranquillité de la capitale, et cette considération fut une de celles qui me déterminèrent. Cependant, j'ai accepté cette mission, et la capitale n'a pas été tranquille. Et si, en effet, les fauteurs de ces tumultes n'ont pas pu se servir de mon nom pour les exciter, ils n'ont pas craint d'en abuser dans vingt libelles pour tâcher de fixer les soupçons sur moi.

» Il est enfin temps de savoir quels sont ces gens malintentionnés dont toujours on connaît les projets sans cependant pouvoir jamais avoir aucun indice qui mette sur leur trace, soit pour les punir, soit pour les réprimer. Il est temps de savoir pourquoi mon nom servirait plutôt que tout autre de prétexte à des mouvements populaires. Il est temps, enfin, qu'on ne me présente plus ce fantôme sans me donner aucun indice de sa réalité.

» En attendant, je déclare que, depuis le 25 du mois dernier, mon opinion est que mon séjour en Angleterre n'est plus dans le cas d'être utile aux intérêts de la nation et au service du roi; qu'en conséquence, je regarde comme un devoir d'aller reprendre mes fonctions de député à l'Assemblée nationale; que mon vœu personnel m'y porte; que l'époque du 14 juillet, d'après les décrets de l'Assemblée, me semble m'y rappeler plus impérieusement encore, et qu'à moins que l'Assemblée ne décide d'une façon contraire et ne me fasse connaître sa décision, je persisterai dans ma résolution première. J'ajoute que si, contre mon attente, l'Assemblée jugeait qu'il n'y a lieu à délibérer sur ma demande, je croirais en devoir conclure qu'elle juge que tout ce qui m'a été dit par le sieur de Boinville doit être considéré comme non avenu, et que rien ne s'oppose à ce que j'aille rejoindre l'Assemblée dont j'ai l'honneur d'être membre.

» Je vous prie, monsieur, après avoir fait connaître ces faits à l'Assemblée nationale, d'en déposer sur le bureau le présent détail signé de moi, et de solliciter la déclaration de l'Assemblée à ce sujet.

» J'envoie copie de la présente lettre à Sa Majesté par M. de Montmorin et à M. de Lafayette.

» Signé, LOUIS-PHILIPPE D'ORLÉANS. »

X.

Pendant que le duc d'Orléans et Lafayette se mesuraient ainsi de loin, le roi et la reine, informés par l'ambassadeur de Londres des projets de retour d'un prince autrefois leur ennemi, consultaient sous main Mirabeau, leur nouvel oracle, sur la circonstance et sur la conduite à tenir entre les deux antagonistes. Mirabeau écrivit à ce sujet une note pour la reine, chef-d'œuvre de bon sens, d'analyse des partis, de machiavélisme défensif et légitime pour atténuer, l'un par l'autre, les deux grands compétiteurs de popularité.

« S'opposer, disait Mirabeau dans cette note à la reine, serait la plus fausse des mesures aujourd'hui : d'abord, parce que si le prince a pris décidément le parti de rentrer en France, on s'y opposerait vainement; en second lieu, parce que les obstacles qu'on y mettrait pourraient bien être regardés comme une persécution de la cour, et transformer aux yeux du peuple un événement indifférent par lui-même en une défaite de la cour. Le parti du duc d'Orléans, redoutable au commencement des troubles, n'existe plus : ce n'est plus qu'un fantôme incapable d'en imposer à la nation.

» Le parti redoutable, le parti des Jacobins, n'a jamais été celui du duc d'Orléans. C'est cependant le seul qui puisse le rechercher, le seul dont il puisse s'étayer. Or, cette probabilité, la seule à laquelle on doive s'arrêter, indique parfaitement la conduite qu'il faut tenir. Il faut traiter le duc assez bien pour qu'il n'ait pas à se plaindre de la cour. On l'anéantit par cette conduite, parce que c'est lui ôter tout moyen de se jeter dans un parti.

» Si, en continuant d'avoir des liaisons avec la cour, il se jetait dans les Jacobins, son influence serait beaucoup moindre, parce que son parti s'en défierait.

» Si les Jacobins, malgré de telles liaisons, l'adoptaient, ce parti se perdrait dans l'opinion des démocrates, outre que le prince n'est pas assez délié pour savoir contenter son parti si on ne lui fournit pas à la cour des prétextes de se plaindre.

» Dans tous les cas, si, n'ayant aucun prétexte de se séparer de la cour, il se jetait en forcené dans le parti des démocrates, on lui ôterait, en le mé-

nageant, le seul mérite qu'il peut avoir, celui d'un
prince persécuté.

» La mesure que l'on indique a encore d'autres
avantages. Le prince, à la cour, sera un embarras
de plus pour Lafayette. Ces deux ennemis, en présence l'un de l'autre, se contiendront respectivement.

» D'un autre côté, on ne sait pas assez jusqu'à
quel point, dans les événements que l'anarchie nous
prépare, il sera nécessaire de présenter pour oriflamme le nom d'un prince de la famille royale et
de l'enlever aux factieux. Une conduite modérée est
donc nécessaire sous ce rapport.

» Elle l'est d'autant plus qu'une persécution apparente semblerait aujourd'hui l'ouvrage de Lafayette,
et donnerait au premier pour amis tous les ennemis
du second, et que les esprits s'aigriraient de plus en
plus; qu'on donnerait un chef au parti qui est sans
chef; que Lafayette deviendrait plus que jamais celui
de la cour, et que, par cela même, tout retour à
un meilleur ordre de choses serait impossible. »

On voit par cette dernière phrase que Mirabeau
avait la conviction que Lafayette, chef de la cour,
loin de la sauver, ne servirait qu'à la perdre.

« Les ménagements que l'on conseille, ajoute
Mirabeau, ne sont d'aucun danger. Le duc est mé-
prisé dans les provinces; on y connaît son incapacité,
sa légèreté. Paris connaît son immoralité. Que craindre
d'un tel homme? — La seule précaution qu'il faut

prendre est de ne pas lui donner des forces qu'il n'a pas. Le servir, c'est l'affaiblir ; le ménager, c'est le tuer, lui et son parti.

» J'hésite d'autant moins à donner ce conseil, qu'il sera toujours temps de changer de conduite selon les circonstances ; mais dans ce premier moment, je crois que le roi devrait se borner à dire : « Je vous vois, je vous verrai avec plaisir ; mais je désire que votre nom ne soit plus dans la bouche des factieux. » Cette marque de bonté du roi l'enchaînera ; sa paix avec la cour ôtera toute espérance aux Jacobins de s'en emparer ; la crainte de perdre ses apanages daus un bouleversement le retiendra ; et si Lafayette éprouve un embarras de plus, je ne vois pas grand mal à cela. »

XI.

Le roi et la reine sentirent la justesse du conseil de Mirabeau. Ils ne se fiaient pas assez à la sincérité et à l'abnégation du dévoûment de Lafayette, pour ne pas se réjouir d'un embarras et d'une humiliation de ce favori du peuple. Lafayette ne les servait qu'à la condition de les subordonner à son ascendant. Ses conseils étaient des ordres ; il était pour eux l'incarnation polie mais absolue de l'armée de Paris. Ils déclarèrent au général qu'ils n'avaient aucun moyen légal de retenir le prince hors de sa patrie. La lettre du duc d'Orléans éclata sur la tête de Lafayette à l'Assemblée. Il fut forcé de se justifier de l'ostracisme arbitraire qu'il avait exercé quelques mois avant sur un prince devenu citoyen. L'amertume de son humiliation transpira dans ses paroles.

« D'après ce qui s'est passé entre M. le duc d'Orléans et moi au mois d'octobre, dit Lafayette, et que je ne me permettrais pas de rappeler s'il n'en entretenait lui-même l'Assemblée, j'ai cru devoir à M. le duc d'Orléans de l'informer que les mêmes raisons qui l'avaient déterminé à accepter sa mission pouvaient encore subsister, et que peut-être on abuserait de son nom pour répandre sur la tranquillité publique quelques-unes de ces alarmes que je ne partage point, mais que tout bon citoyen souhaite écarter d'un jour destiné à la confiance et à la félicité commune.

» Quant à M. de Boinville, il habitait l'Angleterre depuis six mois; il était venu passer quelques jours ici, et à son retour à Londres, il s'est chargé de dire à M. le duc d'Orléans ce que je viens de répéter à l'Assemblée.

» Permettez-moi, messieurs, de saisir cette occasion, comme chargé par l'Assemblée de veiller dans cette grande époque à la tranquillité publique, de lui exprimer sur cet objet mon opinion personnelle. Plus je vois s'approcher la journée du 14 juillet, plus je me confirme dans l'idée qu'elle doit inspirer autant de sécurité que de satisfaction. Ce sentiment est surtout fondé sur les dispositions patriotiques de tous les citoyens, sur le zèle de la garde nationale parisienne et de tous nos frères d'armes arrivant de toutes les parties du royaume, et comme les amis de la constitution et de l'ordre n'ont jamais été réunis en plus grand nombre, jamais nous ne serons plus forts. »

Cette indifférence affectée sur le retour du prince qu'il avait proscrit et qui rentrait malgré lui masquait mal l'humiliation et l'inquiétude que lui donnait ce retour.

Une imprudente démonstration de zèle royaliste parmi les courtisans qui interprètent et qui devancent les passions supposées de leur maître, tourna contre le roi l'effet du retour et du repentir d'un prince qui lui rapportait une tardive fidélité. En sortant de l'Assemblée, où il avait été accueilli par les applaudissements des ennemis de Lafayette, le prince se rendit aux Tuileries pour porter ses hommages au roi et ses repentirs à la reine. Son cœur, mûri par l'expérience, intimidé par l'avenir, attendri par les infortunes et par la bonté du roi, s'ouvrait au sentiment honnête et doux de ses devoirs envers sa famille abattue. Les animosités de la reine contre lui pendant leur légère jeunesse étaient trop expiées par cet abaissement et par cette captivité dans un palais sous la surveillance d'un général absolu du peuple. Le duc d'Orléans entra dans ces dispositions de cœur et d'esprit chez le roi. L'entrevue fut intime et confiante, l'entretien long ; le roi fut sensible, le prince ému : des larmes coulèrent de ses yeux ; il jura de bonne foi au chef de sa famille et du royaume qu'il rompait toute connivence ourdie en son nom par des partisans désavoués avec toute espèce de faction, que le roi n'aurait pas de parent plus dévoué, et le roi constitutionnel de plus fidèle citoyen que lui dans l'empire

« J'aime à en être convaincu, lui dit le roi en s'attendrissant lui-même ; mais allez voir la reine, qui jouira autant que moi de l'oubli du passé et de la loyauté de l'avenir. » Le prince, traversant les salles désertes, entra dans l'appartement de la reine, où la foule des courtisans l'attendait. Les rangs s'ouvrirent à son aspect comme devant un homme infecté, dont le contact aurait apporté la contagion du crime ; les murmures s'élevèrent avec des gestes qui en aggravaient la signification ; des mots injurieux circulèrent à demi-voix jusqu'à ses oreilles. Comme il traversait la salle à manger, où les tables étaient dressées pour le dîner de la famille royale, — *Prenez garde aux plats !* s'écrièrent avec des signes d'intelligence les familiers du palais, transformant ainsi en empoisonneur public le premier prince du sang sur le seuil même du cabinet de la reine.

Cette princesse l'accueillit avec une bonté moins attendrie mais aussi prévenante que le roi. Son visage et ses paroles, transformés par l'infortune, ne gardaient aucune trace de la haine passée. Mais les femmes de la reine, en croyant la venger, affichèrent ouvertement pour le duc le dédain qu'elles supposaient à leur maîtresse. Elles s'éloignèrent avec horreur de lui après l'audience ; elles le désignèrent du doigt aux insultes des gardes et des courtisans qui remplissaient les salles du palais. Les courtisans et les gardes, dociles· à ce signal, coudoyèrent insolemment le prince à son retour, le pressant de leur corps et lui foulant les pieds sous le talon de leurs chaussures, comme s'ils l'avaient expulsé honteusement jusque sur le palier du grand escalier. Là, pendant qu'il descendait les marches pour rejoindre ses serviteurs, des jeunes gens de la maison du roi crachèrent du haut des rampes sur ses habits et sur sa tête. Les huées vindicatives de ces insulteurs gagés suivirent le prince jusque dans les cours.

Il crut voir, dans ces outrages anonymes et impunis, l'âme cachée et implacable de Marie-Antoinette. Son âme se retourna en lui contre celle qu'il était venu plaindre et secourir. Aucune excuse de la reine ou du roi, aucune punition des coupables ne vint le lendemain désavouer l'insulte et effacer la honte. La colère rentra dans son cœur et n'en sortit plus. Il crut que la cour repoussait tout de lui, jusqu'à sa fidélité. Il renoua avec les Jaco-

bins et les démagogues un pacte indissoluble. Il se
crut à peine assez vengé par l'échafaud de toute sa
famille, et il sacrifia tout, lui-même, à cette vengeance, jusqu'à son honneur et à sa propre tête.
On ne peut s'empêcher de déplorer l'indifférence de
la reine et du roi à de pareils outrages exercés
dans leur propre palais contre un prince qui pouvait leur ramener une partie des masses, et de
gémir de cette plèbe dorée des cours qui imite les
turpitudes du peuple en les flétrissant de son mépris.

Mais l'espérance, rentrée en ce moment dans le
palais, exaltait l'insolence de la cour.

XII.

Cette espérance était relevée dans l'âme même du
roi et de la reine par le merveilleux apaisement de
l'opinion qui se manifestait dans toute la France à
la veille de la cérémonie de la fédération.

Cette cérémonie était fixée au 14 juillet, anniversaire de la liberté conquise. A l'exception de la cour
et de l'aristocratie fugitive, une inspiration unanime
de concorde et de joie se répandait, à l'approche de ce
jour, dans tous les cœurs. Ce fut la grande semaine
de l'enthousiasme français. Jamais l'âme de la nation
ne s'exalta de plus d'orgueil et de plus de félicité,
au-dessus des préoccupations du moment, devant les
perspectives indéfinies de l'avenir. Comme il arrive

toujours après les grandes victoires, les colères se détendaient, les vainqueurs ne demandaient qu'à faire oublier aux vaincus l'humiliation et les ressentiments de leur défaite. Les vaincus eux-mêmes, résignés et reconnaissants de la magnanimité de la Révolution, répudiaient leurs griefs, acceptaient le bonheur du peuple comme une compensation de leurs propres pertes, et se confondaient par les démonstrations du patriotisme dans la joie publique.

Il y a toujours ainsi dans les révolutions de ces heures de clémence d'un côté, de justice de l'autre, où les passions haineuses font trêve et où les combattants les plus acharnés font halte pour jeter ensemble vers le ciel le cri de famille où chaque citoyen reconnaît son frère dans son ennemi. La concorde est un besoin du cœur humain. On se lasse vite de se haïr, surtout en France, nation de sentiment. Quand un des partis ouvre les bras au parti adverse, l'autre s'y précipite toujours pour un embrassement fraternel. Cette disposition était plus prompte et plus naïve encore à cette première époque de nos révolutions, où les illusions étaient sans bornes et où les partis, à l'exception de quelques forfaits isolés, déplorés par tous, n'avaient encore ni proscriptions, ni trahisons, ni sang à se reprocher. Quelques scélérats étaient coupables, mais, en masse, la Révolution était innocente; l'aristocratie même n'avait pas encore conspiré contre la patrie. Chacun, dans les rangs un moment

et même de tendresse pour un roi déjà éprouvé par de cruels outrages, puni de ses bonnes intentions, accusé de ses vertus, et qui semblait avoir porté seul et injustement jusque-là le poids du malheur public. Le respect de la nation a quelquefois manqué à Louis XVI, jamais l'estime. Ses bourreaux mêmes, qui le tuèrent comme roi, le plaignaient comme homme.

XIV.

Telles étaient les impressions presque unanimes des gardes nationaux et des députations fédérées de tous les départements qui couvraient les routes et qui arrivaient par groupes à Paris, pour y assister à la grande confédération générale, sceau de l'unité du peuple français dans la Révolution. Les factions étroites et partielles de Paris étaient noyées par ce déluge de Français impartiaux qui affluaient des provinces. Les aristocrates et les démagogues disparaissaient dans cet océan de citoyens. On aurait tenté en vain de les corrompre : ils apportaient avec eux l'esprit incorruptible de la nation.

Cet esprit était à la fois révolutionnaire et monarchique. Leur véritable type et leurs seules idoles étaient le roi et Lafayette. Lafayette leur semblait le modèle du patriote vertueux : c'était à leurs yeux un Washington français, tendant une main à la nation pour l'élever à la liberté, tendant l'autre main à son roi pour le soutenir sur un trône libre. Ils lui votaient d'acclamation dans leurs cœurs ce commandement des milices patriotiques du royaume qu'il avait lui-même fait répudier par un décret, pour qu'un homme ne fût pas plus grand que la patrie. En arrivant à Paris, leur première visite était aux Tuileries, pour saluer le roi populaire par leurs acclamations sous ses fenêtres; leur seconde, à Lafayette, pour saluer en lui le régénérateur et le modérateur de la liberté et pour recevoir de sa bouche le mot d'ordre de la fédération.

Paris, dont la population avait doublé en quelques jours, ne pouvait suffire à ses hôtes. Chaque citoyen ouvrait sa maison pour cette patriotique hospitalité. Jamais fête nationale ou religieuse n'avait appelé un pareil concours dans ses murs. La nation entière aurait voulu pouvoir se presser dans l'enceinte de sa capitale, pour lever sa main et pour jeter son cri à la liberté et au roi.

XV.

Le champ de Mars, vaste plaine non encore nivelée ni encadrée en cirque, entre le bâtiment de l'Ecole-Militaire et la Seine, était le seul espace assez large pour contenir les innombrables acteurs témoins de ce grand drame. Quelle que fût l'ardeur de la ville, du gouvernement et des ouvriers à aplanir et à disposer cet espace, la journée du 14 juillet menaçait de les devancer. Paris, inquiet de voir la scène manquer au drame patriotique qui devait s'y accomplir, fut saisi tout à coup d'une de ces impatiences d'enthousiasme qui font les miracles dans la guerre comme dans la paix.

Les citoyens de toute profession et de tout âge, depuis les rangs les plus oisifs de la société jusqu'aux rangs des prolétaires, où la perte d'un salaire de travail est un sacrifice de la famille sur le pain du jour, se précipitent en foule au champ de Mars pour y faire la corvée volontaire de la Révolution et de la patrie. Nobles, banquiers, officiers, soldats, prêtres, moines, curés à la tête de leurs paroisses, vieillards, enfants, femmes, armés des outils qui servent à remuer la terre, s'imposent chacun une partie de la tâche que les travailleurs soldés étaient trop lents à remplir, et changent la plaine inculte et boueuse du champ de Mars en un immense atelier national qui semblait avoir transporté Paris tout entier hors de ses murs. La curiosité et l'émulation y centuplent le lendemain la foule. Des orchestres militaires, répartis çà et là, animent par des airs patriotiques l'ardeur des citoyens. Le contraste entre la rudesse du travail et la délicatesse des mains qui se disputent la pioche ou la brouette égaye le travail. Des repas improvisés, apportés de la ville, groupent les familles au pied des talus que leurs mains élèvent. Elles y font asseoir des ouvriers véritables, flattés de cette égalité des sueurs pour la cause commune du riche et du pauvre.

Le sol, remué, transporté, relevé en glacis sur les bords de la plaine, prend, comme par prodige, en peu de jours, sous deux cent mille bras, la forme d'un immense amphithéâtre, dont l'arène peut contenir une armée et dont les gradins gazonnés peuvent porter un peuple. Les bandes joyeuses d'ouvriers et d'ouvrières rentrent en chantant et en dansant, chaque soir, dans la ville aux refrains des hymnes patriotiques et au son des tambours. Une ivresse de gaîté, une folie de joie communicative, semblent avoir saisi tout un peuple. Le roi lui-même, entraîné par l'entraînement général, mène plusieurs fois son fils par la main pour s'associer par sa présence à l'élan public. Les fédérés, les citoyens, les travailleurs, le saluent chaque fois de leurs acclamations, présages de celles qu'ils réservent à l'union solennelle du prince et du peuple.

XVI.

A l'approche des fédérés des départements, des députations des gardes nationaux de Paris allaient les accueillir hors des barrières. L'entrée de chaque département dans Paris était triomphale. La plupart

demandaient à aller présenter leurs hommages au
roi. Couverts encore de la poussière de la route, ils
entraient au pas de charge dans le jardin des Tuileries, et passaient sous la voûte du palais qui réunit le parterre au Carrousel. Le roi descendait de
ses appartements, et, debout sur les dernières marches de l'escalier, il recevait avec un pressentiment
de bonheur ces saluts et ces acclamations militaires;
la reine et ses enfants, couverts par la popularité
du roi, se tenaient à côté ou derrière lui, encou-
rageant de leurs sourires ces témoignages de la fidélité des provinces. Ils croyaient que ces manifesta-
tions des provinces relèveraient dans Paris le royalisme et le dévouement évanouis.

Les Flamands, les Dauphinois, les Bretons, les
Francs-Comtois, les Alsaciens se distinguèrent par le
nombre et par la chaleur de leur députation. Rangés
en bataille sur la terrasse qui borde le palais, ils
tirèrent leurs épées et les brandirent à l'apparition
de la famille royale au balcon, jurant de couvrir
des mêmes armes la liberté et la monarchie, in-
séparables dans leurs cœurs. L'officier qui les commandait s'agenouilla à demi devant le roi. « Voilà
des armes, » dit-il au prince, « qui ne se teindront
jamais, sire, que du sang de vos ennemis ! Nous
vous chérissons parce que vous êtes roi, nous vous
soutiendrons parce que vous êtes citoyen ! »

Le roi, attendri de ces serments auxquels il n'étai

plus accoutumé, essuye quelques larmes sur ses yeux. « L'émotion, » dit-il, « me coupe la parole. » Mais ces larmes étaient l'éloquence de son bonheur. Les fédérés de la Touraine lui présentèrent un anneau d'Henri IV. « Je le porterai, dit le roi, le jour de la fédération, pour me rappeler l'amour du peuple pour mon aïeul; quant à l'amour du roi pour le peuple, je n'ai à le chercher que dans mon cœur! »

Ces scènes, racontées le soir à tous les foyers de la capitale, répandaient l'esprit de concorde et de royalisme constitutionnel dans Paris. Lafayette profitait de sa propre popularité parmi les fédérés pour la faire remonter loyalement vers le prince. Il présenta, quelques jours avant la cérémonie, au roi, une députation générale de tous les fédérés présents à Paris. Son discours en leur nom fut l'expression des sentiments qu'il voulait supposer à la France entière, comme il affectait de les supposer au roi. La réponse du roi retentit dans tout l'empire : « Dites à vos concitoyens des départements que je voudrais pouvoir leur parler à tous, cœur à cœur, comme je vous parle ici; dites-leur que je ne puis être heureux que de leur bonheur, fort que de leur force, puissant que de leur liberté, malheureux que de leurs souffrances. Faites entendre surtout mes paroles ou plutôt les sentiments de mon cœur dans les chaumières et dans les réduits des plus infortunés! »

De telles paroles adressées aux classes déshéritées jusque-là de la providence royale entraient jusqu'au cœur dans les masses de la population, parce que Louis XVI n'avait pas attendu l'heure du danger pour les prononcer et pour les confirmer par ses bienfaisances. Au moment où la nation le découronnait de son despotisme, elle se plaisait à le couronner de sa bonté.

XVII.

La nuit du 13 au 14 juillet fut sans silence et sommeil pour les fédérés et pour les citoyens de Paris. Une multitude d'un million d'âmes l'employa tout entière à se ranger sur les gradins de l'amphithéâtre où la liberté et la royauté allaient se rencontrer face à face, non pour se combattre, mais pour se réconcilier et pour s'unir. Des bûchers allumés avec profusion dans l'enceinte, aux abords et sur les talus du champ de Mars, illuminaient le ciel et réchauffaient les spectateurs. Les gardes nationaux, les fédérés, les citoyens, dansaient des rondes autour de ces feux, en attendant l'aurore. Les cortéges qui devaient remplir l'espace apparurent aux premiers rayons du jour.

La garde nationale de Paris à cheval ouvrait la marche, précédée d'une légion de tambours et d'instruments de musique remplissant l'air de graves et mélodieux retentissements. Derrière ces escadrons, le peuple se montrait ces électeurs de Paris qui avaient à la fois achevé et régularisé le mouvement spontané de la nation le 14 juillet dernier, glorieux usurpateurs de la liberté venant jouir de sa consolidation après une première année d'orages. Les grenadiers de la garde nationale, troupe d'élite soldée et disciplinée, prétoriens de Lafayette, sur qui reposait la sécurité de la capitale, marchaient après. Ils précédaient les représentants de la commune de Paris, ces souverains futurs, qui devaient s'élever sur les ruines de tous les pouvoirs et devenir les tyrans de la capitale après avoir été ses libérateurs. Puis, les regards respectueux cherchaient le maire de Paris, l'auguste et vertueux Bailly, entouré, en symbole de paternité, d'un bataillon d'enfants et de vieillards désarmés, image de la sollicitude municipale pour les faiblesses et les infirmités de la famille humaine. Bailly, grave et mélancolique de physionomie, ne s'enivrait pas des acclamations dont il était l'objet en traversant cette foule. Philosophe instruit par la méditation, n'attendant sa récompense que du bonheur lointain des hommes auxquels il se dévouait, il connaissait l'instabilité du peuple, il le jugeait sans le mépriser; on eût dit qu'il voyait d'avance, à travers ce triomphe d'un jour, l'échafaud que des scélérats le forceraient à dresser un jour de ses propres mains, pour lui, sur la place qu'il foulait en entrant dans le champ de Mars!

Derrière Bailly et son cortége de présidents des districts et des administrateurs de Paris, une nuée de bannières, agitées par un vent d'orage, flottaient sur les fédérations des départements. Au milieu s'élevait l'oriflamme, bannière nationale qui semblait les confondre toutes sous ses plis. On y lisait les deux mots du siècle et du jour :

CONSTITUTION et CONFÉDÉRATION.

Les députations de l'armée suivaient les départements fédérés; les maréchaux de France, les amiraux, la garde du roi, celle des princes ses frères, venaient se confondre respectueusement avec les citoyens. La cour militaire semblait se glorifier de passer dans le camp du peuple. Le roi, malgré les insinuations de Mirabeau, n'avait pas eu la pensée de se présenter à cheval à la nation, à la tête de l'armée et de la garde nationale, qu'il commandait constitutionnellement. Il avait jugé sagement que la nation verrait dans cette attitude de son chef un appel à l'épée contre la loi, et que le rôle de père du peuple unanime et de représentant désarmé de la nation siérait mieux à la circonstance et à l'opinion. Il s'était rendu en cortége royal à l'École-Militaire, où il allait prendre place avec sa famille dans la tribune adossée à ce monument.

A sa vue les salves du canon tonnèrent, et des

voiles déchirés laissèrent apparaître au milieu de l'enceinte l'autel de la patrie. Cet autel antique, réminiscence plus mythologique que chrétienne, se levait à une immense hauteur sur une montagne artificielle couronnée d'une pyramide. Quatre-vingts marches y montaient par les quatre faces de la base. Des inscriptions philosophiques et civiques faisaient parler aux yeux le monument. On y lisait les nouveaux dogmes de liberté et de souveraineté que la constitution voulait incruster dans la mémoire du peuple :

LA NATION, LA LOI, LE ROI!

LA NATION, C'EST VOUS!

LA LOI, C'EST VOTRE VOLONTÉ!

LE ROI, C'EST L'EXÉCUTEUR DE LA LOI!

A ce signal, comme si l'explosion d'un peuple eût déchiré en même temps la voûte de nuages pluvieux qui avaient assombri jusque-là l'horizon, le soleil parut dans le ciel au milieu de sa course, essuyant les rameaux des arbres sur la tête des spectateurs et le sol sous les pas des fédérés. Les cinq cent mille citoyens qui couvraient la scène de leurs baïonnettes, de leurs drapeaux, de leurs évolutions; les glacis jonchés d'un million d'hommes et de femmes en habits de fête; l'avenue vivante qui conduisait du balcon de l'École-Militaire à l'autel de la patrie, et

de l'autel de la patrie à l'arc de triomphe servant
de porte à la plaine; le pont de bateaux qui unissait
les Champs-Élysées au champ de Mars; les collines
de Passy et de Chaillot, animées par l'innombrable
multitude des banlieues de Paris éparses sur ces
gradins naturels; les batteries de canon dressées sur
ces hauteurs, et dont l'éclair et la fumée écla-
taient et rampaient sur le flanc de ces collines; les
hauteurs d'Issy, de Meudon, de Saint-Cloud, étalant
au loin leurs forêts et leurs palais illuminés à la fois
par les éclairs d'un orage fuyant et par la lumière
d'un soleil d'été; enfin, ces monuments non du
passé, mais de l'avenir, ces arcs, ces talus, ces
autels, ces pyramides, ces inscriptions, qui semblaient être sortis de terre en une nuit, pour répondre à l'impatience et à l'unanimité d'institutions
nouvelles, tout, dans cet instant, enleva le regard
et la pensée de la France aux misères de la vie présente. Elle crut que le ciel lui-même contemplait
avec respect son attitude; qu'elle entrait en possession d'une sociabilité inconnue à ses ancêtres, et que
cette sainte confédération de millions d'âmes et de
millions de bras ferait désormais triompher sans
peine sa révolution d'elle-même et du monde.

XVIII.

Les regards retombent sur le roi, à qui on devait

l'occasion, l'initiative, la concession de tant de conquêtes, et sur les membres de l'Assemblée, qui se
pressaient à ses pieds sur la même tribune. Rien
n'y rappelait aux yeux une autre souveraineté que
la souveraineté du peuple et la souveraineté exécutive de la loi. Le trône, symbole d'une nature dis-
tincte et surhumaine dans le prince, avait disparu.
A sa place, le roi, assis comme un second magistrat
sur une chaise curule, était sur le même rang que
le président de l'Assemblée. La reine, avec ses enfants
et sa cour, assistait presque invisible et comme
simple spectatrice, dans les balcons de l'édifice, à
la cérémonie.

Une bombe éclatant dans les airs donna le signal
de l'hommage de ce peuple à Dieu. Trois cents
prêtres, vêtus de tuniques blanches et décorés de
ceintures tricolores, s'avancèrent majestueusement
vers l'autel. M. de Talleyrand, évêque d'Autun,
auteur de la proposition de la sécularisation des biens
du clergé, avait brigué ou accepté les fonctions
du pontificat national, sans scrupule de profaner
son caractère et son Dieu dans une solennité qui
détrônait Rome. L'abbé Louis, son acolyte, destiné
comme lui à suivre toutes les phases de la liberté
et de la tyrannie, en poursuivant seulement leur
fortune, l'assistait dans les rites du sacrifice. Leur
suite était composée d'une colonne de ministres
subalternes du culte ou de transfuges récents des

monastères. Ils se pressaient de complaire à la nation, pour remplacer dans les fonctions sacerdotales
d'un culte d'Etat les évêques et les prêtres que la
conscience, l'honneur ou le ressentiment rendaient
irréconciliables avec la Révolution. Ce sacrifice, moins
pieux que dérisoire, faisait implorer par des prêtres
les bénédictions du catholicisme sur l'œuvre de la
philosophie, cérémonial auguste quand il est sincère,
impie quand il n'est qu'une concession aux habitudes du peuple et une décoration de solennité.

Cette messe théâtrale terminée, une bombe, éclatant dans les airs, appela les députés des quatre-
vingt-six fédérations sur les marches de l'autel pour
faire bénir leurs bannières par le pontife. A ce signal,
M. de Lafayette, descendant de cheval, monte les
degrés, paraît sur la plate-forme, tire son épée, et,
touchant de la pointe l'autel de la patrie, jure à haute
voix, au nom de la confédération générale, de tous
les citoyens armés de l'empire, fidélité à la nation,
à la loi, au roi !

« Nous jurons, » ajoute-t-il, « de maintenir,
» de tout notre pouvoir, la constitution décrétée par
» l'Assemblée nationale et acceptée par le roi; nous
» jurons de protéger la sûreté des personnes et des
» propriétés; nous jurons de demeurer unis à tous
» les Français par les liens indissolubles de la fra-
» ternité ! »

Au déploiement de l'oriflamme et des bannières

agitées autour de l'autel par les mains des chefs des
départements et des corps armés, aux salves du
canon qui tonnait sur les collines de la Seine, un
million de voix répètent les premiers mots de ce
serment, et prennent la France et le ciel à témoin
de leur invincible accord dans la liberté conquise et
dans la monarchie respectée. Le président de l'Assemblée nationale s'avance et répète le serment à la
constitution et au roi. Le roi se lève le dernier,
élève sa main vers le ciel, puis l'étend sur son
peuple. Un silence attentif laisse entendre sa voix
à l'élite de la France et à l'armée qui l'entourent :

« Moi, roi des Français! » s'écrie-t-il avec l'accent de la sincérité et de la conviction, « je jure
» d'employer tout le pouvoir qui m'est confié par
» la loi constitutionnelle, à maintenir la constitution
» décrétée par l'Assemblée nationale et acceptée par
» moi, et à faire exécuter les lois! »

Une acclamation unanime et prolongée court à
ces paroles sur toute l'enceinte. Le peuple croit tenir le cœur avec la parole de son roi ; le roi croit
avoir ressaisi le plus légal et le plus doux des empires avec le cœur de son peuple. La reine, émue
elle-même par cet attendrissement sympathique qui
triomphe pour un moment en elle des murmures
de l'orgueil et des soulèvements de l'opinion, élève
le Dauphin, son fils, dans ses bras, le présente aux
regards des fédérés et de la nation, et lui fait

imiter le geste du serment prêté par son père.
« Voilà mon fils, » dit-elle d'une voix entrecoupée
et tremblante, « voilà mon fils; il partage avec moi
» les mêmes sentiments ! »

Cette apparition inattendue de la mère et de l'enfant dans la sévérité militaire et populaire de la
scène, ce cri qui semble s'échapper de la force
de l'émotion, cette femme qu'on s'accuse d'avoir
fait pleurer, cet enfant qui paraît le gage visible
de la perpétuité des races et de la félicité publique,
prennent les fédérés et le peuple par tous les sens
et par tous les attendrissements de l'âme. Les
ombrages s'évanouissent, les factions se taisent, la
confiance vole au devant des serments de la reine,
du roi, de leur fils; l'Assemblée nationale, les partis
qui la divisent, les tribuns, les Jacobins, les journalistes, les démagogues, les aristocrates, Lafayette
lui-même, jusque-là le coryphée de la fédération,
tout s'efface : les regards, les pensées, les respects,
les tendresses de la nation armée ou désarmée,
ne cherchent plus que le roi et la famille royale.
Les bras se tendent vers la tribune où le roi,
la reine, l'enfant, ont parlé; les larmes coulent,
les sanglots coupent les cris de Vive le roi ! une
légion de tambours pareils à ceux qui couvrirent
sa voix autour de son échafaud élèvent un rou-
lement immense au-dessus du murmure d'amour et
de fidélité de la foule; douze cents musiciens pré-

tent aux instruments les plus sonores les accents d'ivresse et d'harmonie de tout un peuple; les soldats élèvent leurs bonnets à la pointe de leurs baïonnettes, et les brandissent vers le ciel et vers le roi; les vieillards et les jeunes hommes s'embrassent comme si la concorde des âges devait signifier désormais la concorde des pensées; les mères serrent leurs enfants contre leur cœur en leur montrant du geste cet autre enfant de la nation qui fera la félicité de la patrie.

Le délire de l'espérance nageait dans tous les yeux. La France n'était plus une nation, c'était une famille. Le cri qui s'échappait de son âme retentissait à la même minute, par le même serment, dans ses quarante mille communes, par la voix de vingt-cinq millions d'hommes. Le canon de fête se répondait de colline en colline, de l'extrémité des Alpes et des Pyrénées aux rivages de l'Océan. L'Europe, étonnée et attentive, ne savait pas si elle devait se réjouir ou s'alarmer. Les peuples concevaient, à ce bruit, l'explosion d'une justice, d'une égalité, d'une fraternité qui devaient un jour pacifier la terre. Les cours et les camps de l'étranger prenaient le pressentiment de la force invincible qu'une pareille confédération donnerait à la Révolution et à la patrie. La France avait juré, le monde devait croire.

Ainsi finit ce beau jour.

XIX.

Le roi rentra dans la ville et dans le palais sous un tonnerre incessant d'acclamations et d'enthousiasme. La France, satisfaite, voulait lui rendre la Révolution douce.

Lafayette avait trop paru, avant et pendant la cérémonie, le dictateur de la France armée; il avait porté ombre au roi et même à l'Assemblée. Son popularisme était honnête, mais insatiable. Il voulut paraître encore, après, le héros sinon le roi de la fédération. Il réunit dans les jardins de la Muette, château de plaisance aux portes de Paris, vingt-cinq mille fédérés des départements, dans un banquet dont il était l'hôte. Les tables, plus vastes que les convives, admirent encore à ce festin patriotique des milliers de soldats et de citoyens de Paris et des campagnes fraternisant avec les fédérés. La profusion des mets et des vins, la présence des femmes accourues de Paris pour assister à cette fête, les chants, les danses, l'ivresse, la nuit, les illuminations, les délices, donnèrent à ce repas militaire le désordre et le tumulte d'une orgie de patriotisme. Lafayette, proclamé par ces soldats et par ces femmes le premier des citoyens de l'empire, y jouit d'un triomphe mal séant pour un simple citoyen, provoquant pour un dictateur. Le besoin d'importance était sa faiblesse.

Une telle ovation en face du palais affrontait l'envie.
Les royalistes et les démocrates l'en punirent par des
sarcasmes et par des invectives qui commencèrent
la première expiation de son bonheur.

XX.

Les fédérés, fiers de représenter la France dans
Paris, y prolongèrent leur séjour, et tempérèrent,
par un sincère attachement au roi constitutionnel,
le foyer des factions haineuses toujours alimenté par
les journaux de la capitale. Marat, Loustalot, Carra,
Camille Desmoulins, pamphlétaires implacables, es-
sayèrent en vain de flétrir, comme des actes de servitude, les témoignages de respect que les citoyens
armés des départements avaient apportés au roi de
la constitution. Les fédérés, mieux inspirés que ces
tribuns de plume et de clubs, s'honorèrent d'avoir
honoré le chef légal de la nation. Ils reportèrent dans
leurs provinces et dans leurs familles, avec le récit
du serment mutuellement prêté, un esprit de calme,
de force et de popularité civique pour le roi, propre
à faciliter aux législateurs l'œuvre presque acheéve
de la liberté.

La France, Lafayette et le roi avaient grandi par
la fédération. L'Assemblée seule avait décliné. L'enthousiasme qui l'entourait au commencement de la
Révolution se retirait d'elle et passait d'un côté au

roi, de l'autre aux Jacobins. Les partisans de l'ordre monarchique lui reprochaient d'en avoir méconnu toutes les conditions constitutives en énervant le pouvoir exécutif, en confondant partout le pouvoir délibérant et le pouvoir agissant, en plaçant l'administration dans la main de consuls élus et irresponsables qui ne rendaient compte de leurs mesures qu'à l'opinion, en brisant et en morcelant la hiérarchie et l'unité de la force publique, enfin, d'avoir investi les départements, les districts, les municipalités d'attributions tellement souveraines, qu'elles annulaient complétement l'exercice de la souveraineté nationale dans la personne de l'Assemblée comme dans la personne du roi. Ces reproches étaient trop fondés.

Les Jacobins, au contraire, lui reprochaient, avec autant de raison, d'avoir dépossédé seulement une aristocratie par une autre; d'avoir méconnu dans la pratique les droits de l'homme proclamés par elle comme une vaine théorie; d'avoir basé le droit électoral de souveraineté sur la propriété, et non sur la nature; d'avoir faussé, dès le commencement de l'œuvre démocratique, les principes de Jean-Jacques Rousseau, leur législateur; enfin, d'avoir fait de la constitution une contradiction permanente, république à la base, privilége au milieu, monarchie au sommet, anarchie partout.

De plus, les corps délibérants, comme l'Assemblée nationale, sublimes de loin quand on les voit en perspective et qu'on les entend à distance, sont tristes à contempler de près. Le génie, le bon sens, l'éloquence, n'y sont que de rares exceptions qui élèvent par moments la tribune au-dessus de toutes les institutions humaines, car c'est le trépied de l'intelligence, du courage et de la vertu. Mais les médiocrités, les intrigues, les passions, les rivalités, les tumultes, les scandales, y contristent plus souvent les spectateurs. On se lasse de respecter des assemblées qui ne se respectent pas elles-mêmes. Du dégoût, on passe au mépris; du mépris, à l'indifférence. On se refuse à croire que l'inspiration de Dieu et la sagesse des nations, au lieu d'éclore dans le silence et dans le mystère de la méditation des hommes d'État, puissent sortir de ces chocs de paroles, comme l'éclair sort du choc des nuages; on se décourage de la tribune, et la tyrannie, une et silencieuse, paraît, pour quelque temps, aux âmes faibles et inconstantes, préférable à cette tyrannie du verbe et du bruit.

L'Assemblée nationale, à demi usée par ses agitations intestines, était désertée pour la cour par les royalistes, et pour les Jacobins par les démocrates. Ce fut le moment où la société des Jacobins, ou des Amis de la Constitution, commença à prendre dans l'opinion révolutionnaire un ascendant que l'Assemblée lui abandonnait, et qui devait bientôt concentrer et absorber la dictature morale de la Révolution.

Nous avons, dans l'*Histoire des Girondins*, décrit les séances des Jacobins et raconté leur lutte avec la Convention. Disons ici leur origine, leur esprit et leur action sous l'Assemblée constituante.

XXI.

La réunion ou le club des Jacobins s'appela d'abord club Breton, du nom de la province où le patriotisme constitutionnel avait réuni et confédéré les premiers patriotes; il s'était élargi bientôt aux proportions de l'esprit national, il avait pris le nom de club des Amis de la Constitution. A l'installation de l'Assemblée nationale à Paris, après les journées d'octobre, il avait reçu le nom de club du Manége de la rue du Bac. Après la dispersion des religieux de leurs monastères sécularisés, ce club, grossi par l'affluence toujours croissante de ses membres, députés, publicistes, écrivains, journalistes, citoyens étrangers même, s'était installé dans le couvent abandonné des anciens religieux connus sous le nom de Jacobins.

XXII.

L'édifice semblait avoir été adapté d'avance au caractère sombre et tragique de la nouvelle institution qui venait l'occuper. Le fanatisme de la philosophie naissante succédait au fanatisme monastique du couvent où Jacques Clément avait respiré son crime.

Trois portes, surmontées de niches creusées dans la pierre noircie par l'atmosphère de la ville, donnaient entrée à l'édifice sur la rue Saint-Honoré. Une vaste cour plantée d'arbres en avenue séparait ces portes extérieures des marches du couvent. Le portail de l'église se présentait en face; les cellules des moines s'étendaient à droite et à gauche. Ces cellules et les corridors qui les desservaient étaient séparés du tumulte de la ville par de vastes jardins dont les arbres ombrageaient leurs fenêtres. L'église, vaste, ténébreuse, surbaissée, obstruée d'énormes piliers portant de lourdes voûtes, de tombeaux et de statues funèbres, ressemblait elle-même à un grand sépulcre. Les pensées extrêmes et sinistres y naissaient d'elles-mêmes, du lieu, de l'obscurité, des images du monument. Le vide de son enceinte semblait attester dans la fuite et dans le deuil d'un culte l'invasion d'un autre culte parmi les ruines. Un cloître carré dont les arcades ouvraient sur un verger inculte et qui servait jadis de préau à ces prisonniers volontaires, éloignait l'église et les bâtiments du bruit de la ville. Au-dessus de l'église, une salle aussi vaste que les nefs servait de bibliothèque au couvent. Cette salle, haute, nue, voûtée, sonore, autour de laquelle régnait un cordon de tribunes propres à contenir un nombreux auditoire,

avait été construite pour servir de synode aux moines
que les intérêts de leur ordre réunissaient à Paris.
Elle allait devenir le grand synode de la Révolution.

Le couvent, acheté par un citoyen qui en cherchait
l'usage, avait été loué aux orateurs du club Breton,
cherchant eux-mêmes pour leur club une enceinte
vaste et retentissante au cœur de Paris.

XXIII.

Le député breton Chapelier, sectaire âpre et fervent de la liberté provinciale ; Mirabeau, à qui toutes
les tribunes convenaient dans l'occasion pour porter
plus loin sa voix ; Barnave, qui sortait de l'obscurité par la parole ; Sieyès, qui aimait à inspirer plus
qu'à dire ; l'évêque d'Autun, Talleyrand-Périgord, qui
étudiait l'opinion pour la devancer ; les trois Lameth,
qui se plaisaient à rappeler les Gracques, transfuges
énergiques de l'aristocratie dans les rangs du peuple ;
le baron de Menou, qui portait dans les motions
l'intrépidité des camps ; les Larochefoucauld, les
Noailles, les Lafayette, apôtres et modérateurs à la
fois de la nouvelle philosophie politique ; Target,
poussé par une renommée de juriste disert à des
luttes de caractère pour lesquelles la nature l'avait
mal trempé, et qui refusa plus tard son éloquence
au roi devant le peuple ; Tronchet, laborieux orga-
nisateur de législation constitutionnelle ; Rœderer

jeune, ambitieux honnête, qui épiait une carrière pour ses talents dans la poussière d'une révolution, et qui, après avoir servi la liberté, devait servir indifféremment plus tard le despotisme de l'Empire; Adrien Duport, extrême de pensées, réservé de paroles, conspirateur réfléchi, qui servait sans le savoir d'oracle et de modèle au jeune Robespierre; le duc d'Orléans et ses fils, initiés par lui avant l'âge aux cénacles populaires; les Voidel, les Sillery-Genlis, les Biron–Lauzun, les Montesquiou, les Laclos; Barrère, qui cajolait alors cette faction, et qui devait les cajoler toutes et les immoler tour à tour avec l'hypocrisie d'un séide et la souplesse d'un Séjan; Péthion, convaincu et courageux, ces deux vertus des apôtres, capable de conquérir une grande popularité par les principes et de l'abdiquer devant les crimes; Buzot, idole de l'admiration civique de madame Rolland, digne de cette amitié par sa vie et par sa mort; Robespierre, enfin, le familier des Lameth, l'émule de Barnave, mais le disciple avant tout de J.-J. Rousseau, indifférent alors à la monarchie ou à la république, mais décidé à triompher avec son principe d'égalité, à périr avec lui, et, ce qui fit plus tard sa force et son crime, à lui sacrifier non-seulement sa propre vie, mais la vie des incrédules à sa foi.

XXIV.

A ces précurseurs du jacobinisme s'associèrent successivement, et par l'attraction d'une pensée commune, les membres de l'Assemblée, de la Commune,
des districts, des clubs, des académies de la capitale
et des provinces, les plus pénétrés des vérités de la
philosophie naissante, et les plus résolus à leur pro-
pagation : Chabroud, Dumetz, Populus, Prieur (de
la Marne), Prieur (de la Côte-d'Or), Mounier, Boissy
d'Anglas, Emery, ami de Mirabeau; Anthoine, Salles,
Volney, Garat, Rabaut Saint-Étienne, Lenoir-Laroche,
des Meuniers, Bouchotte, Voulland, Rewbel, Lecar-
lier, Camus, Vadier, Merlin (de Douai), Duquesnoy,
Biauzat, Treilhard, Laréveillère-Lépaux, qui méditait
déjà de personnifier la raison humaine sur l'autel;
Alexandre de Beauharnais, les deux Jaucourt, ému-
les de Lafayette ; Latouche-Tréville, de Broglie, Ro-
chambeau, Mathieu de Montmorency, le duc de Luy-
nes, Laborde, que sa fortune égalait à l'aristocratie;
Arthur Dillon, Lepelletier de Saint-Fargeau, victime
depuis de la faveur populaire, cherchée par lui jusque dans le sang du roi ; Thoulongeon, Castillan,
Crillon, Clermont-Tonnerre, Condorcet.

On voit par ces noms , les plus grands de la
monarchie et les plus mémorables de la Révolution,
que le club des Amis de la Constitution ou des

Jacobins n'était point une faction plébéienne ni pa-
tricienne, mais une sorte de religion commune, de
raison, de philosophie et de liberté, qui réunissait
tous les rangs, pourvu qu'on crût aux mêmes dogmes.

Les clubs inférieurs, mais en général affiliés aux
Jacobins, étaient déjà alors aussi nombreux que les
soixante districts de Paris. La voix de Danton, qui,
à lui seul, était un parti, avait groupé autour de
celui des Cordeliers Marat, Camille Desmoulins, Fabre
d'Églantine, Paré, Legendre et tous les hommes plus
démagogues que les Jacobins, qui professaient les
mêmes principes, mais qui, dédaignant de vains
débats sur les théories, voulaient la Révolution par
coup d'État populaire.

Après la transformation des districts en quarante-
huit sections, au mois de juin 1790, les clubs, di-
minués de nombre, mais accrus d'ardeur et de
retentissement, continuèrent à étouffer de leur bruit
la voix de l'Assemblée et à entretenir l'agitation fé-
brile de la capitale. Les clubs sont, partout où ils
existent, l'institution souveraine de l'anarchie, anarchie eux-mêmes, qui ne peut que s'entre-combattre
et se déchirer. Mais l'interrègne entre la constitution détruite et la constitution à naître leur appartenait par nécessité, comme l'interrègne du pouvoir exécutif appartenait à Lafayette et aux citoyens
armés. Une fois la constitution établie, république
ou monarchie, cette constitution devait les dissou-

dre. La liberté de l'agitation publique à heure fixe ou permanente par la parole anonyme et irresponsable devant la multitude ameutée, n'est pas la liberté individuelle de la pensée, c'est la liberté du tumulte, de la sédition, de l'oppression et souvent de la révolte contre le gouvernement national ou de l'attentat contre les citoyens. La liberté ne peut vivre que d'ordre dans les républiques, et tout ordre est incompatible avec ces perpétuels rassemblements où chacun prend son mandat dans sa passion, et peut communiquer sa passion, son sophisme ou son crime à la foule, force exécutive des factions.

XXV.

Ces clubs ou ces sociétés politiques, imitation ou rivalité des Jacobins, prenaient leurs noms de leur section, de leurs doctrines ou de leurs fondateurs : société des Amis des Noirs, club des Impartiaux, club de la Bouche de Fer, au cirque du Palais-Royal, où les femmes de ce jardin public faisaient des motions, club de Quatre-Vingt-Neuf, club des Feuillants, Jacobins tempérés de principes monarchiques; société Fraternelle des deux sexes, club des Cordeliers, qui les dévora tous, et qui fut dévoré lui-même par ses adeptes; société des Hommes libres, club des Indigents, club des Femmes, club de l'Évêché, où tous les autres envoyaient des représentants pour conspi-

rer en action commune, et d'où sortirent le 10 août
et les massacres de septembre.

Les Jacobins, qui ne comptaient alors qu'environ
trois cents membres affiliés à leur société, étaient
les législateurs, les sages et les politiques de ces clubs.
L'opinion éclairée et constitutionnelle du pays voyait
en eux ses vrais oracles. Ils éclipsaient tout, à l'exception de Danton, aux Cordeliers, par le talent et
par la mesure de leurs délibérations. Danton lui-
même et ses protégés, Camille Desmoulins, Paré,
Fabre-d'Églantine, Marat, en faisaient partie, et dé-
sertaient dans les grandes circonstances leur propre
club pour venir assister et haranguer au club des
Jacobins.

Plus de quatre cents sociétés affiliées dans les
principales villes des départements correspondaient
avec la société mère et répercutaient par tout l'empire ses inspirations. Les journaux transmettaient le
récit de ses séances et le texte de ses harangues aux
provinces et à l'Europe. Ils avaient accaparé l'écho
universel. Ils parlaient, ils n'agissaient pas : leur
penchant était dans le prosélytisme. Semblables à
ces conciles œcuméniques où s'élaboraient les dogmes
nouveaux de la religion fraternelle, à la naissance
du christianisme, ils étaient le concile perpétuel des
dogmes sociaux et politiques de la philosophie. Le
Contrat social était leur Évangile. L'âme de Jean-Jacques
Rousseau était l'âme des Jacobins. On retrouvait en

eux ses principes, ses théories, ses sophismes, ses vérités, ses rêves, ses vertus et jusqu'à son envie, ce vice des démocraties, qui les venge, mais qui les perd.

Leurs dogmes étaient ceux de l'Evangile, empruntés à la révélation, commentés par Fénelon, rectifiés par la raison philosophique, convertis en code purement humain par J.-J. Rousseau et par ses disciples. Ces dogmes étaient :

« La souveraineté rationnelle du peuple substituée à la souveraineté mystérieuse des rois sacrés par une prétendue investiture divine de la main des prêtres.

» Le contrat conditionnel et résiliable toujours entre les peuples et les rois.

» Le droit des trônes subordonné au droit incessible et à l'intérêt du peuple.

» L'abolition de toutes les classes nobles de naissance ou privilégiées héréditaires qui établissent des distinctions préalables entre les hommes.

» Les services rendus à la communauté, seul titre aux supériorités viagères dans l'ordre social.

» Les religions considérées comme pensées purement humaines et individuelles, émancipées de la réglementation des faveurs ou des oppressions de l'État, et restituées respectueusement à la libre administration de leurs cultes par les fidèles.

» Le peuple souverain et représenté par une ou plusieurs assemblées élues, faisant seul les lois par lui-même ou pour lui-même.

» Un pouvoir exécutif distinct du pouvoir législatif, confié ou viagèrement à un magistrat suprême responsable, ou héréditairement à un magistrat appelé roi, mais subordonné à la souveraineté inaliénable du peuple.

» Une administration publique élue presque à tous les degrés de sa hiérarchie par les citoyens.

» Une armée commandée par le magistrat suprême ou par le roi.

» La guerre ou la paix enlevées aux caprices des rois et délibérées par le peuple.

» L'esprit de conquête répudié par les nations et la paix perpétuelle fondée sur le principe de la fraternité universelle.

» La liberté des citoyens s'étendant jusqu'aux limites fixées par la loi, où cette liberté des uns deviendrait un empiétement ou une usurpation sur la liberté des autres.

» L'impôt ou le subside national au gouvernement, dû par tous les citoyens sans exception, dans la proportion exacte de leurs propriétés ou de leurs facultés.

» La subdivision de la propriété favorisée par la loi des héritages et par la charité du gouvernement pour les déshérités des classes inférieures, jusqu'à l'abolition graduelle des prolétaires.

» Le développement de la raison publique encouragé par la faculté reconnue à chaque citoyen de parler ou d'écrire sa pensée.

» L'appel perpétuel et universel par la parole à l'opinion publique, contrôle des idées et tribunal anonyme du gouvernement et des magistrats.

» L'éducation du peuple, devoir de la nation envers le peuple, envers elle-même et envers l'humanité tout entière.

» La foi absolue dans la souveraineté, dans la toute-puissance et dans l'infaillibilité et la conscience du genre humain, abandonnée à toute son expansion libre sur la terre.

» En deux mots, la divinité et la raison, assurant aux hommes en société le triomphe de la justice et le règne de la vertu. »

Tels étaient, en principe, les dogmes fondamentaux des Jacobins. Ces principes vrais conduisaient logiquement à la république.

Mais dans l'application à la France, héréditairement monarchique, les Jacobins admettaient de bonne foi des ajournements, des tempéraments, des transactions avec les habitudes et les préjugés de la nation, qui témoignaient en eux une politique d'hommes d'État égale à leurs théories de philosophes.

Ils ne proposaient point la république, dont ils redoutaient encore la nouveauté et les agitations chez un peuple longtemps façonné à l'unité, à la personnification du pouvoir et à l'hérédité dynastique d'une même famille dans la suprême magistrature appelée royauté. Ils laissaient la personne ; ils laissaient l'hé-

rédité exceptionnelle de cette première magistrature;
ils laissaient le titre de roi, ils changeaient seulement les fonctions. Ils bénissaient même sincèrement
la nature de leur avoir donné pour cette facile transformation du despotisme en souveraineté du peuple
un roi bon, bien intentionné, philosophe lui-même,
facile par caractère et par principes aux concessions,
et qui n'avait d'autre ambition que celle de régénérateur du bonheur du peuple. Ils s'efforçaient sincèrement de populariser le roi toutes les fois que
ses concessions à leurs principes favorisaient dans
l'empire la paisible transformation des priviléges en
égalité, du despotisme en liberté, de l'ordre ancien
en ordre nouveau. On les voyait partout plus attentifs à amortir les factions qu'à les soulever. Ils
étaient souvent à leur tribune les pacificateurs des
séditions, des turbulences ou des impatiences de la
multitude.

Telle fut, en réalité, la première phase de l'apostolat des Jacobins. Il ne manquait qu'une chose à
la vérité et à la moralité de leur secte, c'était ce
qui avait également manqué à leur apôtre J.-J.
Rousseau dans son livre du *Contrat social :* le sentiment de la nécessité et de l'organisation du pouvoir
exécutif dans les sociétés humaines. Ils confondaient
sans cesse et puérilement, comme lui, la délibération,
qui doit être libre, multiple, élective, avec l'action,
qui doit être, dans les républiques mêmes, une,

hiérarchique, obéie, irrésistible, légale sans doute, mais absolue dans sa légalité. Ils brisaient par l'élection de tous les magistrats le mécanisme de l'autorité publique, républicaine ou monarchique; en sorte qu'en la plaçant partout à la circonférence, il n'en restait que le vain simulacre et la responsabilité dérisoire au centre. Leur gouvernement était tout pensée, le bras y manquait; c'est ce qui les précipita dans l'anarchie, et de l'anarchie dans le despotisme de l'échafaud. Les hommes sont corps et âme. La philosophie des Jacobins n'avait pas de corps.

XXVI.

Leurs séances en 1789 et en 1790 ressemblaient plus à des académies de législation qu'à des conciliabules de factions. Un public réfléchi y assistait avec décence, cherchant la vérité plus que la passion. Des orateurs graves, la plupart inconnus encore, y montaient l'un après l'autre à la tribune, et y lisaient des discours étudiés, dans lesquels ils traitaient dogmatiquement les questions sociales ou politiques soumises en ce moment à la délibération de l'Assemblée nationale ou à l'élaboration de l'opinion publique. Le génie de J.-J. Rousseau imprimait seulement son empreinte à ces orateurs. Ils y cherchaient comme lui l'attention dans l'apostrophe, et l'éloquence dans la déclamation.

Les spectateurs avaient la décence des publicistes :
ils interrompaient rarement ; ils applaudissaient avec
discernement. Peu à peu ils faisaient justice des
discoureurs subalternes en murmurant à leur nom ;
ils distribuaient équitablement leur estime ou leur
engouement entre les autres ; ils se passionnaient
pour des favoris et des idoles de tribune. Mirabeau,
quand il daignait y paraître, les subjuguait d'une
période, d'un geste, d'un accent. Danton leur imprimait des commotions convulsives. Mais Robespierre, surtout, bien qu'il n'atteignît jamais le pathétique, le prestige et la majesté de ces grandes
voix, les intéressait par sa jeunesse, et les touchait
par l'obstination et la logique de ses travaux. Son
assiduité aux séances et l'immensité, quoique un peu
monotone, de ses études, faisait de Robespierre une
habitude et un besoin à son auditoire. Il semblait
avoir pris la charge de penser pour tous. On le
croyait un homme consumé du feu de la philanthro-
pie, un martyr volontaire de la pensée décidé à
épancher sa vie avec sa pensée dans l'âme du siècle.
Le peuple inférieur surtout, sur les misères duquel
il revenait sans cesse avec un sentiment de justice
et de pitié auquel ce peuple n'était pas accoutumé
et qu'il ne savait pas distinguer encore de l'adula-
tion, croyait s'attendrir encore sur lui-même en s'attendrissant sur Robespierre. Il était le philosophe
des Jacobins ; Péthion en était le législateur ; Danton,

le tribun; Sieyès, l'oracle; Barnave, l'orateur; les Lameth, les politiques; Mirabeau, l'éblouissement.

Paris et la France commençaient à être plus attentifs aux séances et aux journaux du club des Jacobins qu'aux séances et aux journaux de l'Assemblée
nationale. L'Assemblée nationale ne faisait que des
lois; les Jacobins faisaient des utopies. Ceux que
blessaient les lois se réfugiaient dans les utopies, qui
ne blessent personne. La popularité quittait les faits
pour aller aux rêves. Toutes les popularités se réunissaient pour donner au club des Jacobins la toute-
puissance d'une dictature de l'opinion.

XXVII.

A mesure que les séditions et les factions populaires
étaient venues grandir cette puissance et dénaturer
le caractère studieux et philosophique des Jacobins
pour en faire un foyer d'opposition au roi et de rivalité à l'Assemblée, les membres constitutionnels et
monarchiques de cette société s'en étaient éloignés
un à un pour chercher ailleurs des tribunes plus conformes à leur modération ou à leur royalisme. Ils
avaient tenté d'élever tribune contre tribune et club
contre club. Malouet, d'Espréménil, Virieu, Cazalès,
Montcalm, Boufflers, le vicomte de Mirabeau, frère
du grand homme, d'Ambly, d'Estourmel, Bouthélier,
Faucigny, Mortemart, Clermont-Lodève, venaient de

fonder le club des Modérés, club de royalistes déguisés sous ce nom. Leur voix retentissait dans le vide : l'auditoire manquait aux doctrines. Ces noms aristocratiques prémunissaient le peuple contre l'aristocratie déchue, même quand elle prenait en main la cause de l'impartialité et de la constitution. Camille Desmoulins raillait amèrement ces rivaux du jacobinisme.

« Ils élèvent, » écrivait-il, « autel contre autel; ils disent : Formons une ligue aux Feuillants (autre couvent voisin des Jacobins, vacant par la sécularisation de l'ordre); mais l'essentiel est de se défaire de ce nom d'aristocrates qui nous poursuit et qui nous fait plus de mal que la *lanterne*. Prenons celui de modérés. Qui sont-ils? Des pirates qui arborent perfidement un pavillon neutre pour saisir plus sûrement leur proie! »

Toutes ces sociétés rivales n'avaient pas tardé de languir, faute d'air monarchique dans la France révolutionnaire. Les émeutes factices fomentées par les Cordeliers et les Jacobins, condamnées par Bailly, mollement réprimées par Lafayette, trop cher encore aux Jacobins pour les punir, devaient bientôt les disperser dans leur germe. Les Jacobins, qui défiaient déjà la représentation nationale et le trône, ne pouvaient pas subir impunément la rivalité de l'aristocratie. Menacés dans leur ascendant exclusif sur l'opinion, ils exagérèrent leurs principes par une jalouse émulation de tribune, et devinrent une faction organisée dans tout l'empire avec plus de force que le gouvernement et avec plus de popularité que l'Assemblée. Leurs motions devinrent des lois, leurs pétitions des ordres, leurs séances des tumultes. Mirabeau et les hommes de 1789 ne furent plus à leurs yeux que des traîtres; Lafayette lui-même, d'abord respecté par eux à cause de son empire sur la garde nationale et sur le roi, ne fut plus dans leurs discours et dans leurs journaux qu'un de ces ambitieux amphibies vivant de faux popularisme dans la ville et de fausse complaisance à la cour. Marat, Camille Desmoulins, Danton, qui l'avaient longtemps ménagé, l'abandonnèrent. Les feuilles jacobines débordèrent de sarcasmes, de diatribes, d'invectives contre ce nouveau Cromwell.

XXVIII.

L'Assemblée, un moment muette, délibérait avec des émotions redoublées sur les troubles qui ensanglantaient tour à tour Avignon, Montauban, Marseille, Brest, Soissons. Maury, Cazalès, Mirabeau, Barnave, luttaient au milieu des tumultes frénétiques des tribunes, les uns pour les séditieux, les autres pour les victimes. Les deux partis se renvoyaient les plus outrageantes apostrophes et se précipitaient tour à tour à la tribune. Le peuple, à l'issue des séances,

suivait les uns de ses acclamations, les autres de ses
menaces. Maury et Cazalès, aguerris par l'habitude
du péril, montraient sous les outrages des attroupements un sang-froid et une intrépidité dignes des
martyrs de leur conviction. Des bruits de conjuration
contre-révolutionnaire et de trames ourdies par la
cour avec l'armée, circulaient dans les clubs et ser-
vaient de texte quotidien aux dénonciations des feuilles démagogiques. Le calme momentané qui avait
signalé la fédération s'était évanoui avec les fédérés.

La cour voulut profiter du retour d'opinion que la
fédération |des provinces avait signalé en faveur du
roi, pour nourrir l'indignation publique et pour exciter une réaction de sentiments plus décisive dans
l'esprit des bons citoyens, par les débats du procès
sur les journées des 5 et 6 octobre. Les royalistes,
mal inspirés, espéraient ainsi confondre, aux yeux
des départements et de l'Europe, le mouvement unanime de la Révolution au 14 juillet avec les forfaits
nocturnes de quelques scélérats désavoués du peuple
qui avaient souillé et ensanglanté le palais des rois
à Versailles. On sait que le duc d'Orléans, le duc
d'Aiguillon, Mirabeau et beaucoup d'autres membres
du parti populaire dans l'Assemblée étaient impliqués
dans ce procès comme fauteurs ou comme acteurs
de ces attentats. On voulait les vouer, par des témoignages juridiques, à l'exécration et au mépris des
hommes de bien. Le tribunal du Châtelet, composé

en majorité d'ennemis de la Révolution, avait poursuivi lentement ses enquêtes et ses interrogatoires
sur ces événements; il promettait des révélations
sinistres à la curiosité des uns, à la vengeance des
autres.

Mirabeau, dans sa correspondance secrète, se
montre incertain entre le désir et la crainte de voir
éclater ce rapport si longtemps suspendu sur sa
tête. Dans sa double situation de tribun du peuple et d'affidé du roi, il lui était également difficile de se justifier sans offenser les démagogues, ou
de récriminer contre les accusateurs sans offenser la
cour. Mais les royalistes, le Châtelet, Lafayette lui-
même et ses amis ne voulaient plus attendre ni
compatir à ces embarras d'esprit de l'orateur. D'ailleurs, le duc d'Orléans était rentré malgré eux à
l'Assemblée; il avait repris ses liaisons avec les Jacobins, il inquiétait Lafayette, il alarmait la cour, il
défiait le coup. C'était l'heure de le porter. Les amis
de Lafayette ne s'affligeraient pas si une part de
criminalité et d'horreur retombait par cette procédure sur la tête de Mirabeau.

Le lieutenant civil du Châtelet parut enfin devant
l'Assemblée nationale, armé des volumineux interrogatoires par lesquels le tribunal avait cherché à pénétrer les ténèbres de cette nuit.

« Nous allons, » dit-il avec une solennité qui annonçait des révélations tragiques, « déchirer le voile

qui enveloppait une procédure malheureusement trop célèbre. Ils vont être connus, ces secrets pleins d'horreur ! Ils vont être révélés, ces secrets qui ont souillé le palais du roi ! Des hommes ont égaré la multitude pour la rendre complice de leurs crimes. Mais quelle a été notre douleur lorsque nous avons reconnu parmi les accusés deux membres de cette auguste Assemblée ! Ah ! sans doute ils s'empresseront de descendre dans l'arène et de solliciter eux-mêmes la poursuite de cette grande affaire, et nous prions l'Assemblée nationale de créer un tribunal chargé de la terminer. »

Les deux membres inculpés par la procédure étaient le duc d'Orléans et Mirabeau. Le duc d'Orléans se tut par timidité ou par dignité. Mirabeau, sans se soulever avant le temps contre une imputation qu'il était sûr de confondre, demanda que l'Assemblée, par respect pour elle-même, ne livrât pas ses membres à la justice, avant d'avoir examiné s'il y avait des motifs valables à l'accusation. Maury, pressé de vengeance, insista pour que les accusés fussent abandonnés, sans examen préalable, au tribunal. Péthion s'affligea de l'éclat scandaleux et inopportun donné à des rumeurs banales qu'on croyait assoupies par le temps.

Cazalès, ordinairement plus modéré et plus généreux, abusa de la colère contre le duc d'Orléans et contre Mirabeau. « Il n'est pas un membre de cette assemblée, dit-il en escaladant la tribune, qui puisse vouloir soustraire à la loi les auteurs d'un exécrable forfait qui a souillé la Révolution, qui pèse sur elle et qui fera son éternelle honte! L'asile du roi violé, les marches du trône ensanglantées! ses défenseurs égorgés! d'infâmes assassins poursuivant jusque dans ses appartements la fille de Marie-Thérèse, la reine des Français! cette femme dont le nom survivra à ceux des infâmes conspirateurs du 6 octobre! Ils étaient députés, ils étaient Français, ils étaient hommes, et ils se sont souillés de ces attentats! La loi frapperait toutes les têtes, et eux ils s'élèveraient au-dessus de la loi!.... »

La colère de Cazalès ne put prévaloir contre la dignité de l'Assemblée : on chargea le comité des rapports d'examiner les accusations et les témoignages contre les membres de l'Assemblée. Un député, connu par ses relations avec le parti du duc d'Orléans, nommé Chabroud, fut chargé du rapport. Les conclusions en étaient d'avance pressenties. L'Assemblée ne voulait pas trouver de coupables dans son sein. Ce rapport, écrit par Chabroud sur le ton d'une incrédulité dérisoire, parut avoir été combiné pour innocenter les accusés, en jetant le ridicule sur les accusateurs et le mépris sur les témoins. La légèreté des indices et le néant des preuves facilitaient cette œuvre du rapporteur. On ne discernait dans les interrogatoires que ces rumeurs vagues, contradictoires et sans autorité qui s'élèvent le lendemain des grands événements et qui cherchent dans des combinaisons les causes des hasards et des forfaits. Rien n'inculpait jusqu'au sang, pas même jusqu'à la fomentation directe des mouvements, le duc d'Orléans ni Mirabeau. Leur opinion, dans ce débordement du peuple de Paris sur Versailles, était leur seul crime. Le nombre, la nuit, l'agitation d'une multitude surexcitée par la veille et par l'ivresse, la négligence de Lafayette, son sommeil fatal, mais innocent, étaient les seuls coupables.

Mirabeau n'eut pas de peine à écraser sous le ridicule et sous le dédain les vains témoignages allégués contre lui. Nous anticipons de quelques semaines sur cette discussion interrompue, pour donner ici, avec son discours, le dénoûment de cette longue accusation. Il ne daigna pas se courroucer; il joua avec les inculpations qu'on lui jetait, comme la force et l'innocence avec les puérilités de la haine.

« Ce n'est pas, dit-il, pour me défendre que je monte à cette tribune. Je ne me regarde point comme accusé, car si je croyais qu'un seul homme de sens (j'excepte le petit nombre d'ennemis dont je tiens à honneur les outrages) pût me croire accusable, ce n'est pas dans cette assemblée que je me défendrais. Je voudrais être jugé, et la seule faveur que je vous demanderais, ce serait un tribunal.

» Mais je ne puis pas douter de votre opinion ; et si je me présente ici, c'est pour ne pas manquer une occasion solennelle d'éclaircir des faits que mon profond mépris pour les libelles, et mon insouciance trop grande peut-être pour les bruits calomnieux, ne m'ont jamais permis d'attaquer hors de cette assemblée; qui, cependant, accrédités par la malveillance, pourraient faire rejaillir, sur ceux qui croiront devoir m'absoudre, je ne sais quels soupçons de partialité. Ce que j'ai dédaigné quand il ne s'agissait que de moi, je dois le scruter de près quand on m'attaque au sein de l'Assemblée nationale et comme en faisant partie.

» Les éclaircissements que je vais donner, tout simples qu'ils vous paraîtront sans doute, puisque mes témoins sont dans cette assemblée, et mes arguments dans la série des combinaisons les plus communes, offrent pourtant à mon esprit, je dois le dire, une assez grande difficulté.

» Ce n'est pas de réprimer le juste ressentiment qui oppresse mon cœur depuis une année, et que l'on force enfin à s'exhaler. Dans cette affaire, le mépris est à côté de la haine; il l'émousse, il l'amortit; et quelle âme assez abjecte pour que l'occasion de pardonner ne lui semble pas une jouissance !

» Ce n'est pas même la difficulté de parler des tempêtes d'une juste révolution, sans rappeler que si le trône a des torts à excuser, la clémence nationale a eu des complots à mettre en oubli; car puisqu'au cédure est principalement dirigée, et que je suis son complice. Mais comme on n'a point employé contre moi cette marche dans l'accusation, je ne suis pas non plus obligé de la suivre pour la défendre. Il me suffira d'examiner les témoins tels qu'ils sont, les charges telles qu'on me les oppose, et j'aurai tout dit lorsque j'aurai discuté trois faits principaux, puisque la triple malignité des accusateurs, des témoins et des juges, n'a pu ni en fournir ni en recueillir davantage.

» On m'accuse d'avoir parcouru les rangs du régiment de Flandre le sabre à la main, c'est-à-dire qu'on m'accuse d'un grand ridicule. Les témoins auraient pu le rendre d'autant plus piquant, que, né parmi les patriciens, et cependant député par ceux qu'on appelait alors le tiers état, je m'étais toujours fait un devoir religieux de porter le costume qui me rappelait l'honneur d'un tel choix. Or, certainement, l'allure d'un député en habit noir, en chapeau rond, en cravate et en manteau, se promenant à cinq heures du soir, un sabre nu à la main, dans un régiment, mériterait de trouver une place parmi les caricatures d'une telle procédure. J'observe néanmoins qu'on peut bien être ridicule sans cesser d'être innocent. J'observe que l'action de porter un sabre à la main ne serait ni un crime de lèse-majesté ni un crime de lèse-nation. Ainsi, tout pesé, tout examiné, la déposition de M. Valfond n'a rien de vraiment fâ-

cheux que pour M. Gamaches, qui se trouve légalement et véhémentement soupçonné d'être fort laid,
puisqu'il me ressemble.

» Mais voici une preuve plus positive que M. Valfond a au moins la vue basse. J'ai dans cette assemblée un ami intime, et que, malgré cette amitié
connue, personne n'osera taxer de déloyauté ni de
mensonge, M. la Marck. J'ai passé l'après-midi tout
entière du 5 octobre chez lui, en tête-à-tête avec
lui, les yeux fixés sur des cartes géographiques, à
reconnaître des positions alors très intéressantes pour
les provinces belgiques. Ce travail, qui absorbait
toute son attention et qui attirait toute la mienne,
nous occupa jusqu'au moment où M. la Marck me
conduisit à l'Assemblée nationale, d'où il me ramena
chez moi.

» Mais dans cette soirée il est un fait remarquable
sur lequel j'atteste M. la Marck : c'est qu'ayant à peine
employé trois minutes à dire quelques mots sur les
circonstances du moment, sur le siége de Versailles,
qui devait être fait par les amazones si redoutables
dont parle le Châtelet, et considérant la funeste probabilité que des conseillers pervers contraindraient
le roi à se rendre à Metz, je lui dis : « La dynastie
» est perdue si Monsieur ne reste pas et ne prend
» pas les rênes du gouvernement. » Nous convînmes
des moyens d'avoir sur-le-champ une audience du
prince, si le départ du roi s'exécutait. C'est ainsi que

je commençais mon rôle de complice et que je me
préparais à faire M d'Orléans lieutenant général du
royaume. Vous trouverez peut-être ces faits plus pro-
bants et plus certains que mon costume de Charles XII.

» On me reproche d'avoir tenu à M. Mounier ce
propos : « Eh! qui vous dit que nous ne voulons pas
» un roi? Mais qu'importe que ce soit Louis XVI
» ou Louis XVII? »

» Ici j'observerai que le rapporteur, dont on vous
a dénoncé la partialité pour les accusés, est cependant loin, je ne dis pas de m'être favorable, mais
d'être exact, mais d'être juste. C'est uniquement parce
que M. Mounier ne confirme pas ce propos par la
déposition, que M. le rapporteur ne s'y arrête pas.
« J'ai frémi, dit-il, j'ai frémi en lisant, et je me suis
» dit : Si ce propos a été tenu, il y a un complot, il
» y a un coupable. Heureusement M. Mounier n'en
» parle pas. »

» Eh bien! messieurs, avec toute la mesure que
me commande mon estime pour M. Chabroud et pour
son rapport, je soutiens qu'il a mal raisonné. Ce
propos, que je déclare ne pas me rappeler, est tel
que tout citoyen pourrait s'en honorer; et non-seulement il est justifiable à l'époque où on le place,
mais il est bon en soi, mais il est louable, et si
M. le rapporteur l'eût analysé avec sa sagacité ordinaire, il n'aurait pas eu besoin, pour faire disparaître le prétendu délit, de se convaincre qu'il était

imaginaire. Supposez un royaliste tempéré et repous-
sant toute idée que le monarque pût courir un danger chez une nation qui professe en quelque sorte
le culte du gouvernement monarchique; trouveriez-
vous étrange que l'ami du trône et de la liberté,
voyant l'horizon se rembrunir, jugeant mieux que
l'enthousiaste la tendance de l'opinion, l'accélération
des circonstances, les dangers d'une insurrection, et
voulant arracher son concitoyen trop conciliant à
une périlleuse sécurité, lui dît : « Eh ! qui vous nie
que le Français soit monarchiste? qui vous conteste
que la France n'ait besoin d'un roi et ne veuille un
roi? Mais Louis XVII sera roi comme Louis XVI,
et si l'on parvient à persuader à la nation que
Louis XVI est fauteur et complice des excès qui ont
lassé sa patience, elle invoquera un Louis XVII. » Le
zélateur de la liberté aurait prononcé ces paroles
avec d'autant plus d'énergie, qu'il eût mieux connu
son interlocuteur et les relations qui pourraient rendre
son discours plus efficace. Verriez-vous en lui un
conspirateur, un mauvais citoyen ou même un mauvais raisonneur ? Cette supposition serait bien simple;
elle serait adaptée aux personnages et aux circonstances. Tirez-en du moins cette circonstance, qu'un
discours ne prouve jamais rien par lui-même; qu'il
tire tout son caractère, tout sa force de l'avant-propos,
de l'avant-scène, de la nature du moment, de l'espèce des interlocuteurs, en un mot, d'une foule de

nuances fugitives qu'il faut déterminer avant que de l'apprécier, d'en conclure.

» Puisque j'en suis à M. Mounier, j'expliquerai un autre fait que, dans le compte qu'il en a rendu lui-même, il a conté à son désavantage.

» Il présidait à l'Assemblée nationale le 5 octobre, où l'on discutait l'acceptation pure ou simple, ou modifiée, de la déclaration des droits. J'allai vers lui, dit-on ; je l'engageai à supposer une indisposition et à lever la séance sous ce frivole prétexte... J'ignorais sans doute alors que l'indisposition d'un président appelle son prédécesseur ; j'ignorais qu'il n'est au pouvoir d'aucun homme d'arrêter à son gré le cours d'une de vos plus sérieuses délibérations... Voici le fait dans son exactitude et sa simplicité.

» Dans la matinée du 5 octobre, je fus averti que la fermentation de Paris redoublait. Je n'avais pas besoin d'en connaître les détails pour y croire : un augure qui ne trompe jamais, la nature des choses, me l'indiquait. Je m'approchai de M. Mounier ; je lui dis : « Mounier, Paris marche sur nous. — Je n'en sais rien. — Croyez-moi ou ne me croyez pas, peu m'importe ; mais Paris, vous dis-je, marche sur nous. Trouvez-vous mal ; montez au château ; donnez-leur cet avis. Dites, si vous voulez, que vous le tenez de moi, j'y consens ; mais faites cesser cette controverse scandaleuse ; le temps presse, il n'y a pas un moment à perdre.

» — Paris marche sur nous! » répondit Mounier. « Eh bien! tant mieux, nous serons plus tôt en république. » Si l'on se rappelle les préventions et la bile noire qui agitaient Mounier; si l'on se rappelle qu'il voyait en moi le boute-feu de Paris, on trouvera que ce mot, qui a plus de caractère que le pauvre fugitif n'en a montré depuis, lui fait honneur. Je ne l'ai revu que dans l'Assemblée nationale, qu'il a désertée, ainsi que le royaume, peu de jours après. Je ne lui ai jamais reparlé, et je ne sais où il a pris que je lui ai écrit un billet, le 6, à trois heures du matin, pour lever la séance; il ne m'en reste pas l'idée la plus légère. Rien, au reste, n'est plus oiseux ni plus indifférent.

» J'en viens à la troisième inculpation dont je suis l'objet, et c'est ici que j'ai promis le mot de l'énigme : j'ai conseillé, dit-on, à M. d'Orléans de ne point partir pour l'Angleterre. Eh bien! qu'en veut-on conclure ? Je tiens à l'honneur de lui avoir, non pas donné (car je ne lui pas parlé), mais fait donner ce conseil. J'apprends, par la notoriété publique, qu'après une conversation entre M. d'Orléans et M. de Lafayette, très impérieuse d'une part et très résignée de l'autre, le premier vient d'accepter la mission, ou plutôt de recevoir la loi de partir pour l'Angleterre. Au même instant, les suites d'une telle démarche se présentent à mon esprit. Inquiéter les amis de la liberté, répandre des nuages sur les causes de la révolution, fournir un nouveau prétexte aux mécontents, isoler de plus en plus le roi, semer au dedans et au dehors du royaume de nouveaux germes de défiance, voilà les effets que ce départ précipité, que cette condamnation sans accusation devait produire. Elle laissait surtout sans rival l'homme à qui le hasard des événements venait de donner une nouvelle dictature; l'homme qui, dans ce moment, disposait, au sein de la liberté, d'une police plus active que celle de l'ancien régime; l'homme qui, en imposant à M. d'Orléans la loi de partir, au lieu de le faire juger et condamner s'il était coupable, éludait ouvertement par cela seul l'inviolabilité des membres de l'Assemblée.

» Mon parti fut pris dans l'instant; je dis à M. Biron, avec qui je n'ai jamais eu des relations politiques, mais qui a toujours eu toute mon estime, et dont j'ai reçu plusieurs fois des services d'amitié : « M. d'Orléans va quitter sans jugement le poste que ses commettants lui ont confié; s'il obéit, je dénonce son départ et je m'y oppose; s'il reste, s'il fait connaître la main invisible qui veut l'éloigner, je dénonce l'autorité qui prend la place de celle des lois; qu'il choisisse entre cette alternative. » M. Biron me répondit par des sentiments chevaleresques, et je m'y étais attendu. M. d'Orléans, instruit de ma résolution, promet de suivre mes conseils; mais, dès le lendemain, je reçois dans l'Assemblée un billet de

M. Biron, et non de M. d'Orléans, comme le suppose la procédure ; ce billet portait le crêpe de sa douleur et m'annonçait le départ du prince. Mais lorsque l'amitié se bornait à souffrir, il était permis à l'homme public de s'indigner. Une secousse d'humeur, ou plutôt de colère civique, me fit tenir sur-le-champ un propos que M. le rapporteur, pour avoir le droit de taxer d'indiscret, aurait dû faire connaître. Qu'on le trouve, si l'on veut, insolent ; mais qu'on avoue du moins, puisqu'il ne suppose même aucune relation, qu'il exclut toute idée de complicité. Je le tins sur celui dont la conduite jusqu'alors m'avait paru exempte de reproches, mais dont le départ était à mes yeux plus qu'une faute. Voilà ce fait éclairci, et M. de Lafayette peut en certifier tous les détails, qui lui sont tous parfaitement connus. Qu'à présent celui qui osera, je ne dirai pas m'en faire un crime, mais me refuser son approbation ; celui qui osera soutenir que le conseil que je donnais n'était pas conforme à mes devoirs, utile à la chose publique et fait pour m'honorer ; que celui-là se lève et m'accuse. Mon opinion, sans doute, lui est indifférente, mais je déclare que je ne puis me défendre pour lui du plus profond mépris.

» Ainsi disparaissent ces inculpations atroces, ces calomnies effrénées qui plaçaient au nombre des conspirateurs les plus dangereux, au nombre des criminels les plus exécrables un homme qui a la conscience d'avoir toujours voulu être utile à son pays et de ne lui avoir pas été toujours inutile. (Une grande partie de l'Assemblée et des spectateurs applaudissent.) Ainsi s'évanouit ce secret, si tard découvert, qu'un tribunal, au moment de terminer sa carrière, est venu vous dévoiler avec tant de certitude et de complaisance.

» Qu'importe à présent que je discute ou dédaigne cette foule de ouï-dire contradictoires, de fables absurdes, de rapprochements insidieux que renferme cette procédure ? »

Puis, se relevant de toute sa hauteur, s'indignant après avoir discuté,

« Quelle est donc, s'écria-t-il d'une voix de défi, quelle est cette procédure dont l'information n'a pu être achevée, dont tous les ressorts n'ont pu être combinés que dans une année entière; qui, prise en apparence sur un crime de lèse-majesté, se trouve entre les mains d'un tribunal incompétent, qui n'est souverain que pour les crimes de lèse-nation? Quelle est cette procédure qui, menaçant vingt personnes différentes dans l'espace d'une année, tantôt abandonnée et tantôt reprise, selon l'intérêt et les vues, les craintes ou les espérances de ses machinateurs, n'a été, pendant si longtemps, qu'une arme de l'intrigue, qu'un glaive suspendu sur la tête de ceux que l'on voulait perdre ou effrayer, ou désunir, ou rapprocher; qui, enfin, n'a vu le jour, après avoir parcouru les mers, qu'au moment où l'un des accusés n'a pas cru à la dictature qui le retenait en exil ou l'a dédaignée?

» Quelle est cette procédure prise sur des délits individuels dont on n'informe pas, et dont on veut cependant rechercher les causes éloignées sans répandre aucune lumière sur leurs causes prochaines?

» Quelle est cette procédure dont tous les événements s'expliquent sans complot, et qui n'a cependant pour base qu'un complot; dont le premier but a été de cacher des fautes réelles et de les remplacer par des crimes imaginaires; que l'amour-propre seul a d'abord dirigée, que la haine a depuis acérée, dont l'esprit de parti s'est emparé, dont le pouvoir ministériel s'est ensuite saisi, et qui, recevant ainsi tour à tour plusieurs sortes d'influences, a fini par prendre la forme d'une protestation insidieuse, et contre vos décrets, et contre la liberté de l'acceptation du roi, et contre son voyage à Paris, et contre la sagesse de vos délibérations, et contre l'amour de la nation pour le monarque?

» Quelle est cette procédure que les ennemis les plus acharnés de la Révolution n'auraient pas mieux dirigée s'ils en avaient été les seuls auteurs, comme ils en ont été presque les seuls instruments; qui tendait à attirer le plus redoutable esprit de parti, et dans le sein de cette assemblée, en opposant les témoins aux juges; et dans tout le royaume, en calomniant les intentions de la capitale auprès des provinces; et dans chaque ville, en faisant détester une liberté qui avait pu compromettre les jours du monarque; et dans toute l'Europe, en y peignant la situation d'un roi libre sous les fausses couleurs d'un roi captif, persécuté, en y peignant cette auguste assemblée comme une assemblée de factieux?

» Oui, le secret de cette infernale procédure est enfin découvert; il est là tout entier; il est dans l'intérêt de ceux dont le témoignage et les calomnies en ont formé le tissu; il est dans les ressources qu'elle a fournies aux ennemis de la révolution; il est... il est dans le cœur des juges, tel qu'il sera bientôt buriné dans l'histoire par la plus juste et la plus implacable vengeance. »

Les royalistes pâlirent, les constitutionnels applaudirent, le duc d'Orléans se réjouit en silence d'être compris dans une si éloquente justification qui l'absolvait par les applaudissements donnés à son prétendu complice.

Remontons aux événements et aux discussions de la fin de juillet.

LIVRE SEIZIÈME.

I.

La Révolution, qui avait atteint dans leur mode d'existence le trône, l'aristocratie, l'Église, devait modifier essentiellement aussi l'armée. L'armée, en France, était féodale et monarchique : des plébéiens pour soldats, des nobles pour officiers; le recrutement par l'enrôlement volontaire; les grades attribués presque exclusivement à la naissance ou à la faveur; la vénalité des régiments et des compagnies sous le nom de *finances;* le village transporté au camp avec ses seigneurs et ses vassaux; l'autorité royale réglementant seulement les rapports des corps armés avec leurs chefs, nommant les généraux par ancienneté ou par choix, et introduisant peu à peu des empiétements successifs et salutaires sur les priviléges des nobles, la règle, la discipline, la science et l'unité d'administration dans les troupes.

Ce mode d'enrôlement, de propriété des corps par les chefs de corps, de trafic des régiments, d'exclusion des soldats ou des matelots du rang d'officiers, et d'administration arbitraire des compagnies par les capitaines était incompatible avec l'esprit de la Révolution, qui, en donnant à tous les mêmes devoirs de patriotisme, de dévouement, de service national, donnait à tous aussi les mêmes droits, à condition des mêmes aptitudes et du même courage.

Les doctrines qui retentissaient dans les tribunes, dans les journaux et dans les clubs, les fortes et lumineuses discussions de l'Assemblée sur la réforme de l'état militaire, les décrets conformes à ces doctrines, mais non encore appliqués jusque-là, avaient propagé dans les troupes l'esprit contagieux de la nation. Elles murmuraient, elles hésitaient, elles fermentaient, elles obéissaient encore mollement, par habitude et par honneur militaire. Mais cette obéissance était inquiète, ombrageuse, provisoire; elle tenait au respect ou à l'attachement personnels des soldats pour leurs officiers plus qu'à la conviction; les chefs négociaient avec leurs subordonnés plus qu'ils ne commandaient; un véritable interrègne de la discipline dominait dans les garnisons et dans les camps.

Le peuple plaignait et caressait les soldats pour

les entraîner dans sa cause contre les nobles et contre le roi; les soldats ménageaient dans les fréquentes séditions le peuple. On osait rarement mettre les troupes en contact avec les émotions populaires; on ne leur opposait que les gardes nationales, composées de citoyens dont le caractère civique imposait davantage à la sédition. Les soldats, malgré ces précautions, la grossissaient souvent, comme on venait de le voir à Toulouse, à Caen, à Marseille, à Montauban, à Nîmes, à Brest. L'exemple de la défection, de l'impunité et de l'ovation des gardes-françaises, incorporés honorablement dans l'armée de Lafayette, après leur révolte contre le roi, était un encouragement à la sédition militaire partout. Des clubs, formés jusque dans les casernes par les sous-officiers et les soldats, raisonnaient l'obéissance, contrôlaient le commandement, intimidaient les officiers et les chefs de corps. Toute force armée qui délibère au lieu d'obéir est anéantie si elle n'est pas déjà factieuse. L'épée était inutile dans la main du roi; elle ne pouvait pas tarder à s'y briser. Mirabeau, qui le sentait, proposait hardiment de licencier l'armée et de la reformer sur le plan tracé par les décrets de l'Assemblée.

II.

Ces décrets, publiés et ajournés, surexcitaient la

juste impatience des soldats. Les sous-officiers, pressés de s'élever aux grades désormais accessibles à tous, et de remplacer leurs officiers nobles, contre-révolutionnaires ou émigrés, accusaient le ministre de la guerre de profiter astucieusement du délai que les décrets laissaient au roi avant d'exécuter la nouvelle constitution militaire, pour nommer précipitamment à toutes les vacances et pour infecter l'armée d'officiers vendus à l'esprit de l'ancien régime. Des murmures contre l'administration arbitraire des *masses* de régiment, pécule économisé des soldats, avaient éclaté à Paris. Ils éclatèrent avec plus de force à Nancy, dans les trois régiments qui formaient la garnison de cette capitale de la Lorraine. Un soulèvement paraissait imminent.

L'Assemblée, d'accord pour la répression de ces indisciplines, envoya à Nancy un inspecteur arbitre entre les soldats et les officiers. C'était M. de Malseigne, militaire plus strict et plus intrépide que conciliateur. Indigné des exigences d'un régiment suisse appelé le régiment de Château-Vieux, M. de Malseigne se refuse à ratifier ses volontés; il le harangue avec l'inflexibilité d'une loi vivante. Les Suisses, désaccoutumés de ce langage, s'insurgent pendant la nuit dans leur caserne. Malseigne, au point du jour, veut aborder de front l'insurrection soldatesque. Les soldats, ameutés par un club nocturne, lui présentent la pointe de leurs baïonnettes; il les écarte de son épée nue et pénètre malgré eux dans la cour. Entouré bientôt d'une foule frémissante, il se défend seul contre les outrages et contre les sabres brandis sur sa tête. Il échappe, déchiré et couvert de sang, à ces assassins, s'élance sur son cheval qu'on lui amène sur la place d'Armes, galopé vers Lunéville, poursuivi par les séditieux, rencontre un régiment de carabiniers sur la route, le harangue, le rallie, l'entraîne, lui ordonne le feu sur les Suisses prêts à l'atteindre, jonche le chemin de leurs cadavres.

La vue de ces cadavres, les imprécations des blessés, les reproches des soldats de Nancy à leurs meurtriers, qui devraient combattre pour la même cause, changent en route l'âme du régiment des carabiniers libérateurs de Malseigne. Ils se tournent contre celui qu'ils viennent de venger, le désarment, l'enchaînent, le ramènent à Nancy, et le livrent à la garnison insurgée comme un otage ou comme une victime.

III.

A ces nouvelles de Nancy, l'Assemblée nationale se trouble, les constitutionnels sincères tremblent de voir la Révolution, presque achevée, transformée par l'indiscipline des soldats en séditions prétoriennes, cette dernière décomposition des empires. Elle demande presque unanimement au roi de déployer contre l'armée rebelle l'armée obéissante qui lui reste encore dans la main. Des décrets intrépides répondent à l'insubordination menaçante de Nancy. On envoie des négociateurs, des commissaires, des ordres également repoussés ou éludés. On cherche des yeux un général assez sûr de son armée pour la conduire intacte à la répression d'une autre armée, assez constitutionnel pour ne pas donner d'ombrage à la Révolution en sévissant contre l'indiscipline, assez populaire pour rallier, en marchant, à sa propre armée, les gardes nationaux des provinces, ces magistrats armés et inviolables de la loi contre lesquels la résistance est presque un fratricide.

Ce choix appartenait au roi. Le roi et les ministres songent d'abord à Lafayette, et Lafayette songe à lui-même. Son nom seul était assez puissant pour faire tomber une sédition de soldats devant l'idole du peuple présentant la loi aux séditieux à la pointe de son épée. Mais Lafayette, après un pareil triomphe, à la tête de l'armée du roi et de l'armée du peuple réunies dans sa main, serait rentré dans Paris plus qu'un homme. La guerre civile étouffée par lui dans le royaume l'aurait grandi plus encore que la liberté conquise par lui à Versailles. Son nom serait devenu démesuré à un trône et peut-être à une constitution. L'idolâtrie du pays doublement sauvé pouvait en faire plus qu'un dictateur.

IV.

L'inimitié est clairvoyante; Mirabeau le sentit. Les archives de la famille d'Aremberg nous livrent aujourd'hui les conseils à la fois prudents et perfides qu'il écrivit au roi pendant cette crise de la Révolution. Quels que soient les soupçons de machiavélisme que la vénalité de ce grand homme d'État ait fait planer jusqu'ici sur la nature de ses complicités avec la cour, ces conseils de Mirabeau au roi les dépassent encore. La connivence y atteint la perfidie et s'y élève même, dans quelques insinuations, jusqu'au parricide.

« M. de Lafayette, écrit Mirabeau à la reine et au roi, le 3 septembre 1790, M. de Lafayette fait tout ce qu'il peut pour être envoyé à Nancy. Les inconvénients du parti qu'il veut prendre sont incalculables, et, si l'aristocratie savait s'entendre, ce seul événement amènerait la guerre civile qui vous fait tant d'horreur.

» Que faut-il pour cela? La présence de deux armées. Si les régiments indisciplinés sont poussés à la résistance, ils seront soutenus; pour peu que l'on s'obstine, cette armée se grossira. Si les mécontents croient avoir raison et qu'ils soient battus, ils trouveront des auxiliaires, des vengeurs. Une partie de l'armée fera cause commune avec eux; il faudra par cela seul grossir également l'armée de celui qui va les combattre. Voilà dès lors deux camps où l'on peut se jeter à son gré. Qu'ont désiré, que désirent de plus les ennemis du bien public?

» Le choix du commandant présente encore un inconvénient de plus. Son armée serait tout à la fois l'armée du corps législatif et celle du roi. Du corps législatif, puisque son objet serait de faire obéir aux décrets de l'Assemblée; du roi, puisque les ordres d'exécution émaneraient des ministres, et que le chef tient dans ce moment de trop près au roi pour que l'opinion publique puisse l'en séparer. Or il me semble que la cour, surtout dans son système d'inaction, aurait beaucoup plus de moyens d'assurer la tranquillité publique si elle restait en quelque sorte médiatrice entre l'armée et le peuple. Son intérêt n'est pas de rompre le dernier lien qui lui attache une partie des troupes réglées. Son intérêt surtout n'est pas de laisser commander M. de Lafayette hors de son département, tant que l'organisation de la garde nationale n'est pas décrétée et que le commandement n'est pas déféré au roi. En effet, quel nom donner à un homme qui aurait une grande armée et qui ne recevrait des ordres de personne? Par le fait, ce citoyen serait roi pendant son expédition. Celui qui commanderait à Paris à sa place ne serait que son lieutenant. Les autres commandants de départements qui lui enverraient des soldats seraient de même à ses ordres. Le voilà généralissime par le fait, puis lieutenant général du royaume, puis protecteur, s'il le veut, puis tout ce qu'il voudra.

» Ses succès sont donc à craindre autant que ses revers. Je n'approuve pas l'envoi d'une armée contre les régiments, ni, dans aucun cas, l'envoi d'une armée parisienne. Mais, si l'on veut absolument guerroyer, la cour a un excellent moyen de retenir le général : c'est de dire que la sûreté de la famille royale ne tient qu'à lui, que lui seul peut empêcher les émotions populaires, et qu'ainsi, il n'ait qu'à rester.

» On peut tendre, écrit-il deux jours après, un piége à sa vanité. Je sais, par Sieyès et Condorcet, qu'il fait travailler à un ouvrage destiné à séparer dans la constitution les articles fondamentaux des articles réglementaux, mais si bêtement conçu, qu'il défigure entièrement l'œuvre de l'Assemblée, réforme la plus grande partie des décrets. Il faut le pousser à présenter son plan à la tribune. S'il y consent, ce jour-là même il est perdu dans la capitale et dans les provinces.

» Et que faut-il pour le renverser? Les volontaires de la garde nationale déclament ouvertement contre lui; le peuple, dans les derniers tumultes, l'appelait déjà un traître. Il a pour ennemis dans l'Assemblée tous les ennemis du club modéré de 89... Les émo-

tions populaires, soit qu'on lui reproche de les avoir
excitées ou de ne pouvoir les empêcher, ne lui
laissent que l'alternative de la scélératesse ou de
l'incapacité, et achèvent de le ruiner dans l'opinion
publique. Il le sent si bien, qu'il est prêt à se mettre
de nouveau sous le drapeau des Barnave et des Lameth (le Jacobin), et ce dernier trait vous donne
la juste mesure de son caractère.

» Les mouvements populaires, poursuit-il le lendemain, sont la ruine de M. de Lafayette, parce que,
sans lui donner un partisan de plus, ils lui donnent
pour ennemis tous ceux qui s'irritent de la licence
et qui sont toujours prêts à l'attribuer aux fausses
mesures ou à la connivence de l'autorité. Celui qui
excite ouvertement la multitude gagne souvent l'affection publique, même par des crimes, mais celui qui
est forcé de dissimuler la part qu'il y prend pour
faire une sédition; celui qui, répondant en quelque
sorte de la tranquillité publique, est chargé d'en réprimer les perturbateurs, perd toujours à des insurrections qui le rendent également odieux aux deux
partis; car les factieux, persuadés que leurs démarches sont légitimes, appellent tyrannie la résistance
qu'on leur oppose, et les citoyens paisibles, convaincus
que les factieux sont trop ménagés, traitent de faiblesse
la prudence même qui force d'épargner le peuple.

» Les émotions populaires, si elles agitaient fréquem-
ment la capitale, auraient encore deux avantages.

» En montrant l'insuffisance de la nouvelle force publique, elles feraient désirer d'autres mesures, une autre forme de gouvernement, une meilleure distribution du pouvoir, une plus grande latitude, surtout dans l'autorité royale, et, par ce moyen, le nombre de ceux qui mettent toutes leurs espérances dans un meilleur ordre de choses augmentant d'un jour à l'autre, il deviendrait plus facile de diriger vers ce but l'opinion publique.

» D'un autre côté, les insurrections de Paris détruiraient à coup sûr l'influence de cette ville sur les provinces. Sa démagogie républicaine ne serait plus aussi dangereuse, et, s'il arrivait que le désordre fût poussé au point de faire craindre pour la sûreté du roi, les provinces seraient très facilement conduites à demander que le chef de la nation se retirât dans l'intérieur du royaume.

» Mais, pour ne parler que d'un événement plus facile à prévoir, il est possible que la honte de tolérer une insurrection à côté d'une armée de trente mille hommes porte un jour M. de Lafayette à faire tirer sur le peuple. Or, par cela seul, il se blesserait lui-même à mort. Le peuple, qui a demandé la tête de M. de Bouillé pour avoir fait feu sur des soldats révoltés, pardonnerait-il au commandant de la garde nationale, après un combat de citoyens contre citoyens?

» Quelle doit être la conduite de la cour d'après

cette théorie sur les émotions populaires? Elle doit très peu s'en affecter, parce qu'elles lui sont utiles plutôt que contraires, et qu'il est presque impossible qu'elles l'exposent à de véritables dangers.

» Paraître cependant les redouter pour avoir le droit de s'en plaindre et pour donner à M. de Lafayette l'envie de les exciter ou de les tolérer, si cela l'amuse, ou s'il croit, par ce moyen, se rendre plus nécessaire. »

V.

Pendant que Mirabeau détournait ainsi la cour de confier la répression de l'armée rebelle à Lafayette, le roi et la reine, pénétrés comme lui du danger de trop grandir un seul homme aux yeux de la nation, choisissaient le marquis de Bouillé pour marcher avec l'armée de Metz sur Nancy. Ce choix, également indiqué par Mirabeau, était une de ces inspirations à la fois honnêtes et habiles que Louis XVI recevai souvent de son cœur.

Le marquis de Bouillé était le seul de tous ces généraux de cour qui eût montré dans les diffi circonstances où les événements de la Révolution avaient placé les chefs militaires, le sang-froid, la vigueur, la franchise et le tact nécessaires à des officiers généraux placés sans cesse entre leur antique fidélité au roi et leur récente fidélité à la nation. Il

avait su être en même temps loyal et patriote; mais
il avait été surtout militaire. Sa main ferme et douce
avait contenu dans une discipline irréprochable les
régiments qui composaient son armée. Les clubs
mêmes de Metz, capitale agitée de l'artillerie française, où il résidait, l'avaient respecté. Il avait prêté
tard, mais avec sincérité, le serment civique d'obéissance à la nation. Le roi constitutionnel en était
inséparable à ses yeux. Il avouait hautement son dévouement à Louis XVI, et s'il exécutait littéralement
la constitution, c'est qu'il voyait dans cette constitution exécutée le meilleur service à rendre au roi. Ses
talents militaires étaient une partie de son ascendant
sur les troupes.

Dernière espérance du roi dans une circonstance
désespérée qui pouvait lui faire chercher asile et
salut au sein d'une armée fidèle, il était de l'intérêt du roi de le grandir par un service éclatant
rendu à la nation. La répression de la sédition militaire et civile de Nancy était la première grande occasion qui s'offrit à l'armée de rendre ce service à
la France et de confondre dans une même victoire
son obéissance au roi et son obéissance à l'Assemblée. L'armée de Metz deviendrait ainsi une armée
à la fois royale et nationale. Le roi, qui préméditait
déjà de s'y réfugier et qui avait sondé le marquis
de Bouillé par des demi-confidences, était heureux
d'opposer à la popularité toute civile de Lafayette une

popularité militaire qui contre-balancerait l'homme du
14 juillet et des journées d'octobre.

VI.

Le marquis de Bouillé se montra au niveau du rôle
qu'on lui destinait. Sûr de ses troupes, autorisé par
les décrets de l'Assemblée, il marche, sans compter
les séditieux, sur la ville et sur la garnison rebelles.
Il se grossit en route des bataillons volontaires de
gardes nationaux entraînés par l'exemple de ses régiments. La terreur et le repentir le précèdent à
Nancy.

Campé aux portes de la ville, les rebelles, plus
nombreux que ses propres troupes, lui envoient des
députations de soldats et de citoyens pour négocier
des conditions et des impunités. Il ne veut d'autre
condition que l'obéissance, et d'autre pacte avec
les révoltés que leur punition. Le régiment suisse de
Château-Vieux, plus coupable et plus menacé, veut
entraîner les autres régiments de la ville à une résistance désespérée. Les régiments complices hési-
tent; la ville se partage, les magistrats et les bons
citoyens pour la paix, la soldatesque et la populace
pour la lutte. Ils s'emparent des canons et les tournent contre l'armée de Bouillé.

Un jeune officier breton du régiment du roi se
précipite en vain à la gueule du canon pour em-

pêcher les soldats suisses de faire feu sur des Français; on l'arrache mutilé et sanglant de la bouche
du canon qu'il embrasse; le canon des révoltés mitraille les gardes nationaux et les soldats de Bouillé.
Ce feu sacrilége change l'indignation de l'armée de
Bouillé en héroïsme. Il s'éteint dans le sang des
Suisses, abandonnés par les autres régiments français. La ville, forcée, combat encore par les toits
et par les fenêtres; les Suisses, obstinés de meurtre,
jonchent de cadavres les rues de Nancy; la mitraille
seule les force à capituler dans leurs casernes. Un
conseil de guerre rassemblé sur le champ de bataille
en livre vingt-trois à la mort, un grand nombre
aux cachots, le reste à la dégradation.

Bouillé, plein d'indulgence pour les citoyens, am-
nistie et pacifie la ville. La discipline vengée, l'Assemblée obéie, le roi servi, l'humanité préservée,
l'ordre rétabli dans ces provinces, consacrent la renommée du général dans toute la France. L'héroïsme
patriotique du jeune Désilles, frappé pour le salut de
ses concitoyens, devient une confabulation populaire
imprimant l'horreur de la guerre civile dans l'âme
des populations. Il guérit de ses blessures et jouit
vivant de son histoire.

L'Assemblée, par la voix de Mirabeau, vote à
Bouillé la reconnaissance de la patrie sauvée. Lafayette lui-même, quoique affligé de n'avoir pas cette
gloire, félicite le marquis de Bouillé, son cousin; il

caresse son royalisme dans ses correspondances; s'efforçant de se montrer un zélé serviteur de la monarchie, et provoquant Bouillé à une alliance utile à tous les deux et au roi lui-même.

« Voici le moment, mon cher cousin, écrit Lafayette à Bouillé, où nous pouvons commencer l'ordre constitutionnel qui doit remplacer l'anarchie révolutionnaire. Vous êtes le sauveur de la chose publique; j'en jouis comme citoyen et comme votre ami. J'ai regardé l'exécution du décret de Nancy comme la crise de l'ordre public. »

Mirabeau sentit la double joie d'avoir humilié Lafayette et grandi un autre espoir de la royauté. Le roi entretint plus intimement avec Bouillé une correspondance mystérieuse qui préparait de loin ce général à la fuite de la famille royale hors de Paris et au concours qu'une armée fidèle aurait à prêter un jour à cette évasion.

VII.

Ce triomphe du roi et de l'Assemblée, au lieu de calmer la capitale, en redoubla les agitations. Les Jacobins et les démagogues avaient fait de la sédition soldatesque de l'armée de Nancy leur propre cause. Ils se sentirent vaincus par la défaite des révoltés. Des rassemblements organisés par les clubs de la capitale entourèrent l'Assemblée nationale pour lui reprocher ses décrets et sa victoire. Les agitateurs présentaient dans ces groupes le sang des massacres de Nancy comme le sceau d'une alliance liberticide entre le roi, Lafayette, l'Assemblée et l'armée. Les feuilles incendiaires de Marat et du comité Desmoulins soufflaient le soupçon et la vengeance au peuple. Le nom de Necker était mêlé à ceux de Lafayette, de Bouillé, de Mirabeau dans ces imprécations. Necker, lassé et intimidé de ces murmures, devenus des menaces, se retira pendant la nuit dans sa maison de plaisance de Saint-Ouen, pour mettre sa famille et lui à l'abri d'une insurrection populaire dans son hôtel.

Lafayette, par ménagement pour les Jacobins, dispersa mollement ces rassemblements. « J'ai passé ma journée, dit-il dans un billet confidentiel à..., j'ai passé ma soirée à disposer des canons et des patrouilles; la garde nationale y a mis un grand zèle. Je ne crois pas que le compte de M. de Bouillé soit arrivé pour demain. Comment trouvez-vous M. de la Tour-du-Pin, qui s'est caché dans une autre maison, et M. de Necker, qui s'était sauvé à Saint-Ouen, le tout parce qu'on faisait des motions contre eux? Bonsoir. J'ai envoyé courir après le premier ministre. »

VIII.

Le ministère, usé par le temps, effacé par l'Assemblée, attaqué par Mirabeau, accusé par les Jacobins, odieux aux royalistes, abandonné à son sort par Lafayette, ne pouvait résister à ces secousses. M. Necker n'attendait qu'un prétexte honorable pour se retirer d'un poste où il n'était plus que l'ombre de lui-même et le témoin de sa propre décadence. Il trouve ce prétexte dans les invectives du peuple qui, en tombant sur son nom, pouvaient rejaillir sur le roi. Sa personnalité fastueuse éclatait encore dans la lettre par laquelle il annonçait sa retraite à l'Assemblée :

« Ma santé, disait-il, est depuis longtemps affaiblie par une suite continuelle de travaux, de peines et d'inquiétudes. Je différais cependant, de jour à l'autre, d'exécuter le plan que j'avais formé, de profiter des restes de la belle saison pour me rendre aux eaux, dont on m'a donné le conseil absolu. N'écoutant que mon zèle et mon dévoûment, je commençais à me livrer à un travail extraordinaire pour déférer au vœu de l'Assemblée qui m'a été témoigné par le comité des finances; mais un nouveau retour que je viens d'éprouver, des maux qui m'ont mis en grand danger cet hiver, et les inquiétudes mortelles d'une femme aussi vertueuse que chère à mon cœur, me décident à ne point tarder de suivre mon plan de retraite en allant retrouver l'asile que j'ai quitté pour me rendre à vos ordres. Vous approchez à cette époque du terme de votre session, et je suis hors d'état d'entreprendre une nouvelle carrière.

» L'Assemblée m'a demandé un compte de la recette et de la dépense du trésor public depuis le 1er mai 1789 jusqu'à mai 1790. Je l'ai remis le 21 juillet dernier.

» L'Assemblée a chargé son comité des finances de l'examiner, et plusieurs membres du comité se sont partagé entre eux le travail. Je crois qu'ils auraient déjà pu connaître s'il existe quelque dépense ou quelque autre disposition susceptible de reproche, et cette recherche est la seule qui concerne essentiellement le ministre, car les calculs de détail, l'inspection des titres, la révision des quittances, ces opérations nécessairement longues, sont particulièrement applicables à la gestion des payeurs, des receveurs et des différents comptables.

» Cependant, j'offre et je laisse en garantie de mon administration ma maison de Paris, ma maison de campagne et mes fonds au trésor royal; ils consistent, depuis longtemps, en deux millions quatre cent mille livres, et je demande à retirer seulement quatre cent mille livres, dont l'état de mes affaires, en quittant Paris, me rend la disposition nécessaire.

Le surplus, je le remets sans crainte sous la sauve-
garde de la nation. J'attache même quelque intérêt
à conserver la trace d'un dépôt que je crois honorable pour moi, puisque je l'ai fait au commencement de la dernière guerre, et que, par égard pour
les besoins continuels du trésor royal, je n'ai pas
voulu le retirer au milieu des circonstances les plus
inquiétantes, où d'autres avaient l'administration des
affaires.

» Les inimitiés, les injustices, dont j'ai fait l'é-
preuve, m'ont donné l'idée de la garantie que je
viens d'offrir ; mais quand je rapproche cette pensée
de ma conduite dans l'administration des finances,
il m'est permis de la réunir aux singularités qui ont
accompagné ma vie.

» Signé NECKER.

» *P. S.* L'état de souffrance que j'éprouve en ce
moment m'empêche de mêler à cette lettre les sentiments divers qu'en cette circonstance j'eusse eu le
désir et le besoin d'y répandre. »

IX.

Ainsi disparut dans la tempête l'homme qui l'avait
suscitée. La Révolution, qui lui devait toutes ses occasions de naître, fut ingrate envers son auteur.
Obligé de fuir comme un criminel les imprécations

de Paris, reconnu et arrêté en route par la municipalité d'Arcy-sur-Aube, qui l'accusait calomnieusement
d'emporter le trésor de l'État, il fut obligé de s'adresser à l'Assemblée nationale pour en obtenir un décret
qui lui permît de s'exiler lui-même. Possesseur d'une
immense fortune et du château de Coppet sur les
bords du lac de Genève, il y entendit de loin, et à
l'abri des orages, la chute du trône et le coup de
hache qui trancha la tête de son roi. Il y vieillit
en philosophe dans l'opulence et dans la satisfaction
de lui-même, trop honnête homme pour avoir des
remords, trop obstiné pour avoir des doutes, trop
vain pour avoir des regrets. Bonaparte en passant
par Lausanne pour aller à Marengo, visitant M. Necker,
pour chercher dans ses entretiens le secret de cette
grande renommée d'homme d'État, fut étonné du
néant politique de cette âme. Tout le génie de Coppet
était dans une femme : cette femme était madame
de Staël, fille unique du vieillard, l'écrivain le plus
viril et le plus inspiré de son siècle.

Quant à M. Necker, il continua jusqu'à une extrême
vieillesse à écrire des livres médiocres avec l'emphase de sa vie, confondant, comme il avait fait en
lui, le moraliste, le politique et le financier. C'est de
ce cénacle de monsieur et de madame Necker que
sortit et que se perpétua en France ce parti plus
germanique que français de métaphysiciens et d'économistes ambitieux, qu'on appela plus tard le parti

doctrinaire, parti à deux faces, dont l'une représente e dédain de l'aristocratie pour le peuple, l'autre la haine du peuple contre l'aristocratie.

Ce parti, à l'exemple de M. Necker, son fondateur, remua deux règnes et perdit deux trônes, sans perdre sa confiance en lui-même. Funeste héritage que ce ministre des ruines laissa après lūi à la France; hommes sans cesse interposés entre la monarchie et la république, pour empêcher le peuple de grandir et les rois de régner; étroits comme une secte, dogmatiques comme une école, tour à tour agitateurs comme une démagogie de tribuns ou dominateurs comme un patriciat de lettrés; proclamant la théorie de la popularité quand elle les élève et la théorie de l'impopularité quand elle les maintient. Disciples perpétués de Necker et de Lafayette, ils ont les qualités et les défauts de l'homme qui perdit le trône et de l'homme qui ajourna la liberté.

X.

Désertés par M. Necker, attaqués à la fois par Danton dans une pétition foudroyante de l'Assemblée, méprisés à haute voix par Mirabeau, injuriés avec une éloquence vengeresse par Cazalès, les autres ministres ne pouvaient résister au choc de tant d'opinions.

On voulait faire déclarer qu'ils étaient incompatibles avec la bonne harmonie entre l'Assemblée et le roi. L'Assemblée, par cette omnipotence qu'une autre assemblée voulut usurper en 1840 à la voix de ministres congédiés et impatients d'un autre règne, allait enlever au roi la dernière indépendance du trône. Exclure les ministres, c'était les nommer. Cazalès s'indigna contre ce dernier empiétement de l'Assemblée qui détruisait tout équilibre de constitution. Son discours fut implacable contre M. Necker, déjà abattu. C'était se venger sur un cadavre.

« Ce n'est point, dit l'orateur militaire, pour défendre les ministres que je monte à cette tribune; je ne connais pas leur caractère, et je n'estime pas leur conduite. Depuis longtemps ils sont coupables, depuis longtemps je les aurais accusés d'avoir trahi l'autorité royale; car c'est aussi un crime de lèse-nation, que de livrer l'autorité qui seule peut défendre le peuple du despotisme de l'Assemblée nationale, comme l'Assemblée nationale peut seule défendre le peuple du despotisme des rois. J'aurais accusé votre fugitif ministre des finances, qui, calculant bassement l'intérêt de sa sûreté, a sacrifié le bien qu'il pouvait faire à sa propre ambition.... Je l'aurais accusé d'avoir provoqué la révolution sans avoir préparé les moyens qui pouvaient en assurer le succès et en prévenir le danger; je l'aurais accusé d'avoir

constamment dissimulé sa conduite et ses principes.
J'aurais accusé les. ministres de l'intérieur d'avoir
laissé désobéir aux ordres du roi. Je les aurais accusés tous de cette étonnante neutralité; je les aurais
accusés de leurs perfides conseils. Tout peut excuser
l'exagération de l'amour de la patrie; mais ces âmes
froides, sur lesquelles le patriotisme ne saurait agir,
qui les excuserait, lorsque ne voyant qu'eux au lieu
de voir l'État, ayant la conscience de leur impéritie
et de leur lâcheté, ces ministres, après s'être chargés
des affaires publiques, laissent à des factieux le timon
de l'État, ne se font pas justice, s'obstinent à garder
leur poste, et craignent de rentrer dans l'obscurité
dont ils n'auraient jamais dû sortir?

» Pendant les longues convulsions qui ont agité l'Angleterre, Strafford périt sur un échafaud; mais l'Europe admira sa vertu, et son nom est devenu l'objet
du culte de ses concitoyens. Voilà l'exemple que des
ministres fidèles auraient dû suivre. S'ils ne se sentent pas le courage de périr ou de soutenir la monarchie ébranlée, ils doivent fuir et se cacher. Strafford mourut. Eh! n'est-il pas mort aussi ce ministre
qui lâchement abandonna la France aux maux qu'il
avait suscités? Son nom n'est-il pas effacé de la liste
des vivants? N'éprouve-t-il pas le supplice de se sur-
vivre à lui-même et de ne laisser à l'histoire que le
souvenir de son opprobre? Quant aux serviles compagnons de ses travaux et de sa honte, objets présents

de votre délibération, ne peut-on pas leur appliquer ce vers de l'Arioste :

» Ils se tenaient encore debout, ils marchaient » encore, mais ils étaient morts ! »

Les ministres, congédiés par de si cruels adieux des hommes mêmes qu'ils avaient cherché à défendre, se retirèrent tous. Le roi en choisit d'autres au hasard ou plutôt à l'obscurité des noms, de crainte de compromettre et d'user des noms plus significatifs à son service : c'étaient des instruments de responsabilité plus que des ministres. Un avocat de Paris, nommé Duport-Dutertre, fut nommé garde des sceaux ; un officier de l'armée, Duportail, ministre de la guerre ; M. de Fleurieu, ministre de la marine ; un financier, M. Lambert, ministre des finances ; M. de Lessart, ministre de l'intérieur. Ils n'eurent, en acceptant dans un pareil moment de telles fonctions, que l'ambition du sacrifice. L'impuissance les attendait au conseil, l'insulte à l'Assemblée, l'échafaud à la fin de leur carrière.

M. de Montmorin, seul, resta ministre des affaires étrangères. La sincérité de son attachement personnel au roi, ses liaisons avec Lafayette, ses rapports secrets avec Mirabeau, Barnave, Duport, Danton lui-même, et la nécessité de garder en lui l'intermédiaire mystérieux entre ces chefs et la cour, enfin ses opinions constitutionnelles avérées, et par dessus tout la grâce habile de son caractère, lui avaient conservé des amis dans tous les partis. Ces amis, avoués ou cachés, désiraient sa présence aux affaires. Seul, il avait conquis une popularité là où M. Necker lui-même, son premier patron, avait perdu la sienne. Tant que le roi conservait M. de Montmorin au conseil pour les négociations au dehors ou pour les négociations au dedans, il était sûr de n'être ni mal conseillé ni trahi.

La reine, seule, se défiait injustement de M. de Montmorin, parce que les opinions populaires étaient des trahisons à ses yeux. La vie et la mort de cet habile et vertueux ministre démentirent assez les répugnances de la reine. M. de Montmorin était moins le ministre que l'ami du roi. Son ambition n'était que l'aptitude et le goût des affaires d'État ; sa passion n'était que l'ardeur de servir bien longtemps et partout son maître. Homme secondaire dans un temps de convulsion, il eût paru supérieur sous un règne calme. Il le fut par le caractère, par le bon sens, par le patriotisme, par la fidélité. L'histoire, ingrate pour les services obscurs, ne l'a pas assez vu dans le demi-jour où sa modestie le cachait jusqu'ici. Elle lui doit réparation d'un long oubli. Il fut le Strafford muet de Louis XVI.

XI.

Le roi ne se faisait aucune illusion sur l'assistance

qu'un pareil ministère pourrait lui prêter. Découragé depuis longtemps de toute modération dans l'Assemblée, de toute confiance dans Lafayette, de tout respect dans le peuple, il ne gouvernait plus, il conspirait. Il conspirait non contre la constitution, mais pour son salut et pour celui de la reine et de ses enfants. Son seul espoir était désormais dans Mirabeau. Mirabeau, qui avait contribué à l'expulsion des ministres usés et au choix d'un ministère nul, était en réalité le premier ministre par la pensée. Lafayette possédait le ministère agissant. C'est de ce moment que date l'ascendant presque absolu de Mirabeau sur les conseils secrets du roi. On a pu juger en lui jusqu'ici l'homme privé ; on a entendu l'orateur ; on va lire l'homme d'État. Mais quand l'homme apparaît, l'État n'est plus. Ce fut le malheur de cette destinée : elle se leva trop tard. Au moment où il fut appelé, il était impossible. Toutefois on aime à étudier dans ces conseils, quelquefois efficaces, souvent vains, toujours éloquents, du seul homme véritablement politique de la Révolution, les ressources et les impuissances mêmes du génie aux prises avec des circonstances plus fortes que lui.

« Quatre ennemis arrivent au pas redoublé : l'impôt, la banqueroute, l'armée, l'hiver. Il faut prendre un parti, je veux dire qu'il faut se préparer aux événements en les attendant, ou provoquer les événements en les dirigeant. En deux mots, la guerre

civile est certaine et peut-être nécessaire. Veut-on
la recevoir ou la faire, ou peut-on et veut-on l'empêcher ? Questions de la plus suprême importance,
sur lesquelles il faut enfin se décider, et que l'on
ne peut traiter que dans une conférence aussi longue
et libre qu'il est nécessaire pour qu'elles soient ap-
profondies et résolues. Je demande cette conférence,
quelque difficile et périlleuse qu'elle puisse être pour
moi. Comme je dois donner des paroles et en recevoir, comme il me faut, sur le but et la nature
des moyens, quelques mots que l'on n'écrit pas,
cette conférence est indispensable.

» En attendant, et dans tous les systèmes, soit
pour l'intérêt de la paix publique et de la sûreté
individuelle des deux prisonniers (le roi et la reine),
soit pour la direction de la crise aiguë qui va finir
cette longue maladie chronique par le salut ou la
mort, voici des mesures préparatoires dont le moment est venu et sur lesquelles on devrait se décider, qu'il me soit permis de le dire, quand on n'en
concevrait pas bien l'objet.

» J'ai souvent parlé de la nécessité de s'assurer
d'un noyau de force par l'armée, et je ne sais pas
si l'on m'a bien compris. Je n'ai pas entendu dire
par là qu'il fallût tout de suite réunir des régiments,
les désigner, en un mot, former des corps d'armée.
Il serait souverainement téméraire de le tenter, et
probablement impossible de l'exécuter. Mais j'ai pensé

qu'il faut, sans dispositions extraordinaires ou apparentes, prendre à cet effet des mesures tirées de l'ordre naturel des choses militaires; que l'on pourrait ainsi préparer quelques forces ou points d'appui que l'on trouverait, au besoin, déjà postés dans les lieux les plus avantageux.

» L'armée n'existe à présent qu'en régiments isolés, sans liaison militaire entre eux. Il serait très difficile et assez peu efficace de tenter de se préparer des points d'appui par la seule fidélité présumée de quelques chefs particuliers de régiments, auxquels, même pour ces premiers pas, il faudrait parler. Mais il n'y a pas un instant à perdre pour composer en idée, en intention, *in petto*, plusieurs corps de troupes et choisir pour chacun de ces corps un général qui mérite toute la confiance des Tuileries, autant par sa fidélité que par une capacité militaire, laquelle, secondée d'un jugement sain sur l'esprit du temps, puisse le diriger dans des circonstances si difficiles. »

Cette note conclut à former un noyau de troupes suisses concentrées sous le commandement du comte de la Marck, étranger dévoué à la reine et non suspect à la nation. Elle se termine par l'adjuration la plus forte à l'adoption d'un plan général et immédiat de salut.

« Mais, encore une fois, c'est la conception d'un grand plan qu'il faut arrêter, et pour cela il faut avoir un but déterminé. Les développements seront faciles, les occasions fréquentes, la prestesse et l'habileté ne manqueront pas dans le conseil secret ; des chefs même, on en trouvera. Ce que je ne vois pas encore, c'est une volonté, et je répète que je demande à aller la déterminer, c'est-à-dire démontrer que, hors de là, aujourd'hui même, il n'y a pas de salut, et si, je ne sais par quelle fatalité, on n'en convient pas, je suis réduit à déclarer loyalement que la société étant pour moi arrivée au terrible Sauve qui peut ! il faut que je pense à des combinaisons particulières, au moment où l'on rendra inutile le dévouement que je suis prêt à manifester hautement et tout entier. »

Deux jours après, il détourne, en ces termes, le roi de se laisser jeter par l'Assemblée dans la guerre étrangère :

« La dernière note, dit-il, que j'ai envoyée a causé de l'inquiétude et presque de l'effroi. Je le regarderais comme un bien salutaire, l'effroi, s'il eût produit l'activité au lieu d'aggraver l'espèce de torpeur où réduit l'infortune. Mais comment ne pas s'apercevoir qu'en aiguisant la crainte il émousse la volonté?

» Quoi qu'il en soit, il est certain que le moment est arrivé de se décider entre un rôle actif et un rôle passif ; car celui-ci, tout mauvais que je le crois, l'est moins à mes yeux que cette intercadence d'essais et de résignation, de demi-volonté et d'abattement, qui éveille les méfiances, enracine les usurpations, et flotte d'inconséquences en inconséquences.

» Et, par exemple, si vous vous êtes condamnés à un rôle passif à l'intérieur, pourquoi le ministère veut-il vous entraîner à un rôle actif à l'extérieur? Quelle détestable politique est donc celle qui va droit à transporter sur Leurs Majestés la responsabilité qui ne peut que résulter d'une périlleuse alliance, d'une guerre désastreuse, où il n'y a pas une seule chance de succès? Comment ose-t-on proposer au roi de tenter pour l'Espagne ce qu'il n'ose pas pour lui-même? Comment compromet-on son existence dans une mauvaise partie qui n'est pas la sienne? Comment, lorsqu'on frémit à l'idée d'une guerre civile, qui est le seul moyen de redonner des chefs aux hommes, aux partis, aux opinions; lorsque l'anarchie est arrivée au dernier période, ne frémit-on pas à l'idée de remuer les brandons d'une querelle extérieure, qui ne peut qu'allumer une guerre générale et vingt guerres civiles dans le royaume? Tant d'incohérence me passe, je l'avoue. Je suis stupéfait de tant de faiblesse unie à tant d'audace, et laissant à votre habile ministère sa politique profonde, je suis trop loyal, je dois trop à Vos Majestés ce que ma conscience et mes lumières m'indiquent comme la vérité, je suis trop avide du rétablissement de l'ordre, pour ne pas soutenir, dans le comité des affaires étrangères, que nous ne pouvons nous-mêler que de nous-mêmes, et que nous ne devons chercher qu'à nous maintenir en paix avec quiconque est en paix avec nous. Si vous aviez un plan, une détermination, une arrière-pensée quelconque, ah! ce serait tout autre chose, et loin de redouter les événements, même extérieurs, je les provoquerais peut-être en un certain sens; aujourd'hui il faut les éloigner à tout prix.

» Mais si la fidélité consiste quelquefois, et plus souvent que ne le pense le commun des mortels, à savoir déplaire pour servir, elle consiste aussi à braver les périls même que l'on a prévus, et que l'on aurait détournés si l'on eût été cru. Je continuerai donc à servir, autant que le permet la nature des choses, même dans le rôle passif auquel on se condamne, quelque répugnance que j'aie pour cet ordre de choses; et cette répugnance est telle que si Je m'abstiens ici d'en développer tous les dangers, ce n'est que pour épargner à votre imagination et à votre sensibilité un tableau dont la difformité vous affligerait en pure perte dès que vous vous croyez hors de mesure de rien tenter pour la chose publique et pour vous-mêmes. Mais je l'aurai toujours devant les yeux, ce hideux tableau, pour prévenir du moins quelques secousses de détail, et je gémirai qu'un si bon prince et une reine si bien douée par la nature aient été inutiles, même par le sacrifice de leur considération et de leur sûreté, à la restauration de leur pays ; jusqu'à ce que, tombant moi-même, et probablement des premiers, sous la faux du sort, je sois un exemple mémorable de ce qui est réservé aux hommes qui, en politique, devancent leurs contemporains.

» J'ai cru cette explication nécessaire, puisqu'on a trouvé deux sens à la fin de ma dernière note, et que l'on a cru pouvoir démêler une déclaration de guerre là où il n'y avait que le plus fervent abandon dans la déclaration de mes sentiments et de mes pensées. C'est un assemblage bizarre, que l'on soit effrayé sur mes conseils, précisément parce que M. de Lafayette trouve ses prisonniers trop bien conseillés depuis quelque temps ; que l'on suspecte mon dévouement, parce que j'en offre les plus périlleux témoignages, et que l'on attribue à mon animosité pour l'homme qui n'a pas cessé de vouloir m'accaparer, et avec qui je serais demain très étroitement uni si je voulais déserter la chose publique et la cause monarchique, les conseils que je ne donne que pour elles..... Non, non, je serai fidèle jusqu'au bout, parce que tel est mon caractère ; je me bornerai aux moyens temporaires et circonstanciels, puisque l'on ne veut se prêter à aucuns autres. Je vais retravailler dans l'Assemblée, puisque c'est là le centre unique d'activité ; me mêler de finances, puisque c'est là la crise la plus prochainement menaçante ; contre-miner dans l'opinion M. de Lafayette, aussi insensiblement que possible, puisque l'on se fait si gratuitement et si périlleusement son auxiliaire. Du reste, j'attendrai qu'un coup de tonnerre brise la déplorable léthargie sur laquelle je ne puis que gémir..... Sur le tout, une conférence, au fond très facile à dérober, aurait expliqué beaucoup de choses sur lesquelles il est clair qu'on ne me devine ni ne m'entend. »

XII.

Quelques semaines plus tard, il insiste sur la fondation d'un journal rédigé sous son inspection et soldé par la cour pour indiquer et discuter les articles de la constitution à reviser dans un sens monarchique.

« Montrer, dit-il, quels sont les décrets qu'il convient de réformer, et attaquer avec force les faux principes qui les ont fait adopter;

» Indiquer de nouveaux décrets pour remplacer ceux que l'on croirait devoir être réformés;

» Proposer des vues d'exécution sur plusieurs décrets que l'Assemblée n'a point assez développés;

» Prouver surtout qu'il ne peut y avoir de liberté sans obéissance à la loi, de loi sans force publique, et de force publique sans confiance dans le pouvoir exécutif;

» Déterminer quelles devront être les qualités des

membres de la seconde législature, et éclairer les peuples sur un choix aussi important ;

» Tracer les caractères qui distinguent le patriotisme de la licence, et le bon citoyen d'un factieux;

» En un mot, donner au peuple tous les avis qui peuvent lui être utiles, et détruire tous les faux bruits que des gens malintentionnés répandent sans cesse, pour le tromper, le flatter ou l'aigrir : tels seraient les principaux objets du journal que l'on propose. »

Le 15 septembre, après les mouvements tumultueux de Paris mal réprimés, il revient avec insistance sur la tactique qu'il conseille au roi et à la reine pour secouer le joug de Lafayette :

« La dernière insurrection de Paris, dit-il, confirme trop ce que j'ai dit plusieurs fois sur la démagogie de cette capitale, sur la complicité de sa garde nationale, et l'incapacité ou la perfidie de son chef, pour que je ne le fasse pas remarquer. Quatre principales circonstances ont caractérisé cet événement, et doivent servir d'instruction pour l'avenir. Les grenadiers de la garde soldée ont dit : — Ceci est une affaire particulière qui ne nous regarde pas. — Une partie de la garde volontaire s'est réunie sans armes au peuple en insurrection, et l'a secondé. — Les gardes qui ont été commandés auraient refusé d'obéir si on leur avait ordonné de s'opposer au peuple. — Enfin, M. de Lafayette, spectateur de cette étrange scène, calculant sa faiblesse, ou préférant sa popularité à son devoir, n'a pas osé se compromettre en donnant des ordres.

» Que d'autres insurrections, soit du même genre, soit d'une espèce encore plus alarmante, viennent à se former, on y retrouvera plus ou moins les mêmes circonstances ; elles auront surtout le même résultat. Ainsi, M. de Lafayette, sûr d'être obéi lorsqu'il se sert de son armée pour se faire donner des éloges, ou lorsqu'il lui demande son suffrage pour faire élire qui il lui plaît, n'a plus aucun pouvoir lorsqu'il s'agit d'empêcher des crimes. Ainsi, maître des soldats lorsqu'il menace la cour, lorsqu'il l'environne de terreur, il ne l'est plus lorsqu'il faut réprimer des séditions, lorsqu'il doit répondre de la sûreté publique.

» J'ai cru pendant quelques instants que M. de Lafayette regarderait ceci comme un très belle occasion de quitter sa place avant que sa place le quitte, mais peut-être n'aura-t-il pas assez d'esprit pour cela, ou plutôt, en lui supposant ce dessein, j'ai compté sur sa loyauté et non pas sur son hypocrisie. On pourrait l'aider à cette démarche, si le roi lui tenait à peu près ce langage de vive voix :

« Quiconque vous connaîtrait moins croirait que ce jour-là vous avez été poltron; je suis bien éloigné de le penser.

» Des malveillants pourraient dire aussi que votre secrète coalition avec les Lameth et Barnave a influé sur votre conduite, mais je ne partage pas cette méfiance.

» J'aime mieux croire que vous n'avez pas un être sûr dans votre armée, ou plutôt qu'aucun général nommé par la multitude ne sera jamais obéi, parce que le peuple croira toujours rester le maître de celui qu'il aura seul choisi pour le commander.

» Mais ce motif est une raison de plus pour que je prenne des précautions pour ma propre sûreté.

» Je ne désirais que faiblement une maison militaire; elle est aujourd'hui indispensable. Montez vous-même à la tribune, et provoquez sur-le-champ cette discussion. Vous seul pouvez dire avec succès qu'il faudrait me forcer à accepter une maison militaire quand même je ne la voudrais pas; que l'Assemblée nationale doit cette preuve de surveillance à la sollicitude des provinces.

» Vous seul pouvez attester sur votre honneur que l'habitude du respect pour la loi n'est pas encore assez forte; que la discipline de la garde nationale n'est point encore assez sûre pour laisser plus longtemps le chef de la nation sans une garde de son choix.

» Vous serez secondé, n'en doutez pas, par tout ce qu'il y a de gens sages dans l'Assemblée nationale, à qui la dernière insurrection a fait connaître la facilité de soulever le peuple et l'insuffisance de la force qui est dans vos mains.

» Dussiez-vous échouer, vous me servirez sous un autre rapport, parce que le refus d'une maison militaire demandée par vous et réclamée dans de telles circonstances tiendra les provinces en éveil sur ma propre sûreté.

» Si vous échouez, vous quitterez de vous-même votre place, et c'est dans le sein de l'Assemblée que vous la déposerez.

» Un seul mot vous montrera que ce conseil vous est utile autant qu'à moi-même. Répondez à cette question : Si une insurrection était dirigée contre moi, la reine et mon fils, et que vous ne pussiez pas me défendre parce que vous seriez abandonné d'une partie de votre armée, quoiqu'il vous restât des forces suffisantes pour me faciliter une retraite, auriez-vous assez de caractère pour prendre ce dernier moyen de me sauver ? Seconderiez-vous ma fuite dans les provinces au risque de passer pour un conspirateur, tandis que vous rempliriez le devoir le plus sacré ? Répondez... ou plutôt je vous entends. Vous resteriez pour périr en homme d'honneur à mes côtés ; mais vous craindriez, même en sauvant un roi, de passer pour un traître. »

» Observez-le avec soin, continue-t-il. Il cherchera à trouver un compliment, à éluder la question, peut-être même à faire une réponse hypocrite ; mais il est démontré pour moi qu'il est incapable de remplir le devoir le plus sacré lorsqu'il croira sa popularité compromise ; il perdra le temps à délibérer, il laissera échapper le moment, et cependant est-il autre chose que garant sur sa tête de la sûreté du roi? Je n'ai pas les mêmes devoirs, et cependant je quitterais à l'instant pour les remplir la tribune et l'Assemblée, le fauteuil même de président si je l'occupais. C'est parce que cette horrible chance tourmente depuis longtemps ma pensée· et froisse mon cœur, que je ne cesse de diriger l'attention du roi sur cet homme et de le lui représenter comme son ennemi le plus dangereux. »

L'ambiguité de l'attitude et du langage de Lafayette, langage si divers avec les divers partis, expliquait ces pressentiments de Mirabeau, non sur l'inimitié, mais sur le danger d'un tel compétiteur de la faveur nationale. Les billets confidentiels de ce général, publiés depuis sa mort, respirent un dédain voisin de la haine contre le roi et la reine, qu'il dénonçait en les protégeant.

« Il m'a paru, écrit-il, que la reine était balancée, en m'écoutant, par· des avis contraires, agitée par des instigations, qu'elle songeait à être belle dans le danger plutôt qu'à le détourner, qu'elle me haïssait. »

Mirabeau devinait avec trop de justesse les insinuations de Lafayette contre la reine et contre le roi.

« Il répand partout, écrivait-il dans sa note du 24 octobre, que lui seul a obtenu le renvoi des ministres, que lui seul, organe fidèle du peuple, intermédiaire tout-puissant entre le monarque et ses sujets, a vaincu tous les obstacles. La renommée publiera bientôt le nouveau bienfait que ce héros des deux mondes vient d'accorder au royaume. On verra donc bientôt ce même homme maître absolu du seul pouvoir qui aurait pu le renverser. Qu'il cherche des ministres attentifs à lui plaire, empressés de le servir, dociles à ses leçons, tremblants devant ses menaces, il en trouvera. Mais qu'il n'espère pas atteler à son char celui qui, ayant juré de maintenir le gouvernement monarchique, regarde la dictature sous un roi comme un crime; celui qui, ayant juré de maintenir la liberté, regarde l'obéissance à un maire du palais comme le plus honteux esclavage.

» Pourquoi répéterai-je en vain ce que j'ai dit? La capitale gouvernera le royaume, l'armée parisienne gouvernera la capitale, un chef habile gouvernera seul cette armée. Et M. de Lafayette est-il ce chef, lui jusqu'ici soldat docile de cette armée, lui que tous les factieux du royaume proclament pour leur appui, lui qui rachète un jour de fermeté par un mois ou de stupeur ou d'une popularité effrénée?

» J'ai dit : Veut-on gouverner? On ne le peut que par la majorité, et l'on ne peut influer sur la majorité qu'en se rapprochant d'elle, qu'en lui donnant le ministère qui lui paraîtra lui convenir, qu'en la forçant de le défendre, qu'en l'obligeant de composer par l'effet inévitable d'une confiance réciproque. Or, jamais un ministère de M. de Lafayette aura-t-il cette majorité? Il est des hommes, et je suis du nombre, qu'il pourra vaincre, mais que jamais il ne forcera de capituler.

» J'ai dit encore : Veut-on rester dans l'inaction ? Il n'y a de mécontents utiles que cette classe de citoyens bien intentionnés qui veulent l'ordre, mais non l'ancien ordre ; qui sont révoltés du despotisme de l'Assemblée, mais qui ne voudraient pas d'un autre despotisme ; qui périront pour le gouvernement monarchique comme pour la liberté. Or, pour être évidemment coalisé avec ces mécontents, il faut cesser de l'être avec leurs ennemis, avec ce clergé, ces possesseurs de fiefs, ces parlements, que personne ne veut plus défendre ; et, sous ce rapport, un ministère agréable à la majorité, et non dévoué à un seul homme, et non l'instrument d'une petite faction, est encore indispensable. C'est la confiance qu'il faut inspirer ; ce sont ces humiliantes barrières placées entre la nation et le roi qu'il faut renverser ; ce sont les combats entre la majorité de l'Assemblée et le ministère qu'il faut prévenir, parce qu'une telle situation, faisant croire au peuple que le roi n'est pas pour lui, perpétue les défiances, la résistance et l'anarchie, place la cour dans une minorité dangereuse et rend toujours plus nécessaire l'existence de cet homme, qui persuade au peuple que lui seul contient la cour, lorsqu'il dit à la cour que lui seul contient le peuple.

» Enfin, j'ai dit : On me demande des conseils

que je donnerais inutilement si je ne puis m'entendre avec les ministres. Fort ou faible en escrime, il me faut un terrain sur lequel je puisse appuyer le pied. Il est une foule de mesures que ni la cour ni moi ne pouvons exécuter, et que des ministres en qui l'on pourrait se fier tenteraient avec succès comme sans danger. Or, quelle confiance pourrai-je avoir dans un ministère que mon ennemi créera, soutiendra, dirigera? Je sais que j'ai tout promis, mais ai-je promis autre chose que de servir selon mes principes? Dois-je tromper pour plaire, ou me rendre inutile pour être fidèle? »

Suspendons le récit de cette politique souterraine de Mirabeau, pour suivre sa politique en plein jour à l'Assemblée, et reprendre le cours précipité des événements.

XIII.

La France, d'abord, presque unanime dans son élan vers l'application des idées de justice, de liberté légale et d'égalité civique qui faisaient le fond de la révolution, sentait de plus en plus le trouble inséparable de ces grands interrègnes d'institutions entre les abus et les réformes. Elle avait cru passer, sans autres secousses que celles des idées et des tribunes, d'un ordre social à un autre. Elle ignorait combien les conquêtes de vérités coûtent de sacrifices aux peuples assez courageux pour se démolir eux-mêmes afin de se reconstituer. Elle commençait à manquer non de courage, mais de patience.

L'aristocratie nivelée, le clergé dépossédé, l'armée vaincue ou séditieuse, la magistrature abaissée, le luxe appauvri, l'industrie, le commerce, l'agriculture languissants, le crédit public anéanti, les impôts plus multipliés et plus lourds, la banqueroute imminente aux créanciers de l'État, les factions envenimées, les journaux incendiaires, les clubs convulsifs, les émotions du peuple incessantes, la constitution ébauchée et n'offrant en perspective que des problèmes d'application, dont le doute et le dénigrement discréditaient d'avance les lois; le pouvoir royal complétement annulé devant l'omnipotence de l'Assemblée et la turbulence de l'anarchie, les récriminations des classes de la nation les unes contre les autres, les craintes de la guerre étrangère fomentées par les conspirations des princes et des nobles émigrés impatients de retour, les anathèmes de Rome suspendus sur la conscience du peuple pour venger la constitution civile du clergé, les premiers symptômes de guerre religieuse compliquant, dans l'ouest et dans le midi du royaume, la guerre civile prête à éclater, un camp de nobles et de paysans royalistes au château de Jalès, dans les montagnes fanatiques des sources de la Loire, des intrigues du comte d'Artois à Turin, nouées avec les mécontents de Lyon, des Cévennes, promettant les Piémontais auxiliaires aux royalistes de la seconde ville du royaume ; les soldats chassant leurs officiers nobles des régiments et les contraignant à l'exil ; les autres officiers s'exilant d'eux-mêmes, pour obéir à un honneur anti-patriotique qui plaçait le serment au roi au-dessus du serment au pays ; enfin ce pressentiment et ce vertige universels qui annoncent les grandes commotions civiles et qui les aggravent en les pressentant, tout précipitait la désertion et la fuite de la noblesse hors de France sur les pas des princes déjà fugitifs.

Les routes étaient couvertes de familles nobles abandonnant leurs châteaux, emportant leurs richesses, laissant derrière elles le peuple sans travail, et allant chercher hors des frontières, les uns la sécurité, les autres la vengeance. Cette guerre par l'absence était la plus menaçante pour la Révolution. Elle la dénonçait comme une terre inhabitable aux aristocraties de l'Europe ; elle l'appauvrissait de tous les trésors monnayés que les émigrés enlevaient à la circulation, et de tous les salaires que le luxe des classes riches devait aux classes laborieuses ; enfin elle allait former, sur les pieds des Alpes ou sur les bords du Rhin, des camps de proscrits, les uns entraînés, les autres implacables, sous un drapeau de guerre civile impunément arboré hors de la portée des lois.

La nation voyait avec terreur cette guerre de

protestation muette qui lui présageait une guerre bientôt déclarée. Elle connaissait les intrigues criminelles ourdies contre elle par les princes émigrés avec les cours étrangères et avec les royalistes de l'intérieur. Chaque nouvel émigré lui paraissait un conspirateur et un ennemi de plus. Une voix presque unanime s'élevait de tous les points du territoire pour demander des lois au moins temporaires contre l'émigration. On accusait, non sans raison, l'Assemblée nationale de tolérer, par un scrupule de liberté individuelle mal entendu, la désertion du pays en temps de péril public et le recrutement impuni des ennemis de la patrie. L'instinct du peuple, plus sûr en cela que les théories des législateurs, protestait de lui-même contre l'indécision et la longanimité de l'Assemblée nationale.

Un événement de mauvais présage, l'émigration des tantes du roi quittant leur famille et leur palais pour se réfugier à Rome, sous prétexte de leurs scrupules à assister aux cérémonies du culte accomplies par le clergé constitutionnel, augmenta la fermentation contre les émigrés. On crut voir la complicité du roi dans le départ de ces princesses qui tenaient de si près à son cœur. Le peuple soulevé les arrêta de lui-même à Arnay-le-Duc, comme des fugitives qui emportaient l'or et la sécurité de la nation. Le comte Louis de Narbonne, leur gentilhomme d'honneur et leur favori, fut obligé de revenir à

Paris dénoncer à l'Assemblée cette violation de la liberté par l'arbitraire d'une ville, et pour obtenir qu'on leur laissât poursuivre leur route. Des rassemblements inquiets entouraient tous les soirs le palais du Luxembourg, habité par le comte de Provence, comme pour s'opposer à son départ, dont on semait le bruit dans les groupes.

La délibération de l'Assemblée, provoquée enfin par la nécessité de se prononcer sur l'émigration, fut inopinée et hésitante. Merlin, Barnave, Lameth, tout le parti populaire de l'Assemblée, demandèrent timidement une loi répressive de la désertion des citoyens.

Aucun de ces orateurs ne parut assez sûr de son droit pour proclamer le vrai principe en pareille matière, l'omnipotence de la patrie. La théorie faible et fausse de la liberté individuelle illimitée des citoyens énerva leurs discours. Aucun d'eux ne se souvint assez que c'est la nation qui couvre le citoyen, et que le citoyen doit à son tour couvrir la patrie. L'individu n'a de droit que celui que la patrie lui donne. Il lui doit aussi, dans les circonstances vitales pour elle, le sacrifice de ses propres droits habituels, lorsque l'exercice de ces droits individuels devient un dommage et un danger pour la patrie. A ce titre, la nation peut interdire sous les peines les plus sévères et les plus justes l'émigration des citoyens qui la découvrent, la désarment ou la menacent. Que deviendrait une nation dont tous les citoyens valides émigreraient la veille d'une guerre d'invasion sous prétexte de droit illimité de locomotion? La locomotion serait le parricide. La loi qui ne sévirait pas contre cette trahison par l'absence serait une loi puérile, insensée. Le scrupule tuerait le pays.

L'Assemblée constitutionnelle, imbue des maximes absolues, et fausses parce qu'elles sont absolues, de la liberté philosophique, n'osa pas poser la borne nécessaire entre les droits de l'individu et les droits de la patrie. Chapelier, rapporteur du comité, en rapportant une proposition de loi contre l'émigration, la sapa lui-même dans son préambule.

« Ce projet, dit-il, blesse les principes, il sera hors la constitution. Nous en sommes arrivés cependant à un projet de décret, parce qu'il a fallu vous obéir; mais vous êtes prévenus que ce projet est une dictature et non une loi. Avant de vous le lire, nous prions l'Assemblée de déclarer si elle veut une loi sur l'émigration. »

C'était demander des objections et des résistances. Mirabeau, pour complaire à la cour et pour étaler des dogmes plus fastueux que vrais de liberté personnelle, se hâta de répondre à la provocation de Chapelier.

« C'est une motion d'ordre, dit-il, que je viens présenter. Je demande en outre une permission dont

j'ai rarement usé; je serai court : je demande à dire
deux mots personnels à moi. (Plusieurs voix :—Oui!
oui!) J'ai reçu depuis une heure six billets, dont la
moitié me pressent de prononcer la théorie de mes
principes; l'autre provoque une surveillance sur ce
qu'on a beaucoup appelé dans cette Assemblée la nécessité des circonstances. Je demande que dans la position où je me trouve, dans une occasion où quelqu'un
qui a servi les révolutions et qui a déjà fait trop de
bruit pour son repos... je demande, dis-je, qu'il me
soit permis de lire une page et demie (peu de discours
sont moins longs) d'une lettre adressée, il y a huit
ans, au despote le plus absolu de l'Europe. Les gens
qui cherchent les principes y trouveront quelque chose
de raisonnable, et du moins on n'aura plus le droit de
m'interroger. J'écrivais à Frédéric-Guillaume, aujour-
d'hui roi de Prusse, le jour de son avénement au
trône. Voici comment je m'exprimais :

« On doit être heureux dans vos États, sire : donnez la liberté de s'expatrier à quiconque n'est pas
retenu d'une manière légale, par des obligations particulières; donnez, par un édit formel, cette liberté.
C'est encore là une de ces lois d'éternelle équité que
la force des choses appelle, qui vous fera un honneur
infini, et ne vous coûtera pas la privation la plus
légère; car votre peuple ne pourrait aller chercher
ailleurs un meilleur sort que celui qu'il dépend de
vous de lui donner, et s'il pouvait être mieux ailleurs,

vos prohibitions de sortie ne l'arrêteraient pas. (Applaudissements de tout le côté droit et d'une partie du côté gauche.) Laissez ces lois à ces puissances qui ont voulu faire de leurs États une prison, comme si ce n'était pas le moyen d'en rendre le séjour odieux. Les lois les plus tyranniques sur les émigrations n'ont jamais eu d'autre effet que de pousser le peuple à émigrer contre le vœu de la nature le plus impérieux de tous peut-être, qui l'attache à son pays. Le Lapon chérit le climat sauvage où il est né; comment l'habitant des provinces qu'éclaire un ciel plus doux penserait-il à les quitter, si une administration tyrannique ne lui rendait pas inutiles ou odieux les bienfaits de la nature? Une loi d'affranchissement, loin de disperser les hommes, les retiendra dans ce qu'ils appelleront alors leur *bonne patrie*, et qu'ils préféreront aux pays les plus fertiles; car l'homme endure tout de la part de la Providence; il n'endure rien d'injuste de son semblable, et s'il se soumet, ce n'est qu'avec un cœur révolté. (Mêmes applaudissements.)

» L'homme ne tient pas par des racines à la terre : ainsi, il n'appartient pas au sol; l'homme n'est pas un champ, un pré, un bétail : ainsi, il ne saurait être une propriété; l'homme a le sentiment intérieur de ces vérités simples : ainsi, l'on ne saurait lui persuader que ses chefs aient le droit de l'enchaîner à la glèbe. Tous les pouvoirs se réuniraient en vain pour lui inculquer cette infâme doctrine. Le temps n'est-plus où les maîtres de la terre pouvaient parler au nom de Dieu, si même ce temps a jamais existé. Le langage de la justice et de la raison est le seul qui puisse avoir un succès durable aujourd'hui, et les princes ne sauraient trop penser que l'Amérique anglaise ordonne à tous les gouvernements d'être justes et sages, s'ils n'ont pas résolu de ne dominer bientôt que sur des déserts, ou de voir des révolutions... (Applaudissements également partagés.)

» J'ai l'honneur de proposer, non de passer à l'ordre du jour, il ne faut pas avoir l'air d'étouffer dans le silence une circonstance qui exige une déclaration solennelle, et que l'avis du comité rend très mémorable, mais de porter un décret en ces termes :

« L'Assemblée nationale, ouï le rapport de son comité de constitution, refuse d'entendre un projet de loi contre les émigrations. »

Il ne s'agissait pas de savoir si l'homme appartient à la terre, mais si le citoyen tout entier appartient à la loi, et si la loi a le droit d'interdire tout ce qui anéantit la patrie. Les orateurs démocrates ne surent ni distinguer ni répondre. Cependant Chapelier lit la loi ; elle porte « qu'en temps de trouble, il sera formé un comité de trois personnes armées du pouvoir dictatorial de permettre ou d'interdire la sortie du royaume. La peine sera la confiscation des biens. » Un soulèvement d'indignation, vrai chez les uns, feint chez les autres, fait éclater les murmures de la majorité. Mirabeau reparaît à la tribune. « J'avais la parole, » dit-il en l'enlevant à Cazalès, « et je la réclame. Ce n'est pas l'indignation, c'est la réflexion qui fait les lois ; c'est surtout elle qui doit les porter. L'Assemblée nationale n'a point fait au comité de constitution le même honneur que les Athéniens firent à Aristide, qu'ils laissèrent juge de la moralité de son projet.

» Mais le frémissement qui s'est fait entendre à la lecture du projet du comité a montré que vous étiez aussi bons juges de cette moralité qu'Aristide, et que vous aviez bien fait de vous en réserver la juridiction. Je ne ferai pas au comité l'injure de démontrer que sa loi est digne d'être placée dans le code de Dracon, mais qu'elle ne pourra jamais entrer parmi les décrets de l'Assemblée nationale de France. Ce que j'entreprendrai de démontrer, c'est que la barbarie de la loi qu'on vous propose est la plus haute preuve de l'impraticabilité d'une loi sur l'émigration. (Applaudissements du côté droit et d'une partie du côté gauche ; murmures dans le reste de l'Assemblée.)

» Je demande qu'on m'entende. S'il est des circonstances où des mesures de police soient indispensablement nécessaires, même contre les principes, même contre les lois reçues, c'est le délit de la nécessité ; et comme la société peut, pour sa conservation, tout ce qu'elle veut, que c'est la toute-puissance de la nature, cette mesure de police peut être prise par le corps législatif, et lorsqu'elle a reçu la sanction du contrôleur de la loi, du chef suprême de la police sociale, elle est aussi obligatoire que toute autre. Mais entre une mesure de police et une loi, la distance est immense. La loi sur les émigrations est, je vous le répète, une chose hors de votre puissance, parce qu'elle est impraticable, et qu'il est hors de votre sagesse de faire une loi qu'il est impossible de faire exécuter, même en anarchisant toutes les parties de l'empire. Il est prouvé par l'expérience de tous les temps qu'avec l'exécution la plus despotique, la plus concentrée dans les mains des Busiris, une pareille loi n'a jamais été exécutée, parce qu'elle est inexécutable. » (Applaudissements et murmures.)

« M. LE PRÉSIDENT. — Vous sortez de la question. »

L'orateur reprend :

« Une mesure de police est sans doute en votre puissance ; reste à savoir s'il est de votre devoir de la prononcer, c'est-à-dire si elle est utile, si vous voulez retenir les citoyens dans l'empire autrement que par le bénéfice des lois, que par le bienfait de la liberté ; car de ce que vous pouvez prendre cette mesure, il n'est pas dit que vous deviez le faire ; mais je n'entreprendrai pas de le prouver : je m'écarterais alors de la question ; elle consiste à savoir si le projet du comité doit être mis en délibération, et je le nie. Je déclare que je me croirais délié de tout serment de fidélité envers ceux qui auraient l'infamie de nom-

mer une commission dictatoriale. (Applaudissements.)
La popularité que j'ai ambitionnée et dont j'ai eu
l'honneur,.. (Quelques applaudissements épars dans
toutes les parties de la salle.—Murmures bien mar-
qués d'une partie du côté gauche.) La popularité dont
j'ai eu l'honneur de jouir comme un autre n'est pas
un faible roseau : c'est dans la terre que je veux
enfoncer ses racines sur l'imperturbable base de la
raison et de la liberté. (Applaudissements.) Si vous
faites une loi contre les émigrants, je jure de n'y
obéir jamais! (Applaudissements et murmures.)

» Voici mon projet de décret :

« L'Assemblée nationale, après avoir entendu la déclaration faite par son comité de constitution, qu'aucune loi sur les émigrants ne peut se concilier avec
les principes de la constitution, a décrété qu'elle passerait à l'ordre du jour, sans entendre préjudicier à
l'exécution des précédents décrets sur les obligations
des fonctionnaires publics. »

La discussion, longtemps encore prolongée et souvent dans le tumulte, s'établit sur la priorité à accorder, soit au projet de Mirabeau, soit à une motion
tendante à l'ajournement. Le projet de Mirabeau fut
définitivement rejeté, et l'Assemblée rendit, en terminant cette pénible séance du 28 février 1791, le
décret suivant :

« L'Assemblée nationale décrète que la loi sur les
émigrations est ajournée; que, cependant, la question

est renvoyée à des commissaires pris dans tous les comités pour examiner s'il y a lieu ou non à un projet de loi qui puisse se concilier avec la constitution, et en faire rapport mercredi 9 mars. »

« L'Europe, s'écria le baron de Menou, ami des Lameth et de Barnave, pressés d'éluder la discussion par un sarcasme, l'Europe sera bien étonnée d'apprendre que l'Assemblée nationale s'est occupée, pendant quatre jours, du départ de deux princesses qui aiment mieux entendre la messe à Rome qu'à Paris. »

XIV.

Mais la loi sur la constitution civile du clergé, suspendue par l'ajournement de la sanction du roi, loi qui faisait pénétrer le pouvoir civil non dans les actes du citoyen, mais dans la conscience du fidèle, agitait bien plus profondément encore les esprits. Le roi négociait publiquement avec la cour de Rome pour obtenir l'aveu de l'Église aux transformations administratives relatives au clergé, décrétées par l'Assemblée.

« Que le roi, répondait le souverain pontife, ne hasarde pas son salut éternel en donnant sa sanction à des décrets qui sont le scandale de la catholicité ! S'il a pu renoncer aux droits de sa couronne, il ne peut abdiquer ce qui appartient à Dieu et à son Église, dont le roi de France s'appelait le fils aîné ! »

Les évêques, encouragés à la résistance aux décrets par cette réprobation de Rome, promulguèrent une déclaration et des instructions à tous leurs diocèses, qui ordonnaient aux curés de réserver, en prêtant leur serment constitutionnel, tout ce qui touchait à la foi et à la hiérarchie de l'Église romaine. Ils déclaraient de plus qu'ils n'exécuteraient aucune des prescriptions de l'Assemblée qu'en cédant à la force et en protestant contre la violence faite aux âmes. Ces protestations sans effet dans les villes, où la philosophie dans les hautes classes, l'impiété dans les classes inférieures, l'indifférence dans toutes, avaient décrédité l'autorité du clergé, troublaient les campagnes, où l'anathème de Rome paraissait un arrêt du ciel contre les prêtres assermentés. Déjà le peuple de l'Ouest, excité surtout par les femmes, milice docile et frénétique du vieux sacerdoce, les flétrissait du nom d'apostats, leur fermait les temples comme à des profanateurs des mystères, les arrachait de l'autel, y réinstallait par des émeutes le prêtre orthodoxe et ensanglantait les églises.

Les mêmes symptômes consternaient le Midi, les Cévennes, le Vivarais, pays où les dogmes sont des passions. Ces malédictions du peuple rural contre le schisme retombaient sur la constitution d'où il était né par l'imprévoyance à la fois timide et violente de l'Assemblée. Au lieu d'affranchir les consciences en se déclarant incompétente en matière de culte, elle

les avait blessées en s'immisçant dans la discipline
et dans les rites de l'Eglise, en créant deux partis
dans la foi et en prenant ellem-ême parti dans ces
querelles. Elle avait soulevé ainsi, au nom de leur
âme en péril, des populations d'abord toutes pré-
disposées à la Révolution. Elle avait substitué une
constitution théologique à une constitution philosophique. Elle était forcée de discuter avec un pape,
des évêques, des prêtres, des fidèles, au lieu de
promulguer pour tous la liberté et l'inviolabilité des
opinions et des consciences; elle était obligée de
mentir en affectant dans ses professions de foi politiques une orthodoxie qu'elle n'avait pas dans l'esprit, et enfin, elle était obligée de persécuter pour
soutenir, au nom de la loi, une théologie constitutionnelle et profane, et un sacerdoce d'Etat contre
une théologie romaine et contre un sacerdoce de
Dieu.

L'expiation de cette faute par faiblesse ne s'était
pas fait attendre. Un clergé de cent quarante mille
prêtres dépossédés, gouvernant des millions d'âmes,
et d'autant plus puissants sur ces âmes, qu'ils
allaient paraître plus proscrits, plus fidèles et plus
martyrs, recrutait contre la constitution populaire
le peuple lui-même pour ennemi. La coalition, un
moment rompue, du trône, de l'aristocratie et de
l'Église, allait se reformer contre la Révolution, par
l'exécution de la constitution civile du clergé, parce

que l'Assemblée constituante avait eu l'hypocrisie et la faiblesse de vouloir coaliser elle-même une Église et une Révolution. Les âmes sont libres, et la liberté seule les apaise. La faveur les avilit, et la persécution les insurge. La grande simonie de l'Assemblée constituante offensait en même temps la philosophie et la foi. En pactisant avec les habitudes religieuses du peuple, en lui constituant elle-même une Église révolutionnaire contre une Église orthodoxe, elle n'avait rien obtenu qu'un schisme, des agitations et un fanatisme qui lui présageait la guerre civile.

Les philosophes et les politiques de l'Assemblée reconnaissaient leur faute, pressentaient le péril et s'efforçaient de revenir sur leurs pas, en adoucissant leurs décrets dans l'exécution et en interprétant le serment constitutionnel des prêtres dans un sens purement temporel qui laissât leur conscience libre tout en asservissant leurs actes. Les contre-révolutionnaires se félicitaient tout bas, au contraire, de ce germe de dissensions sacrées qui allait grandir avec les dissensions civiles et leur donner tôt ou tard pour auxiliaires les protestations, les agitations et les insurrections de la conscience du peuple des campagnes. Les plus habiles et les plus astucieux parmi les conseillers de la cour faisaient envisager avec une joie perverse au roi les conséquences funestes de cés décrets de l'Assemblée, et l'engageaient à les aggraver par une attitude qui laissât à l'Assemblée seule la responsabilité de ces décrets, qui témoignât au moins par le silence sa répugnance personnelle à les exécuter, et qui lui ramenât ainsi la popularité fanatique perdue par les auteurs de la persécution.

Une note secrète et machiavélique de Mirabeau à cette époque atteste aujourd'hui à l'histoire ces perfidies d'une politique que la calomnie même osait à peine soupçonner.

« On ne pouvait pas trouver, » écrit-il au roi et à la reine dans cette note, « une occasion plus favorable de coaliser un grand nombre de mécontents, de mécontents d'une plus dangereuse espèce, et d'augmenter la popularité du roi aux dépens de celle de l'Assemblée nationale.

» Il faut pour cela :

» 1º Provoquer le plus grand nombre d'ecclésiastiques fonctionnaires publics à refuser le serment ;

» 2º Provoquer les citoyens actifs des paroisses, qui sont attachés à leurs pasteurs, à se refuser aux réélections ;

» 3º Porter l'Assemblée nationale à des moyens violents contre ces paroisses, tels que faire mander à la barre les officiers municipaux des grandes villes, de casser les municipalités, et de requérir le roi d'employer la force publique pour faire exécuter les décrets ;

» 4º Empêcher que l'Assemblée n'adopte des palliatifs qui lui permettraient de reculer d'une manière insensible et de conserver sa popularité ;

» 5° Présenter en même temps tous les projets de décrets qui tiennent à la religion, et surtout provoquer la discussion sur l'état des juifs d'Alsace, sur le mariage des prêtres et sur le divorce, pour que le feu ne s'éteigne point par défaut de matières combustibles. Je sais qu'on ne peut pas intervertir l'ordre du jour, qui est fixé pour une semaine entière, mais il suffirait de faire une simple motion sur ces objets, et d'en demander le renvoi au comité de constitution. Le peuple connaîtrait par là le système religieux de l'Assemblée, et la classe des mécontents ne pourrait que s'accroître;

» 6° Joindre à cet embarras celui du sacre d'un évêque;

» 7° S'opposer à toute adresse où l'on énoncerait que l'Assemblée n'a pas voulu toucher au spirituel, soutenir pour cela qu'elle doit compte de ce qu'elle a fait et non de ce qu'elle a voulu faire;

» 8° Quand on en serait venu à l'emploi de la force publique, provoquer des pétitions dans les départements pour s'y opposer.

» Il est impossible de se dissimuler l'embarras où se trouverait l'Assemblée si toutes ces mesures concouraient en même temps. D'abord, la vente des biens ecclésiastiques serait nécessairement retardée; les ennemis de l'Assemblée auraient un point de ralliement dans leurs opinions; la force publique échouerait contre la résistance, et la licence dans quelques parties du royaume parviendrait au dernier degré. — L'Assemblée ne pourrait plus reculer, parce qu'il serait impossible de concilier les réélections faites dans quelques endroits avec le refus de réélire dans d'autres; car le parti qui résisterait regarderait les nouveaux élus comme des intrus et des schismatiques. Le roi se serait conduit avec beaucoup de popularité dans toute cette affaire, et si, obtenant dans cet intervalle plus de liberté qu'il n'en a dans ce moment, il convoquait une autre législature pour remédier aux maux du royaume, par cela seul le but que l'on s'est proposé serait assuré.

» Je fais ces réflexions parce que l'Assemblée doit s'occuper aujourd'hui d'une mesure absolument différente : on veut donner des explications au clergé et décider que les curés ne sont pas tellement déchus de leurs fonctions, pour n'avoir pas prêté le serment, qu'ils ne doivent les continuer jusqu'à leur réélection.

» Le premier moyen paraîtra insuffisant aux évêques; mais il rendra plus facile le serment des curés, et l'on diminuera la résistance.

» Le second moyen n'est que le préparatif d'une seconde rétractation. Or, il faut empêcher, au contraire, l'Assemblée de reculer jusqu'à ce que son impopularité soit entière.

» Au lieu de ces moyens, si ceux que j'indique ne sont point approuvés, il faudrait du moins faire proposer par quelque député de rétracter nettement le décret du 27 novembre.

» L'orateur dirait : En ordonnant aux curés de continuer leurs fonctions, vous les exposez à des dangers ; vous ne voulez d'ailleurs que préparer une rétractation plus complète, car que ferez-vous si les peuples refusent de réélire ? Forcerez-vous la conscience des citoyens actifs, vous qui avez décrété la liberté des opinions religieuses ? Et, en supposant que vous ne les forciez pas, vous allez tomber dans une injustice bien étrange ; il y aura des réélections dans le royaume; ainsi une partie des fonctionnaires publics conserveront leurs places sans avoir prêté leur serment, et d'autres les auront perdues pour ne l'avoir pas prêté. Vous ne pouvez prévenir cette bigarrure qu'en rétractant votre décret.

» Quand même cette opinion ne passerait pas, il serait bien utile qu'elle fût dans les journaux. Ce serait une date prise. »

XV.

On voit, par ces criminelles insinuations de Mirabeau à la cour, que sa politique, désormais vendue à la contre-révolution, ne reculait plus ni devant la guerre civile ni devant la guerre religieuse pour rendre des partisans à tout prix à la monarchie. Il poussait ses services jusqu'au crime. Mais les dissensions religieuses n'avaient déjà plus besoin de crime pour s'envenimer ; elles menaçaient d'incendier le royaume et la révolution elle-même. Les esprits droits et les cœurs honnêtes, dans l'Assemblée, sentaient la nécessité d'étouffer ces ferments d'agitation. Elle reprit, le 26 décembre, la discussion sur les matières religieuses. L'abbé Grégoire, prêtre fervent, quoique révolutionnaire exalté, monte à la tribune pour interpréter dans un esprit de conciliation les décrets, et pour exhorter le clergé rebelle à un serment qui n'impliquait, selon lui, la renonciation à aucune vérité dogmatique. On l'écoutait avec cette faveur qui accueille, dans les assemblées anxieuses, les pensées de paix.

« Messieurs, dit l'abbé Grégoire, disposé, ainsi qu'un grand nombre de confrères, à prêter le serment ordonné par votre décret du 27 du mois dernier, permettez qu'en leur nom je développe quelques idées qui, peut-être, ne seront pas inutiles dans les circonstances actuelles.

» On ne peut se dissimuler que beaucoup de pasteurs très estimables, et dont le patriotisme n'est point équivoque, éprouvent des anxiétés, parce qu'ils craignent que la constitution française ne soit incompatible avec les principes du catholicisme. Nous sommes aussi inviolablement attachés aux lois de la religion qu'à celles de la patrie. Revêtus du sacerdoce, nous continuerons de l'honorer par nos mœurs ; soumis à cette religion divine, nous en serons constamment les missionnaires; nous en serions, s'il le fallait, les martyrs ! Mais après le plus mûr, le plus sérieux examen, nous déclarons ne rien apercevoir dans la constitution civile du clergé qui puisse blesser les vérités saintes que nous devons croire et enseigner.

» Ce serait injurier, calomnier l'Assemblée nationale, que de lui supposer le projet de mettre la main à l'encensoir ! A la face de la France, de l'univers, elle a manifesté solennellement son profond respect pour la religion catholique, apostolique et romaine. Jamais elle n'a voulu priver les fidèles d'aucun moyen de salut; jamais elle n'a voulu porter la moindre atteinte au dogme, à la hiérarchie, à l'autorité spirituelle du chef de l'Église : elle reconnaît que ces objets sont hors de son domaine. Dans la nouvelle circonscription des diocèses, elle a voulu seulement déterminer des formes politiques plus avantageuses aux fidèles et à l'État; le titre seul de *constitution civile du clergé* énonce suffisamment l'intention de l'Assemblée nationale.

» Nulle considération ne peut donc suspendre l'émission de notre serment. Nous formons les vœux les plus ardents pour que, dans toute l'étendue de l'empire, nos confrères, calmant leurs inquiétudes, s'empressent de remplir un devoir de patriotisme si propre à porter la paix dans le royaume et à cimenter l'union entre les pasteurs et les ouailles ! »

Après ces paroles, il prononça le serment ainsi conçu :

« Je jure de veiller avec soin aux fidèles dont la direction m'est confiée. Je jure d'être fidèle à la nation, à la loi et au roi. Je jure de maintenir de tout mon pouvoir la constitution française décrétée par l'Assemblée nationale et acceptée par le roi, et notamment les décrets relatifs à la constitution civile du clergé. »

Soixante-deux prêtres de l'Assemblée, quittant leurs places au bruit des applaudissements de leurs collègues, montent à la tribune et prêtent le serment de paix. Les autres restent immobiles sous les yeux de leurs évêques, et semblent hésiter entre une conscience qui leur interdit ce sacrifice à la concorde et une conscience qui leur reproche de se faire l'occasion d'une guerre civile. On nomme un comité chargé de rédiger au peuple français une explication rassurante des intentions de l'Assemblée, véritable mandement laïque d'une assemblée réfutant les mandements des évêques. Mirabeau, quoique étranger à ce comité, se charge de rédiger cette exhortation, plus insidieuse que sincère, au clergé catholique. On vient de voir, dans sa note au roi, qu'il voulait plutôt envenimer la plaie que la guérir en y touchant. Ce discours, pour lequel il fut aidé, dit-on, par l'abbé Lamourette, théologien érudit, mais politique inhabile, produisit dans l'Assemblée même les

orages que l'orateur voulait semer dans le sanctuaire et dans les provinces.

« Français ! lut à la tribune Mirabeau avec une
solennité de ton et de visage destinée à voiler l'as-
tuce, au moment où l'Assemblée nationale coordonne
le sacerdoce à vos lois nouvelles, afin que, toutes les
institutions de l'empire se prêtant un mutuel appui,
votre liberté soit inébranlable, on s'efforce d'égarer
la conscience des peuples ; on dénonce de toute part
la constitution civile du clergé, décrétée par vos représentants, comme dénaturant l'organisation divine
de l'Église chétienne, et ne pouvant subsister avec
les principes consacrés par l'antiquité ecclésiastique.

» Ainsi, nous n'aurions pu briser les chaînes de
notre servitude sans secouer le joug de la foi ! Non ;
la liberté est loin de nous prescrire un si impraticable sacrifice ! Regardez, ô concitoyens ! regardez
cette Église de France, dont les fondements s'enlacent
et se perdent dans ceux de l'empire lui-même ; voyez
comme elle se régénère avec lui, et comme la liberté,
qui vient du ciel aussi bien que notre foi, semble
montrer en elle la compagne de son éternité et de
sa divinité ! Voyez comme ces deux filles de la
raison souveraine s'unissent pour développer et remplir toute la perfectibilité de votre sublime nature,
et pour combler votre double besoin d'exister avec
gloire et d'exister toujours !

» On nous reproche d'avoir refusé de décréter explicitement que la religion catholique, apostolique et romaine est la *religion nationale ;*

» D'avoir changé, sans l'intervention de l'autorité ecclésiastique, l'ancienne démarcation des diocèses, et troublé par cette mesure, ainsi qu'en plusieurs autres points de l'organisation civile du clergé, la puissance épiscopale ;

» Enfin, d'avoir aboli l'ancienne forme de nomination des pasteurs, et de la faire déterminer par l'élection des peuples.

» A ces trois points se rapportent toutes les accusations d'irréligion et de persécution dont on voudrait flétrir l'intégrité, la sagesse et l'orthodoxie de vos représentants. Ils vont répondre, moins pour se justifier que pour prémunir les vrais amis de la religion contre les clameurs hypocrites des ennemis de la révolution. (Nombreux applaudissements.)

» Déclarer *nationale* la religion chrétienne eût été flétrir le caractère le plus intime et le plus essentiel du christianisme. En général la religion n'est pas, elle ne peut être un rapport social ; elle est un rapport de l'homme privé avec l'Être infini. Comprendriez-vous ce qu'on voudrait vous dire si l'on vous parlait d'une *conscience nationale ?* Eh bien ! la religion n'est pas plus *nationale* que la conscience, car un homme n'est pas véritablement religieux parce qu'il est de la religion d'une nation, et quand il n'y aurait qu'une religion dans l'univers, et que tous les hommes se seraient accordés pour la professer, il serait encore vrai que chacun d'eux n'aurait un sentiment sincère de religion qu'autant que chacun serait de la sienne, c'est-à-dire qu'autant qu'il suivrait encore cette religion universelle quand le genre humain viendrait à l'abjurer. (Applaudissements.)

» Ainsi, de quelque manière qu'on envisage une religion, la dire *nationale* c'est lui attribuer une dénomination insignifiante ou ridicule.

» Serait-ce comme juge de sa vérité ou comme juge de son aptitude à former de bons citoyens que le législateur rendrait une religion constitutionnelle? Mais d'abord y a-t-il des vérités nationales? En second lieu, peut-il jamais être utile au bonheur public que la conscience des hommes soit enchaînée par la loi de l'État? La loi ne nous unit les uns aux autres que dans les points où nous nous touchons; or, les hommes ne se touchent que par la superficie de leur être; par la pensée et la conscience, ils demeurent isolés, et l'association leur laisse à cet égard l'existence absolue de la nature. (Nouveaux applaudissements.)

» Enfin, il ne peut y avoir de national dans un empire que les institutions établies pour produire des effets politiques, et la religion n'étant que la correspondance de la pensée et de la spiritualité de l'homme avec la pensée divine, avec l'esprit universel, il s'ensuit qu'elle ne peut prendre sous ce rapport aucune forme civile ou légale. Le christianisme,

principalement, s'exclut par son essence de tout système de législation locale. Dieu n'a pas créé ce flambeau pour prêter des formes et des couleurs à l'organisation sociale des Français; mais il l'a posé au
milieu de l'univers pour être le point de ralliement
et le centre d'unité du genre humain. Que ne nous
blâme-t-on aussi de n'avoir pas déclaré que le soleil
est l'*astre de la nation*, et que nul autre ne sera reconnu devant la loi pour régler la succession des nuits
et des jours! (Vifs applaudissements.)

» Ministres de l'Évangile, vous croyez que le
christianisme est le profond et éternel système de
Dieu; qu'il est la raison de l'existence d'un univers
et d'un genre humain; qu'il embrasse toutes les
générations et tous les temps; qu'il est le lien d'une
société éparse dans tous les empires du monde, et
qui se rassemblera des quatre vents de la terre pour
s'élever dans les splendeurs de l'inébranlable empire
de l'éternité (Le côté gauche applaudit; plusieurs
membres du côté droit se prennent à rire.); et avec
ces idées si vastes, si universelles, si supérieures à
toutes les localités humaines, vous demandez que, par
une loi constitutionnelle de notre régime naissant, ce
christianisme, si fort de sa majesté et de son antiquité, soit déclaré la religion des Français! Ah! c'est
vous qui outragez la religion de nos pères! Vous
voulez que, semblable à ces religions mensongères
nées de l'ignorance des hommes, accréditées par les

dominateurs de la terre et confondues dans les institutions politiques comme un moyen d'oppression,
elle soit déclarée la religion de la loi et des cé-
sars ! »

Après cette profession de christianisme hypocrite et
déclamatoire, Mirabeau, dans une longue argumen-
tation, justifie l'économie et l'orthodoxie des décrets.
Puis, injuriant les évêques nommés en vertu de l'investiture pontificale :

« Et c'est ce concordat irréligieux, dit-il, cette
convention simonique, qui, au temps où elle se fit,
attira sur elle tous les anathèmes du sacerdoce français; c'est cette stipulation criminelle de l'ambition
et de l'avarice, ce pacte ignominieux qui imprimait
depuis des siècles aux plus saintes fonctions la tache
honteuse de la vénalité, qu'aujourd'hui nos prélats
ont l'impudeur de réclamer au nom de la religion,
à la face de l'univers, à côté du berceau de la liberté,
dans le sanctuaire même des lois régénératrices de
l'empire et de l'autel ! (Murmures du côté droit; applaudissements du côté gauche.)

» Mais, dit-on, le choix des pasteurs, confié à la
disposition du peuple, ne sera plus que le produit de
la cabale !

» Parmi les plus implacables détracteurs du rétablissement des élections, combien en est-il à qui nous
pourrions faire cette terrible réponse : — Est-ce à
vous d'emprunter l'accent de la piété pour condam-

ner une loi qui vous assigne des successeurs dignes
de l'estime et de la vénération de ce peuple qui n'a
cessé de conjurer le ciel d'accorder à ses enfants un
pasteur qui les console et les édifie? Est-ce à vous
d'invoquer la religion contre la stabilité d'une constitution qui doit en être le plus inébranlable appui,
vous qui ne pourriez soutenir un seul instant la vue
de ce que vous êtes, si tout à coup l'austère vérité
venait à manifester au grand jour les ténébreuses et
lâches intrigues qui ont déterminé votre élévation à
l'épiscopat (Applaudissements du côté gauche.); vous
qui êtes les créatures de la plus perverse administration; vous qui êtes le fruit de cette iniquité effrayante
qui appelait aux premiers emplois du sacerdoce ceux
qui croupissaient dans l'oisiveté et l'ignorance, et qui
fermaient impitoyablement les portes du sanctuaire
à la portion sage et laborieuse de l'ordre ecclésiastique? »

L'indignation et le scandale que cherchait l'orateur au fond des âmes, sous une feinte invocation à
la paix, éclate à ces apostrophes parmi les membres
du clergé et parmi les royalistes. Il se réjouit de
leur colère, présage de la colère des catholiques dans
les provinces; il poursuit :

« Ah! tremblons que cette supputation de l'incrédulité ne soit fondée sur les plus alarmantes vraisem-
blances ! Ne croirait-on pas que tous ceux qui se font
une étude de décrier comme attentatoire aux droits

de la religion le procédé que vos représentants ont suivi dans l'organisation du ministère ecclésiastique; ne croirait-on pas qu'ils ont le même but que l'impie, qu'ils prévoient le même dénouement, et qu'ils sont résolus à la perte du christianisme, pourvu qu'ils soient vengés et qu'ils aient épuisé tous les moyens de recouvrer leur puissance et de vous replonger dans la servitude? (Tandis que le côté gauche applaudit, M. l'abbé Maury indigné se lève, salue l'Assemblée et se retire accompagné et suivi successivement de plusieurs autres ecclésiastiques.)

» C'est-à-dire, reprend Mirabeau, que la seule différence qui distingue ici la doctrine irréligieuse de l'aristocratie ecclésiastique, c'est que la première ne souhaite la ruine de la religion que pour rendre plus sûr le triomphe de la constitution et de la liberté, et que la seconde ne tend à la destruction de la foi que dans l'espoir de la voir entraîner dans sa chute la liberté et la constitution de l'empire. L'une n'aspire à voir la foi s'éteindre parmi nous qu'en croyant qu'elle est un obstacle à la parfaite délivrance des hommes; l'autre expose la foi aux plus grands dangers dans le dessein de vous ravir ce que vous avez reconquis de vos droits, et de jouir encore une fois de votre abaissement et de votre misère. Enfin, l'une ne hait dans la religion que ce qui paraît y consacrer des principes favorables aux tyrans, et l'autre la livre volontairement à tous les hasards d'un choc dont elle attend le retour de la tyrannie et la renaissance de tous les ordres. Ainsi, l'esprit d'humanité, qui se mêle aux entreprises de l'incrédulité contre l'Évangile, en adoucit et en fait en quelque sorte pardonner la témérité et l'injustice; mais comment pourrait être excusé notre sacerdoce du mal qu'il fait à la religion pour renfoncer les hommes dans le malheur, et recouvrer une puissance dont la privation soulève toutes ses passions et contrarie toutes ses habitudes!

» O vous qui êtes de bonne foi avec le ciel et votre conscience, pasteurs qui n'avez balancé jusqu'à ce jour à sceller de votre serment la nouvelle constitution civile du clergé que par l'appréhension sincère de vous rendre complices d'une usurpation, rappelez-vous ces temps anciens où la foi chrétienne, réduite à concentrer toute sa majesté et tous ses trésors dans le silence et les ténèbres des cavernes, tressaillait d'une joie si pure lorsqu'on venait annoncer à ces pontifes austères et vénérables le repos du glaive de la persécution; lorsqu'on leur apprenait la fin d'un règne cruel et l'avénement d'un prince plus humain et plus sage; lorsqu'ils pouvaient sortir avec moins de frayeur des cavités profondes où ils avaient érigé leurs autels pour aller consoler et affermir la piété de leurs humbles disciples, et laisser jaillir de dessous terre quelques étincelles du flambeau divin dont ils gardaient le précieux dépôt! Or, supposons que l'un de ces hommes vénérables, sortant tout à coup de ces catacombes antiques où sa cendre est confondue avec celle de tant de martyrs, vienne aujourd'hui contempler au milieu de nous la gloire dont la religion s'y voit environnée, et qu'il découvre d'un coup d'œil tous ces temples, ces tours, qui portent si haut dans les airs les éclatants attributs du christianisme, cette croix de l'Evangile qui s'élance du sommet de tous les départements de ce grand empire... Quel spectacle pour les regards de celui qui, en descendant au tombeau, n'avait jamais vu la religion que dans les antres des forêts et des déserts! quels ravissements! quel transports! Je crois l'entendre s'écrier, comme autrefois cet étranger à la vue du camp du peuple de Dieu : *O Israël! que vos tentes sont belles! O Jacob! quel ordre, quelle majesté dans vos pavillons!*...

» Calmez donc, ah! calmez vos craintes, ministres du Dieu de paix et de vérité! Rougissez des exagérations incendiaires, et ne voyez plus notre ouvrage à travers vos passions !

» (Une voix au milieu des murmures du côté droit : — C'est sonner le tocsin !)

» Nous ne vous demandons pas de jurer contre la loi de votre cœur.... (Murmures.) mais nous vous demandons, au nom du Dieu saint qui doit nous juger tous, de ne pas confondre des opinions humaines et des traditions scolastiques avec les règles

inviolables et sacrées de l'Évangile. S'il est contraire
à la morale d'agir contre sa conscience, il ne l'est
pas moins de se faire une conscience d'après des
principes faux et arbitraires : l'obligation de *faire*
sa conscience est antérieure à l'obligation de *suivre*
sa conscience ; les plus grands malheurs publics ont
été causés par des hommes qui ont cru obéir à Dieu
et sauver leur âme. (Applaudissements.)

» Et vous, adorateurs de la religion et de la patrie,
Français! peuple fidèle et généreux, peuple fier, mais
reconnaissant, voulez-vous juger les grands changements qui viennent 'de régénérer ce vaste empire?
Contemplez le contraste de votre état passé et de
votre situation à venir. Qu'était la France, il y a peu
de mois? Les sages y invoquaient la liberté, et la
liberté était sourde à la voix des sages ; les chrétiens
éclairés y demandaient où s'était réfugiée l'auguste
religion de leurs pères, et la vraie religion de l'Évangile ne s'y trouvait pas! Nous étions une nation sans
patrie, un peuple sans gouvernement et une Église
sans caractère et sans régime!... »

A ces mots qui torturent la foi jusque dans les
consciences les plus muettes, Camus, qui veut, comme
Grégoire, sauver la foi chrétienne de la révolution
politique, se lève, se révolte et s'écrie qu'on ne peut
écouter plus longtemps les abominations irréligieuses
dont le comité a laissé infecter son instruction au
peuple. « Je demande, dit-il, qu'on lève la séance

et qu'on renvoie son adresse au comité pour la pu-
rifier de ces scandales! »

Un violent tumulte s'élève à la protestation de
Camus. Les invectives du côté droit assaillent Mirabeau, les encouragements du côté gauche l'affermis-
sent, le murmure des deux partis étouffe sa voix,
vingt orateurs s'élancent à la fois de leurs places
pour escalader la tribune; on s'apostrophe de la
voix, on se menace du geste, on se foudroie du
regard ; la guerre civile semble jaillir du discours
médité pour la prévenir. On soutient que le comité,
composé d'hommes sages, n'a pu tolérer les invectives de son rédacteur contre la religion de la nation,
et que Mirabeau a travesti, en la lisant, l'instruction
patriotique qu'on l'a chargé de lire.

Il se justifie en affirmant que son manuscrit, sans
rature et sans altération, est le même qu'il a soumis
au comité, et qu'il le déposera sur la tribune en finissant, pour qu'on s'assure de la conformité du texte
approuvé aux paroles prononcées. Il disait vrai, mais
on ignorait ce que la tribune ajoute de retentissement
et d'émotion aux paroles qu'on y prononce. La tribune grossit le sens comme le son ; elle est la perspective des paroles. Ce qui n'est que trivialité en bas
devient scandale en haut.

Mirabeau l'éprouva. La colère sainte des uns, l'indignation feinte des autres, le respect humain de
tous, couvrirent de murmures le reste de son adresse

aux Français. Il poursuivit, à travers les interruptions, les apostrophes et les dégoûts de l'auditoire :

« Voyez, dit-il, ce sacerdoce méditant sans cesse des moyens pour s'emparer de la force publique, pour la déployer contre ceux qui l'ont dépouillé de ses anciennes usurpations, pour remonter sur le trône de son orgueil, pour faire refluer dans ses palais un or qui en était le scandale et la honte ! (Murmures à droite, applaudissements à gauche.) Voyez avec quelle ardeur il égare les consciences, alarme la piété des simples, effraie la timidité des faibles, et comme il s'attache à faire croire au peuple que la Révolution et la religion ne peuvent subsister ensemble !

» Or, le peuple finira par le croire, en effet, et, balancé dans l'alternative d'être chrétien ou libre, il prendra le parti qui coûtera le moins à son besoin de respirer de ses anciens malheurs. Il abjurera son christianisme, il maudira ses pasteurs, il ne voudra plus connaître ni adorer que le Dieu créateur de la nature et de la liberté. Et, alors, tout ce qui lui retracera le souvenir du Dieu de l'Evangile lui sera odieux ; il ne voudra plus sacrifier que sur l'autel de la patrie ; il ne verra ses anciens temples que comme des monuments qui ne sauraient plus servir qu'à attester combien il fut longtemps le jouet de l'imposture et la victime du mensonge ! (Des murmures s'élèvent des deux côtés.) Il ne pourra donc plus souffrir que le prix de sa sueur et de son sang soit appliqué aux dépenses d'un culte qu'il rejette, et qu'une portion immense de la ressource publique soit attribuée à un sacerdoce conspirateur. Et voilà comment cette religion, qui a résisté à toutes les controverses humaines, était destinée à s'anéantir dans le tombeau que lui creuseraient ses propres ministres ! »

On entendait dans ces paroles la prophétie des jours prochains de reniement et de persécution contre l'Eglise. C'est l'Assemblée constituante qui les préparait à son insu par sa faiblesse. En conservant au culte ses priviléges de culte national, elle lui suscitait d'avance les animosités, les vicissitudes, les renversements des institutions humaines. Fonder le temple de Dieu sur le sol qui porte les trônes ou les républiques, c'est l'exposer à tous les tremblements du globe. Mirabeau le savait et n'osait pas le dire. Il injuriait l'institution religieuse du christianisme, qu'il fallait simplement séparer des institutions politiques. Ses injures provoquaient à la guerre civile ; la liberté aurait contraint à la paix.

XVI.

L'Assemblée ne voulut pas entendre jusqu'au bout. Elle rejeta ce projet d'adresse et chargea son comité ecclésiastique de rédiger simplement une instruction

légale au peuple pour le rassurer contre les impu-
tations de schisme attribuées à la constitution civile.
Cette instruction émanée de législateurs profanes n'a-
paisa rien. Les fidèles n'écoutaient que les évêques.
Le peuple flottait, selon sa piété ou son impiété lo-
cales, entre les prêtres assermentés et les prêtres
insoumis à la loi. A Paris, on accusait le roi de
perpétuer l'indécision des provinces et la rébellion
des prêtres en suspendant sa sanction de la constitution civile du clergé.

Cette suspension n'était pas seulement dans le roi
une manœuvre politique conseillée par Mirabeau, elle
était aussi et surtout un scrupule honnête et sincère
de sa conscience. Le catholicisme faisait partie de la
royauté dans la famille des Bourbons. L'éducation des
princes appartenait exclusivement à l'Eglise. Ses ministres étaient les premiers grands officiers du palais.
Désavouer leur culte natal, c'était, pour ainsi dire,
apostasier leur propre nature. Bien que Louis XVI
eût vécu et régné entouré de ministres incrédules,
protestants ou philosophes, tels que M. de Maure-
pas, Turgot, M. de Calonne, Necker, le cardinal de
Brienne, M. de Malesherbes, surtout, le familier et
le complice fervent de la philosophie anti-chrétienne
du siècle, il n'avait jamais abjuré intérieurement les
dogmes et les pratiques du culte de sa jeunesse et
de ses pères. Son imagination aride et son esprit
soumis aux règles lui faisaient conserver ses principes

comme une sainte discipline du trône. Il était, par sa nature, plus enclin à l'indifférence qu'au fanatisme ou à l'impiété en matière de foi.

La reine, qui maniait son âme comme sa volonté, n'avait pas incliné cette âme à la piété. Futile et irréfléchie au milieu d'une société qui écartait d'elle les pensées graves, elle avait traversé sa jeunesse sans autre souci que celui du plaisir et du pouvoir. Le malheur l'avait surprise en sursaut; mais son énergie naturelle l'avait portée à la colère plus qu'à la résignation : elle luttait, elle ne priait pas encore.

Le roi, au contraire, ayant plus besoin d'appui, parce qu'il était plus faible, avait cherché, depuis les journées d'octobre, sa force, sa lumière, sa consolation dans sa foi. Il passait, tous les jours, des heures solitaires dans le recueillement, dans la prière et dans la récitation des psaumes. Un petit cabinet de lecture, éclairé d'une seule demi-fenêtre sur le jardin et creusé dans l'épaisseur des murs du château des Tuileries, était devenu son oratoire. On l'y surprenait souvent à genoux ou lisant les livres de prières de l'ordre du Saint-Esprit, dont il était le chef. Il assistait, avec une consolation de jour en jour plus visible, au sacrifice et aux mystères de la religion dans sa chapelle publique. Il avait un prêtre confidentiel, logé dans le palais, aux pieds duquel il confessait souvent ses fautes et cherchait les con-

solations d'en haut. L'infortune l'avait refoulé dans
la piété, ce refuge des âmes méconnues.

Mais sa raison élevée le défendait de tout fanatisme. Il distinguait en lui l'homme du roi. Il savait
qu'à ce titre de roi d'un royaume troublé par les
dissensions civiles, il devait concéder aux nécessités
politiques et à la paix du royaume tout ce qui ne
serait pas une apostasie de sa foi. Nul homme n'aurait été plus propre que lui à fonder pour tous ses
peuples la liberté de conscience, pourvu qu'on lui
laissât à lui-même la liberté de croire et de prier
selon ses convictions. Les réformes de la constitution
civile du clergé ne lui paraissaient pas des schismes,
tant qu'elles n'étaient pas condamnées comme schismes par l'autorité de l'Eglise. Mais il tremblait que
le pape, en déclarant ce schisme, ne séparât son
royaume et lui-même de la communion des fidèles
et ne l'obligeât à choisir entre son trône et son
salut.

Indépendamment de son ambassadeur public à
Rome, il avait auprès du pape des négociateurs secrets, chargés de représenter au souverain pontife
les difficultés de sa situation entre la Révolution et
l'Eglise, d'implorer l'ajournement des foudres ro-
maines contre des innovations que la nécessité l'obligeait, sous peine de détrônement, à tolérer, et d'obtenir, même en cas de rupture ouverte avec Rome,
qu'il n'encourût point comme fidèle les peines spiri-

tuelles fulminées contre lui comme roi. Des attroupements injurieux sous ses fenêtres, pour lui arracher
la sanction de la constitution civile, lui faisaient
envisager ces extrémités comme prochaines. Les discussions de plus en plus passionnées de l'Assemblée
sur le culte, et l'agitation croissante des provinces,
le confirmaient trop dans cette prévision. Rien n'atteste qu'il fomentât lui-même ces agitations pour en
profiter, d'après le plan de Mirabeau, mais tout
indique qu'il les voyait avec une secrète satisfaction
des fautes, des violences et du discrédit de l'Assemblée.

Un bref du pape aux évêques de France augmenta
la fermentation en déclarant que la nouvelle circonscription des diocèses était un attentat à l'autorité
spirituelle de l'Eglise. Des attroupements brûlèrent
le bref du pape dans les rues de Paris. Les prêtres
insoumis présentèrent cette décision pontificale à leurs
paroisses comme un anathème anticipé des prêtres
assermentés. Ils soulevèrent des émeutes pieuses
contre des émeutes impies. Le sang coula dans
l'Ouest par la main des femmes et des enfants fa-
natisés, à la voix des prêtres orthodoxes, contre les
prêtres constitutionnels. Les premiers martyrs de la
persécution mutuelle furent les novateurs et non les
fidèles. La religion, plus intolérante encore que la
philosophie, leva, la première, la main du peuple
sur les ministres du culte constitutionnel. Elle donna,

la première, le signal des vengeances et des persé-
cutions qu'elle devait bientôt subir à son tour. On
doit le dire à la décharge de la Révolution : les
proscriptions et les assassinats qui ensanglantèrent
bientôt après les temples furent d'exécrables représailles contre d'exécrables assassinats.

XVII.

Cependant les désordres populaires, mal contenus
dans Paris par Lafayette, redoublaient d'anarchie et
de violence à chaque contre-coup des troubles religieux ou populaires dans les départements. M. de
Clermont – Tonnerre et les constitutionnels modérés,
expulsés du club monarchique par un attroupement
de démagogues, étaient outragés de la voix et du
geste, malgré la présence de Bailly accouru pour
protéger la liberté et la vie des citoyens. Mirabeau, indigné de ces attentats et violemment attaqué
par eux dans une nouvelle discussion sur l'émigration, leur faisait face en lutteur désespéré, décidé à
mourir ou à vaincre. « Silence aux trente voix ! »
leur dit–il un jour en les désignant comme des factieux qu'il combattrait jusqu'à la mort. Cette menace,
qui les réduisit au silence dans l'Assemblée, leur fit
chercher leur vengeance dans le club des Jacobins,
leur camp personnel. Lameth et Duport, les deux
orateurs favoris de ce club, y invectivèrent contre

Mirabeau, qu'ils accusèrent d'être un transfuge masqué du parti populaire désormais vendu au parti de la cour.

« Qu'il se découvre tout entier, enfin! » disaient les orateurs de la faction des Lameth et des Barnave; « qu'il ne vienne plus ici affronter le patrio-» tisme qu'il a déserté! C'est l'Ulysse de 89; qu'il » sorte! »

XVIII.

Les partis se disputaient la voix de Mirabeau. Peu de jours avant cette attaque du parti des Barnave, des Lameth, des Duport, des Robespierre, il avait reconquis une popularité patriotique suffisante pour braver aux Jacobins ses rivaux.

Il s'agissait du pavillon à donner à la flotte, qui avait gardé jusque-là le pavillon blanc comme le seul qui indiquât sur les mers la nationalité des vaisseaux français.

« Tous les bons citoyens, dit M. de Virieu, seraient alarmés si la couleur en était changée; c'est ce pavillon qui a rendu libre l'Amérique; ce serait désavouer nos victoires et nos vertus. Contemplez ce drapeau suspendu aux voûtes de cette enceinte, il est blanc! C'est celui qui vous a conduits à la fédération! »

Ces titres révolutionnaires du drapeau blanc, peu

sincères dans la bouche d'un des hommes qui combattaient maintenant la Révolution avec le plus d'animosité, parurent ce qu'ils étaient, un artifice pour faire désavouer à l'Assemblée les signes de la Révolution sur les mers.

« Non, non, dit Lareveillère-Lépeaux, député de nos côtes, le peuple français est dans l'impossibilité de revenir en arrière : il faut qu'il achève les conquêtes de la liberté ou qu'il périsse ! »

« Je vous demande, moi, s'écria M. de Foucault, royaliste dont l'audace tournait habituellement à l'injure, je vous demande quels sont les militaires ou les départements qui osent vous proposer de profaner ainsi la gloire et l'honneur du drapeau français. Laissez aux enfants ce nouveau hochet des trois couleurs ! »

Lameth, irrité, se lève et demande que les trois couleurs, celles du peuple, soient vengées par le président de l'outrage des royalistes. Les royalistes, sûrs de la majorité, croient tenir la victoire et s'insurgent de murmures et de gestes contre le côté gauche. Les provocations mutuelles traversent l'enceinte et semblent présager dans ces couleurs répudiées un désaveu humiliant du 14 juillet. Mirabeau, insulté plus qu'un autre dans l'insurrection légitime et nationale qui est sortie de sa parole, se lève et monte, avec un visage mal contenu, les degrés de la tribune. Les apostrophes dont il est assailli l'ins-

pirent et changent les mots dans sa bouche. Il se
recueille comme pour mieux éclater, et, rejetant toutes
les considérations secondaires qui devraient dominer
sa colère, il retrouve en lui le tribun tout entier sous
le complice de la cour.

« Aux premiers mots, dit-il, proférés dans cet
étrange débat, j'ai ressenti, je l'avoue, comme la
plus grande partie de cette assemblée, les bouillons
de la furie du patriotisme jusqu'au plus violent
emportement. (Il s'élève à droite des murmures que
couvrent de nombreux applaudissements. L'orateur
s'adresse au côté d'où partent les murmures, et
dit) : Messieurs, donnez-moi quelques moments d'attention; je vous jure qu'avant que j'aie cessé de
parler, vous ne serez pas tentés de rire..... Mais
bientôt j'ai réprimé ces justes mouvements pour me
livrer à une observation vraiment curieuse, et qui
mérite toute l'attention de l'Assemblée. Je veux parler
du genre de présomption qui a pu permettre d'oser
présenter ici la question qui nous agite, et sur
l'admission de laquelle il n'était pas même permis
de délibérer. Tout le monde sait quelles crises terribles ont occasionnées de coupables insultes aux
couleurs nationales; tout le monde sait quelles ont
été en diverses occasions les funestes suites du mépris que quelques individus ont osé leur montrer;
tout le monde sait avec quelle félicitation mutuelle
la nation entière s'est complimentée quand le mo-

narque a ordonné aux troupes de porter, et a porté
lui-même ces couleurs glorieuses, ce signe de ralliement de tous les amis, de tous les enfants de la
liberté, de tous les défenseurs de la constitution ;
tout le monde sait qu'il y a peu de mois, qu'il y
a peu de semaines, le téméraire qui a osé montrer
quelque dédain pour cette enseigne de patriotisme
eût payé ce crime de sa tête. (On entend de violents
murmures dans la partie droite ; la salle retentit de
bravos et d'applaudissements.)   ·

» Et lorsque vos comités réunis, ne se dissimulant
pas les nouveaux arrêtés que peut exiger la mesure
qu'ils vous proposent, ne se dissimulant pas les
difficultés qu'entraînera le changement de pavillon,
soit quant à sa forme, soit quant aux mesures
secondaires qui seront indispensables pour assortir
les couleurs nouvelles aux divers signaux qu'exigent
les évolutions navales, méprisant, il est vrai, la futile
objection de la dépense... on a objecté la dépense,
comme si la nation, si longtemps victime des pro-
fusions du despotisme, pouvait regretter le prix des
livrées de la liberté! comme s'il fallait penser à la
dépense des nouveaux pavillons, sans en rapprocher
ce que cette consommation nouvelle versera de
richesse dans le commerce des toiles, et jusque
dans les mains des cultivateurs de chanvre et d'une
multitude d'ouvriers! lorsque vos comités réunis,
très bien instruits que de tels détails sont de simples

mesures d'administration qui n'appartiennent pas à cette assemblée et ne doivent pas consumer son temps; lorsque vos comités réunis, frappés de cette remarquable et touchante invocation des couleurs nationales, présentée par des matelots, dont on fait, avec tant de plaisir, retentir les désordres, en en taisant les véritables causes, pour peu qu'elles puissent sembler excusables; lorsque vos comités réunis ont eu cette belle et profonde idée de donner aux matelots, comme un signe d'adoption de la patrie, comme un appel à leur dévouement, comme une récompense de leur retour à la discipline, le pavillon national, et vous proposent en conséquence une mesure qui, au fond, n'avait pas besoin d'être ni demandée ni décrétée, puisque le directeur du pouvoir exécutif, le chef suprême de la nation, avait déjà ordonné que les trois couleurs fussent le signe national...

» Eh bien! parce que je ne sais quel succès d'une tactique frauduleuse, dans la séance d'hier, a gonflé les cœurs contre-révolutionnaires, en vingt-quatre heures, en une nuit, toutes les idées sont tellement subverties, tous les principes sont tellement dénaturés, on méconnaît tellement l'esprit public, qu'on ose dire à vous-mêmes, à la face du peuple qui nous entend, qu'il est des préjugés antiques qu'il faut respecter, comme si votre gloire et la sienne n'étaient pas de les avoir anéantis, ces préjugés que l'on réclame! qu'il est indigne de l'Assemblée nationale de tenir à de telles bagatelles, comme si la langue des signes n'était pas partout le mobile le plus puissant pour les hommes, le premier ressort des patriotes et des conspirateurs pour le succès de leurs fédérations ou de leurs complots ! On ose, en un mot, vous tenir froidement un langage qui, bien analysé, dit précisément : Nous nous croyons assez forts pour arborer la couleur blanche, c'est-à-dire la couleur de la contre-révolution (La droite jette de grands cris; les applaudissements de la gauche sont unanimes.) à la place des odieuses couleurs de la liberté. Cette observation est curieuse, sans doute, mais son résultat n'est pas effrayant. Certes, ils ont trop présumé. Croyez-moi (L'orateur parle à la partie droite.), ne vous endormez pas dans une si périlleuse sécurité; car le réveil serait prompt et terrible. (Au milieu des applaudissements et des murmures, on entend ces mots : *C'est le langage d'un factieux!*)—(A la partie droite.) Calmez-vous, reprend-il, car cette imputation doit être l'objet d'une controverse régulière; nous sommes contraires en fait: vous dites que je tiens le langage d'un factieux. (Plusieurs voix de la droite : — Oui! oui!)

» Monsieur le président, s'écrie l'orateur, je demande un jugement, et je pose le fait. (Nouveaux murmures.) Je prétends, moi, qu'il est, je ne dis pas irrespectueux, je ne dis pas inconstitutionnel, je dis profondément criminel, de mettre en question si une couleur destinée à nos flottes peut être différente de celle que l'Assemblée nationale a consacrée, que la nation, que le roi ont adoptée, peut être une couleur suspecte et proscrite. Je prétends que les véritables factieux, les véritables conspirateurs sont ceux qui parlent des préjugés qu'il faut ménager, en rappelant nos antiques erreurs et les malheurs de notre honteux esclavage. (On applaudit.) Non, messieurs, non; leur folle présomption sera déçue, leurs sinistres présages, leurs hurlements blasphémateurs seront vains : elles vogueront sur les mers, les couleurs nationales; elles obtiendront le respect de toutes les contrées, non comme le signe des combats et de la victoire, mais comme celui de la sainte confraternité des amis de la liberté sur toute la terre, et comme la terreur des conspirateurs et des tyrans..... Je demande que la mesure générale comprise dans le décret soit adoptée; qu'il soit fait droit sur la proposition de M. Chapelier, concernant les mesures ultérieures, et que les matelots à bord des vaisseaux, le matin et le soir, et dans toutes les occasions importantes, au lieu du cri accoutumé et trois fois répété de Vive le roi! disent Vive la nation, la loi et le roi! » (La salle retentit pendant quelques minutes de bravos et d'applaudissements.)

Les royalistes, atterrés, restent un moment muets sous le coup. Maury s'élance pour rétorquer la honte par la colère. L'enthousiasme du côté gauche et des

tribunes lui coupe la voix ; il y supplée par des trépi-
gnements et par des gestes de fureur : il prend à deux
mains le marbre de la tribune, et fait le geste de la
renverser d'indignation sur ses ennemis. M. de Guilhermy, gentilhomme qui en appelle de la parole à
son épée, adresse à Mirabeau les noms de *scélérat* et
d'*assassin*. La gauche venge, par ses cris de réprobation, l'orateur que la colère vient de lui rendre.
M. de Guilhermy s'explique et motive ce qu'il a dit,
en répétant que Mirabeau veut faire assassiner une
partie de l'Assemblée par le peuple. L'émeute, en
effet, attroupée en rassemblements dont on entendait le murmure monter jusqu'à l'enceinte, parlait
d'immoler Maury, Guilhermy, Foucault, à la vengeance de la révolution outragée. Maury, instruit que
son nom, voué à l'assassinat, circule dans la foule,
demande qu'on envoie des parlementaires dans le
jardin des Tuileries pour le disculper des propos
qu'on lui impute. Cazalès, mieux inspiré par son
courage, s'oppose à ce dialogue humiliant et dangereux entre l'Assemblée et le peuple.

M. de Guilhermy reprend sa justification sans faiblesse : « Je demande, dit-il, si celui qui aurait fait
tomber la tête de M. de Foucault n'aurait pas été
un assassin ! si celui qui aurait poussé le peuple à
ce meurtre n'aurait pas été un assassin ! Je demande
si le discours de M. de Mirabeau n'est pas d'un séditieux ; s'il ne tend pas à attirer la vengeance du

peuple sur un parti qui n'est pas le sien!... » La gauche applaudit ironiquement à cette question comme si elle reconnaissait un service rendu par Mirabeau à la patrie, dans cette provocation à la vengeance du peuple sur les royalistes. « Oui, j'ai dit que le propos de M. de Mirabeau était celui d'un assassin. M. de Mirabeau sait combien le peuple est facile à tromper. Il n'y a pas longtemps qu'il en a fait l'épreuve lui-même. Je veux croire que cette intention n'était pas dans son cœur; qu'il rétracte ses paroles, je rétracterai les miennes. » Il somme M. de Menou de s'expliquer sur sa délation contre lui. « Je déclare sur la conscience et sur l'honneur, répond M. de Menou, que M. de Guilhermy a dit : M. de Mirabeau est un scélérat et un assassin!—Oui! oui! il l'a dit, il l'a dit! » affirment les nombreuses voix de la gauche. On se dispose à sévir contre lui. Mirabeau, généreux et calmé par son triomphe, s'interpose et demande l'oubli de l'insulte qui ne tombe que sur lui.

Cazalès, jusque-là muet et seul digne peut-être de se mesurer avec Mirabeau, obtient avec peine de défendre M. de Guilhermy.

« Il est bien étrange, dit-il, qu'on veuille empêcher d'entendre un membre qui veut défendre son collègue. L'Assemblée ne peut oublier qu'un de ses premiers comme un de ses plus grands bienfaits, c'est le conseil qu'elle a accordé aux accusés. J'espère qu'elle daignera m'écouter avec bonté, même avec faveur, quand je tâcherai d'excuser l'imprudence d'un de mes collègues. S'il était possible de justifier cet inexcusable propos, il faudrait convenir que la motion de M. de Mirabeau est incendiaire; il faudrait convenir qu'il a dû paraître étonnant de l'entendre désigner au peuple une partie de cette Assemblée qui peut être dans l'erreur, mais dont les intentions sont pures (Il s'élève de grands murmures.), de la désigner comme n'étant pas du parti du peuple, que nous aimons aussi, et qui connaîtra un jour, par l'excès de son malheur, non ceux qui le trompent, car personne ici ne veut le tromper, mais ceux qui se trompaient eux-mêmes. Le discours de M. de Mirabeau était tellement incendiaire, que je l'aurais rappelé à l'ordre sans mon respect pour la liberté des opinions, et c'est cette même liberté que j'invoque. L'usage de l'Angleterre est que toute invective personnelle ne soit punie que par le rappel à l'ordre. Si vous voulez suivre les lois du parlement d'Angleterre, M. de Guilhermy doit être rappelé à l'ordre; si vous voulez suivre les lois françaises, il est sans exemple dans l'histoire de cette monarchie qu'un décret de prise de corps ait été décerné pour un délit verbal. Si vous voulez suivre les règles éternelles de la justice et de la raison, il est contre toute convenance sociale qu'un mot dit à son voisin, d'une manière privée et non articulée à la tribune, soit un délit. Certès, un jugement de cette nature serait lui-même un délit. Je dis donc que vous ne devez pas vous occuper d'un propos privé, d'un propos qui n'est pas dit publiquement; car il n'y a de propos publics ici que ceux qui sont tenus à la tribune. Je demande donc que l'Assemblée se laisse aller à un sentiment si doux, et qu'elle passe à l'ordre du jour, ou, si vous voulez suivre les règles de la police de toutes les assemblées législatives de l'Europe, je propose de rappeler à l'ordre M. de Guilhermy. Si vous prononcez une peine plus sévère, il n'y a plus de liberté dans les opinions, car qui peut, dans la chaleur de la discussion, être assez maître de ses expressions pour qu'il ne lui échappe pas quelque chose de répréhensible? J'avoue qu'il serait possible que je commisse une faute de cette nature, et je désirerais alors obtenir l'indulgence de l'Assemblée. »

Mirabeau remonte de sang-froid à la tribune. « Je serais bien fâché de me présenter en cette occasion comme accusateur, mais je ne puis cependant pas consentir à être accusé. Non-seulement mon discours n'était pas incendiaire, mais je soutiens qu'il était de devoir pour moi, dans une insurrection si coupable, de relever l'honneur des couleurs nationales, et de m'opposer à l'infamie, *il n'y a lieu à délibérer*, que l'on osait espérer de notre faiblesse. J'ai dit, et je tiens à honneur d'avoir dit, que demander que l'on ménageât les préjugés sur le renversement desquels est fondée la révolution, que demander qu'on arborât la couleur blanche proscrite par la nation, à la place des couleurs adoptées par elle et par son chef, c'était proclamer la contre-révolution. Je le répète, et je tiens à honneur de le répéter, malheur à qui, parmi ceux qui, comme moi, ont juré de mourir pour la constitution, se sent pressé du besoin de m'en faire un crime ! Il a révélé le secret exécrable de son cœur déloyal. Quant à l'injure de l'homme traduit devant cette assemblée et soumis à sa justice, cette injure est si vile, qu'elle ne peut m'atteindre. J'ai proposé que l'on passât à l'ordre du jour au lieu de s'oc-cuper de sa démence ; et peut-être, s'il eût conservé quelque sang-froid, m'aurait-il demandé lui-même pour son avocat. Je ne puis donc être suspecté d'un désir de vengeance en prenant la parole pour re-quérir de votre justice un jugement. En réfléchis-sant à ce qui vient de se passer, j'ai compris qu'il ne convenait pas à un représentant de la nation de se laisser aller au premier mouvement d'une fausse générosité, et que, sacrifier la portion de respect qui lui est due comme membre de cette assemblée, ce serait déserter son poste et son devoir. Ainsi, non-seulement je ne propose plus, comme je l'avais fait, de passer à l'ordre du jour, mais je demande qu'on juge M. Guilhermy ou moi. S'il est innocent, je suis coupable. Prononcez. Je ne puis que répéter que j'ai tenu un langage dont je m'ho-nore, et je livre au mépris de la nation et de l'histoire ceux qui oseraient m'imputer à crime mon discours.

» M. GUILHERMY. — Le propos incendiaire, c'est d'avoir dit que, trois semaines plus tôt, M. Foucault eût payé de sa tête le propos qu'il a tenu. »

L'Assemblée condamne M. Guilhermy à une détention disciplinaire dans sa propre demeure, et se sépare en deux camps, dont l'un, en sortant, est couvert des applaudissements, l'autre des insultes de la multitude. Mirabeau, embarrassé de son triomphe, ne sent sa puissance que pour la déplorer. Le vent qui soulève de telles passions les calme-t-il à son gré? Il se le demande à lui-même et n'ose se répondre. Déjà les tribunes inférieures et la multitude l'apostrophent avec de mordantes ironies, et mêlent les sarcasmes sur son caractère aux éloges de son éloquence.

« Où étais-tu, Mirabeau, écrit le lendemain Camille Desmoulins, où étais-tu avec ta chevelure élégante et bien parfumée? Depuis quelque temps, dans les grandes délibérations de l'Assemblée nationale, c'est toujours la harangue de M. Barnave qu'on garde pour le bouquet, et la discussion est fermée après lui. J'espère que l'illustre maire de Grenoble (Barnave) me permettra de dire que ce n'était pas, cette fois, le cas de tirer l'échelle après lui! Pourquoi les deux Lameth, que nous aimions tant, se taisent-ils? Pourquoi, quand *l'hercule* Mirabeau arrive avec sa massue pour écraser tous ces pygmées, ferme-t-on les discussions? »

« Malheur aux membres apostats à la cause du peuple! écrivait Fréron, son ami, dans l'*Orateur du peuple*; l'insurrection ne peut manquer de s'allumer quand on foule aux pieds les vœux du peuple; on doit s'attendre que, révolté de la justice qu'on lui refuse, il prenne les armes pour se la faire à lui-même! »

Marat parlait d'échafaud.

XIX.

Un autre incident parlementaire fournit à Mirabeau, dans le même temps, l'occasion d'un accès spontané ou calculé de colère qui fit bouillonner le peuple et trembler la cour. Charles de Lameth, l'idole des Jacobins et le rival de Mirabeau, provoqué deux fois en duel pour ses opinions par des députés du parti contre-révolutionnaire, avait fini par accepter une rencontre avec M. de Castries. Atteint au bras par l'épée de son adversaire qui avait déchiré profondément les muscles, Charles de Lameth avait été rapporté évanoui dans sa maison. On craignait pour ses jours. Le cri de pitié et de représailles retentissait dans tous les clubs. On transformait en plan arrêté d'assassinat sur les défenseurs éloquents du peuple ces provocations achar-

nées des royalistes aux hommes populaires. On cherchait M. de Castries pour l'immoler. La sédition ne
pouvant découvrir l'adversaire de M. de Lameth, ré-
solut de se venger sur sa maison, en faisant expier
aux pierres, aux meubles, à la famille de M. de
Castries la fatale victoire du combattant. Ce plan de
vengeance, froidement calculé et accompli en ordre,
fut précédé dans la soirée d'une députation des clubs
au blessé pour lui reprocher son courage.

« Brave Lameth, lui dit l'orateur, le peuple, qui
réprouve ces combats d'un faux honneur où le sang
le plus précieux est exposé à couler pour une autre
cause que celle de la patrie, aurait gémi de ta victoire ; juge combien il déplore ton malheur. Sou-
viens-toi de ne plus sacrifier à des querelles particulières des jours nécessaires à la constitution et à la
tranquillité publique. Ta vie n'est pas à toi, mais à
la nation, dont tu es le représentant. Vainement on
a osé calomnier le peuple même à l'Assemblée nationale. Ce peuple connaît ses vrais défenseurs. »

On répandait le bruit, pour accroître l'intérêt du
peuple en faveur du blessé, que l'épée de M. de
Castries était empoisonnée. Ce bruit, que M. de Lameth ne démentit pas avec assez d'énergie, selon les
Mémoires de Lafayette, porta jusqu'à la frénésie la
soif de vengeance de la multitude. Trois chefs subalternes des Jacobins, dont deux étrangers, toujours
les plus acharnés des séditieux, parce qu'ils sont les

plus irresponsables, Cavallanti et Rolando, présidè-
rent à l'invasion et au sac de l'hôtel de Castries.

Lafayette, soit impuissance, soit stupeur, soit crainte
de paraître venger un royaliste réprouvé par le cri
public, se borna à déployer ses bataillons autour de
la maison livrée aux exécuteurs des Jacobins, et à
cerner l'attentat comme on cerne un incendie qu'on
n'espère plus éteindre. Sa présence et son immobilité devant cette vengeance sur la famille et sur la
propriété d'un innocent, donnèrent aux démagogues
et aux anarchistes de la populace un sentiment exalté
de leur toute-puissance et un sentiment de deuil à
tous les bons citoyens. Lafayette, dans ses Mémoires
posthumes, déplore cette dévastation impunie, sans
chercher à se justifier. « Ce fut, dit-il, la seule maison dévastée dans Paris pendant mon commandement, et cette maison était précisément celle du maréchal de Castries, l'homme de l'émigration que j'es-
timais et que j'aimais le plus. » Un tel aveu dans la
bouche d'un chef de parti et d'un chef d'armée
qu'on ne pouvait soupçonner de complicité avec les
violences populaires, atteste qu'aucune main, même
armée, ne pouvait répondre ni de la demeure d'un
citoyen, ni du palais d'un roi, ni de la vie d'un
ennemi désigné du peuple.

L'Assemblée frémit et se tut. A peine quelques voix
indignées osèrent-elles murmurer tout bas contre une
députation d'un bataillon de la garde nationale des

meneurs, qui vint dénoncer le propriétaire de l'hôtel
saccagé. « M. de Castries, dit l'orateur de la garde
nationale, dont le nom doit révolter désormais les
amis de la constitution (les Jacobins), a osé défier en
combat singulier Charles Lameth, sans respect pour
ses vertus et encore moins pour son caractère ; c'est
contre cet homme audacieux que le bataillon, qui
n'est ici que l'organe de tous les patriotes de France,
vient vous demander vengeance ! » La majorité de
l'Assemblée applaudit.

On voit que la vengeance avait précédé l'arrêt. Cette
pétition arracha un seul cri à un député courageux
nommé Roye : « Il n'y a que des scélérats, dit-il, qui
puissent applaudir ! » Barnave, ami de Lameth, s'indigna contre l'honnête indignation de son collègue,
et osa provoquer son arrestation, comme si déplaire
à une émeute, c'était déjà un crime dans un honnête
homme. Le prétendu coupable fut obligé contre Barnave de se justifier de sa pitié.

« J'avoue, dit-il, que dans ce moment où je voyais
un peuple furieux se porter sur la maison d'un de
vos collègues, la dévaster, chercher même à attenter à sa vie, j'ai considéré comme ennemis du bien
public ceux qui semblaient approuver cette effer-
vescence. »

M. de Virieu osa défendre son collègue. Barnave
l'incrimina de nouveau. M. de Foucault déclara à
Barnave et à ses amis, forts en ce moment de l'ap-

pui de la populace au dehors et de la présence de la garde nationale au dedans, que l'arrestation de M. Roye, sollicitée par le parti des Lameth, serait un attentat contre l'inviolabilité des députés, et que s'il était condamné lui-même à la prison pour un tel crime, il se ferait gloire de désobéir à l'Assemblée.

A ces mots, Mirabeau, combattu longtemps entre son horreur pour l'attentat de la populace, son mépris pour Lafayette, sa haine invétérée contre les Lameth, ses engagements avec la cour et la crainte de se laisser dépasser en popularité par Barnave, s'élance à la tribune pour mentir à tous ses senti- ments secrets et pour feindre l'indignation en adu- lant lâchement la force. Il se tourne du côté des royalistes comme un homme provoqué qui cède enfin tardivement à sa colère, et, pour ne pas laisser un instant de doute sur ses conclusions, il jette dans une apostrophe une injure aux vaincus.

« Messieurs, dit-il, si au milieu de cette scène odieuse, dans la triste circonstance où nous nous trouvons, dans l'occasion déplorable qui l'a fait éclore, je pouvais me livrer à l'ironie, je remercierais le préopinant. »

M. de Foucault s'écrie : « M. Mirabeau m'accable toujours d'ironies; M. Mirabeau s'acharne sur moi; je demande..... »

« MIRABEAU. — Puisque vous n'aimez pas l'ironie, *je vous lance le plus profond mépris.* »

À ces mots, le côté droit est agité par les mouvements les plus violents : plusieurs membres, prêts à s'élancer sur Mirabeau, sont retenus par leurs voisins; ils le menacent du geste, emploient les expressions de *gueux*, de *scélérat*. M. le président rappelle Mirabeau à l'ordre.

« MIRABEAU. — Oui, sans doute, je dois être rappelé à l'ordre, si l'Assemblée veut déclarer qu'un de ses membres est coupable d'employer le mot *mépris* envers l'homme qui n'a pas craint de professer ouvertement à cette tribune son mépris pour les ordres de la majorité, et d'y déclarer qu'il ne lui obéirait que *mort*. (Applaudissements universels d'un côté. — Murmures de l'autre.) Certes, il est temps de raisonner et d'écouter; certes, cette soirée donnera une ample matière aux vertueux écrivains de la noble école des impartiaux, pour dire, redire et répandre que nous consumons le temps et la confiance de nos commettants dans les vaines et hideuses contentions de notre irascibilité; certes, aujourd'hui encore, on pourra s'écrier que l'Assemblée nationale est entièrement désorganisée; qu'elle n'a plus ni calme, ni règle, ni respect d'elle-même. Mais ne sont-ce donc pas évidemment les coupables qui sont ici les accusateurs? N'est-ce pas leurs délits qu'ils nous imputent?

» Messieurs, il est temps de le reconnaître, et la déclaration n'en saurait être trop solennelle : votre

longue indulgence, cette indulgence née, comme je
l'ai dit tant de fois, du sentiment de votre force,
cette indulgence serait coupable et fatale, si elle
n'avait point un terme.. La chose publique est vraiment en danger, et le succès de vos travaux entièrement impossible, si vous perdez de vue que vous
êtes tenus également de respecter et de faire respecter la loi; si vous ne faites pas un exemple dans
cette Assemblée; si, pour ordonner le royaume,
vous ne commencez par vous ordonner vous-mêmes.
Vous devez établir dans l'empire l'obéissance aux
autorités légitimes, et vous ne réprimez pas dans
votre sein une poignée d'insolents conspirateurs!
Ah! c'est pour leur propre salut que j'invoque votre
sévérité; car si la lettre de vos règlements et l'esprit
de vos lois, si la voix paisible de votre président
et l'indignation des spectateurs, si les mécontente-
ments des bons citoyens et notre propre insurrection
ne peuvent leur en imposer; s'ils se font un point
d'honneur d'encourir nos censures, une religion de
désobéir à la majorité, qui doit régir toute société,
sans quoi l'association est dissoute, n'arrivera-t-il pas
infailliblement que le peuple ressentira enfin l'injure faite à ses représentants? Et des mouvements
impétueux et terribles, de justes vengeances, des catastrophes en tous sens redoutables, n'annonceront-ils
pas que sa volonté doit toujours, a dû toujours être
respectée? Les insensés! ils nous reprochent nos appels

au peuple. Eh ! n'est-il donc pas heureux pour eux-mêmes que la terreur des mouvements populaires contienne encore ceux qui méconnaissent toute loi, toute raison, toute convenance ?

» Messieurs, on se flatterait en vain de faire long-temps respecter ce qui est méprisable, et rien n'est plus méprisable que le désordre. On nous accuse de favoriser l'anarchie, comme si notre honneur, notre gloire, notre sûreté, n'étaient pas uniquement dans le rétablissement de l'ordre ! Mais qu'est-ce que l'anarchie, si ce n'est le mépris de la loi ? Et comment sera-t-elle l'objet de la vénération publique, la loi qui émane d'un foyer de tumulte et de scandale ? Comment obéira-t-il à la loi, le peuple dont les législateurs foulent sans cesse aux pieds les premières règles de la discipline sociale ? (S'adressant au côté droit.) Savez-vous ce que l'on a dit ce matin à l'un des principaux chefs de la force publique, qui, devant la maison de M. Castries, parlait du respect dû à la loi ? Écoutez la réponse du peuple dans son énergique simplicité : *Pourquoi les députés ne la respectent-ils pas ?* Dites, dites, qu'est-ce que le plus furieux d'entre vous aurait pu répliquer ? Si vous rappelez tout ce qui est coupable, pesez donc aussi tout ce qui excuse. Savez-vous que ce peuple, dans son ressentiment contre l'homme qu'il regarde comme l'ennemi d'un de ses utiles amis, savez-vous qu'au milieu de la destruction, nul n'osera dire la dilapidation des

effets de cette maison proscrite, le peuple s'est religieusement arrêté devant l'image du monarque; que
le portrait du chef de la nation, de l'exécuteur suprême de la loi, a été, dans ces moments d'une
fureur généreuse, l'objet de sa vénération et de ses
soins persévérants? Savez-vous que ce peuple irrité
a montré à madame Castries, respectable par son
âge, intéressante par son malheur, la plus tendre
sollicitude, les égards les plus affectueux? Savez-vous
que ce peuple, en quittant cette maison qu'il venait
de détruire avec une sorte d'ordre et de calme, a
voulu que chaque individu vidât ses poches, et cons-
tatât ainsi que nulle bassesse n'avait souillé une vengeance qu'il croyait juste?

» Voilà, voilà de l'honneur, du véritable honneur,
que les préjugés des gladiateurs et leurs rites atroces
ne produiront jamais! Voilà quel est le peuple, violent, mais exorable, excessif, mais généreux; voilà
le peuple, même en insurrection, lorsque une constitution libre l'a rendu à sa dignité naturelle, et qu'il
croit sa liberté blessée. Ceux qui le jugent autrement
le méconnaissent et le calomnient; et quand ses serviteurs, ses amis, ses frères, qui ne se sont voués
à sa défense que parce qu'ils l'honorent profondément, repoussent ces blasphèmes que l'on profère à
chaque instant dans cette assemblée contre lui, ils
obéissent à leur premier devoir, ils remplissent une
de leurs plus saintes fonctions.

» Nous avons trop tardé. Ne souffrez pas que le temps que nous a emporté ce coupable débat passe pour la puérile explosion d'une colère oiseuse et stérile. Faites dans votre sein un exemple qui démontre que votre respect pour la loi n'est ni tiède ni simulé, qu'enfin M. Roye soit conduit en prison. »

Il fut décrété que M. Roye se rendrait à l'abbaye Saint-Germain pour trois jours.

Mirabeau avait triomphé avant de parler, car il parlait pour flatter une colère publique. Il avait triomphé ainsi des Barnave et des Lameth, car en parlant pour eux et en les forçant à l'applaudir, il les avait distancés de talent comme de popularité. Partout où il apparaissait, on ne voyait plus que lui; enfin, il avait réussi à masquer aux yeux des Jacobins et du peuple sa complicité avec le roi par sa feinte fureur contre les royalistes. Mais cette popularité, si chèrement et si lâchement reconquise, lui coûtait de nouveau son indépendance d'homme d'État monarchique devant l'assemblée, sa considération d'homme de bien dans le pays, la confiance du roi, l'estime de l'Europe, l'amitié même de ses amis. Quel appui fonder sur un homme si perfide, si astucieux ou si versatile, qui venait ainsi d'innocenter la sédition, de se faire après coup le complice d'un excès odieux, de fulminer contre les vaincus, de faire un crime de la plainte et de montrer du geste au peuple soulevé des victimes ou des jouets dans les défenseurs de la monarchie qu'il défendait lui-même en rougissant d'elle?

Le roi, la reine, M. de Montmorin, le comte de
la Marck, M. de Fontanges, l'ambassadeur d'Autriche,
M. de Mercy et tous les hommes confidents de ses
intimités avec la cour, furent soulevés de mépris,
d'indignation et de défiance contre une si gratuite et
si scandaleuse désertion. Si jamais Mirabeau avait
eu une occasion de prendre le rôle de l'homme de
bien intrépide contre les excès d'une anarchie qu'il
voulait perdre dans l'opinion de la nation, c'était celle-
là. Il avait tourné contre les monarchistes la plus
plausible revendication de la monarchie. En s'adossant au trône légal, à la constitution, au pouvoir
exécutif, à l'ordre public, il devenait invincible; en
cédant au vent populaire et en se jetant à la queue
ou à la tête d'une émeute, il ne reconquérait de
force que contre le roi. Tous les trésors et tous les
manéges employés depuis deux ans à l'acheter étaient
perdus: on n'avait acheté qu'un transfuge.

On trouve des traces trop vives de ces impressions
dans les correspondances intimes de ses amis, et
des traces trop curieuses de son embarras et de ses
repentirs dans ses propres lettres d'excuse à la cour,
pour que l'histoire ne les enregistre pas parmi les
plus obscurs mystères dévoilés du temps.

Mirabeau, en descendant de la tribune, pressent
les reproches qui vont l'assaillir de la part de la

cour. Il s'efforce d'y faire diversion d'avance par des confidences imaginaires et par des professions de dévouement propres à détourner le coup.

« L'incroyable scène de ce soir, écrit-il à la Marck en rentrant chez lui, m'a fait faire, mon très cher comte, d'assez fâcheuses découvertes. Trois intrigues se croisent, et les trompeurs sont tellement trompés, et les trompés tellement trompeurs, qu'il en va résulter des commotions en sens contraire pour lesquelles il faut s'arranger. Votre mâle sensibilité m'a plus touché aujourd'hui que n'eût fait toute l'éloquence du monde, et je veux fortement, je veux tout à fait sauver cette infortunée (la reine). Mais, pour cela, il faut qu'on me voie et qu'on me croie, du moins dans les moyens de fixer la partie flottante de l'Assemblée. Ne mandez demain votre archevêque qu'à une heure, afin que nous ayons le temps de causer. Bonsoir. »

L'archevêque de Toulouse, M. de Fontanges, l'intermédiaire de la reine, écrit le même jour de son côté à la Marck :

« Comment voulez-vous que la confiance, si nécessaire dans les circonstances où nous sommes, puisse naître après des écarts pareils à celui d'avant-hier? Je n'y étais pas; mais le récit qu'on m'en a fait m'a affligé profondément sous ce rapport. J'ai craint, dès le premier moment, qu'on ne vît, dans l'orateur de samedi soir, que l'explosion d'un tribun du peuple portrait très sévère du désordre qui règne dans l'Assemblée nationale, et un tableau très indulgent de la conduite du peuple. Avec plus de piété filiale, j'aurais jeté mon manteau sur une mère dans l'ivresse, et je l'ai montrée, au contraire, à tous les regards. C'est sous ce rapport que je méritais d'être rappelé à l'ordre. Quelques scènes de cette espèce achèveraient de ruiner le crédit de l'Assemblée nationale, et si l'art de les faire remarquer est une innocente perfidie, ce n'est pas aux yeux de la cour qu'elle peut me rendre suspect.

» Mon second tableau n'était pas plus dangereux. Parmi les traits que j'ai choisis, non pour justifier, mais pour excuser le peuple, ce que j'ai fait le plus remarquer, c'est ce respect religieux pour le portrait du roi, auquel même des séditieux ont donné une garde d'honneur. Dans un moment où toute la haine d'une grande nation contre les ministres se change en calomnies contre la cour, il est plus essentiel qu'on ne pense d'apprendre aux provinces qu'ici, même dans son insurrection, le peuple ne confond pas ses ennemis avec le monarque. Les Jacobins, à coup sûr, auraient retranché ce trait-là de mon discours.

» Mais j'ai excusé des excès coupables. Eh bien! veut-on connaître toute ma pensée? — J'ai dû le faire et m'en applaudir. Qu'est-ce qui nous perd, quelle est la cause de cet accès démagogique, non du peuple, ce qui est d'un effet secondaire, mais de

l'Assemblée elle-même, ce qui, depuis un mois, fait
outrer toutes les mesures de la défiance, et finirait
par rendre impossible tout espoir de régénération?
— Je l'avais prévu : c'est d'abord le succès des ministres ; ce sont ensuite les provocations de toute
espèce que la noblesse et le clergé se sont permises;
comme s'il n'était pas évident que ces gens-là ne
peuvent faire un seul mouvement sans augmenter la
rage de leurs vainqueurs; comme s'il n'était pas démontré que ces convulsions successives peuvent nous
conduire à une complète démocratie! J'ai été bien
aise, oui, je le dis nettement, j'ai voulu que ce
combat fût terminé par la peur, ne pouvant le faire
cesser par la raison. J'ai désiré que l'Assemblée pût
retomber plutôt dans cet état de torpeur où elle est
toujours, lorsqu'elle n'est pas excitée par une résis-
sistance maladroite. Mais peut-être l'on ne m'entend
pas, et cependant je suis fort clair.

» Mais si le peuple, se voyant flatté, se porte à
de nouvelles insurrections? D'abord, est-ce à moi
qu'on devrait les imputer, ou à ce héros, ce profond
politique et militaire consommé qui, avec quarante
mille hommes, ne peut pas contenir trente brigands? Je demande ensuite si une série d'insurrections à côté de l'Assemblée nationale, et près de la
demeure du roi, feraient beaucoup de mal à la
cause monarchique? L'extrême licence qui a fait la
révolution ne s'affaiblirait-elle pas si elle était pro-

longée? Puisqu'on fonde quelque espoir, non de contre-révolution, mais de contre-constitution, sur le mécontentement des bons citoyens, croit-on que les excès continuels, non de l'Assemblée, qui peut donner un autre résultat, mais du peuple, y soient un obstacle? Enfin, si l'on était un jour forcé de faire un manifeste contre les causes de l'anarchie, regarderait-on les insurrections de Paris comme d'i-nutiles matériaux?

» Je ne réponds pas à d'autres objections. Moi, l'ami des Lameth! On m'entend si peu que j'ai cru les perdre. Ces gens-là peuvent être redoutables comme chefs d'opinion, ils ne sont plus rien comme chefs de parti. Et pourquoi donc ai-je affecté d'apprendre au royaume que le peuple n'avait dévasté la maison de M. Castries que parce qu'il l'avait regardé comme l'ennemi d'un de ses plus utiles amis? N'est-ce pas dire à tous les honnêtes gens : « Voilà les hommes que vous admirez! ils ont des incendiaires pour défenseurs; voilà l'influence qu'ils exercent! » N'est-ce pas dire aux néophytes qu'ils égarent : « Prenez garde! vos chefs, qui s'appellent vos frères d'armes, et que vous croyez vos égaux, ont plus de puissance que vous ne pensez, et peuvent devenir vos tyrans! »

» Pour ce qui est de Lafayette, comme je ne puis composer ni avec ma conviction ni avec l'évidence, je le poursuivrai sans relâche, même aux pieds du

trône, même sur le trône, parvînt-il à s'y placer.
Les dangers présents du roi, mes craintes horribles
pour l'avenir, ont-ils d'autre cause que l'existence
de cet homme? Veut-on tenter une seconde fois les
miracles de la Providence, en se fiant, comme à
Versailles, sur son courage et sur ses promesses?
Est-on bien assuré que les principes qu'il a puisés
dans un Etat populaire et la certitude de jouer le
premier rôle dans une démocratie ne lui font pas
désirer la destruction de la royauté? Sait-on jusqu'à
quel point l'activité de ses amis suppléera à son
inertie apparente, jusqu'où leur haine connue pour
la reine peut se porter? Et si l'on a des dangers systé-
matiques à craindre (car tous les autres ne sont que
des accidents auxquels il faut savoir s'exposer), ne
sont-ils pas là tout entiers? ne sont-ils pas nuls hors
de là?

» J'écouterai toujours les reproches avec docilité,
mais il faut aussi qu'on les permette même au
respect. Il me semble que la cour, à force de
prudence ou d'incertitude, veut des succès sans
cause, et les effets sans les moyens. Il faut qu'on
se dise une fois décidément si l'on veut conserver
M. de Lafayette, ou si on désire de le renverser,
si du moins on veut le laisser succomber. Ce qui
m'étonne, c'est qu'on provoque pour lui les ménagements, dans l'instant même où il vient de se
montrer plus dangereux pour la cour que dans

aucun autre instant de sa vie publique. Je n'ai eu samedi qu'un seul sentiment profond, et il a plus que jamais gravé la vengeance dans mon âme. Cet homme, me disais-je, qui voit en simple spectateur dévaster cette maison, n'aurait ni plus de force ni plus d'influence s'il fallait sauver le roi.

» Mais qui mettre à sa place? Que m'importe! Est-ce dans une tempête que l'on peut choisir le port où l'on peut se réfugier? Il me suffit de savoir que si l'on choisissait pour le moment un homme nul, il né tiendrait pas; que si l'on donnait cette place à l'un des Lameth, il se perdrait bientôt par sa démagogie, et perdrait en même temps la garde nationale par la division des partis que ferait naître un tel choix. La haine de ce Lafayette, qui ne parle que de son amour pour la retraite, ne serait pas inactive, et, en culbutant un ennemi par l'autre, on les détruirait bientôt tous les deux. Au reste, est-il bien certain que Lameth fût nommé? Pour moi, je soutiendrai bientôt, lorsqu'il s'agira de l'organisation de la garde nationale, qu'il y a incompatibilité entre les fonctions de commandant de ce corps et celles de la législature. »

XXI.

Le jour même où Mirabeau remettait à M. de Fontanges cette lettre pour la reine, il alla jouir de sa popularité redoublée au Théâtre-Français, à la représentation de la tragédie de *Brutus*, par Voltaire. *Brutus*, demandé impérieusement aux comédiens par les Jacobins, était une menace au roi en action sur la scène. Mirabeau voulut y assister pour juger aux applaudissements ou aux murmures des progrès ou des décadences de l'esprit républicain dans le peuple. Mal caché dans une loge obscure du dernier étage, il fut reconnu, salué d'acclamations, contraint de descendre et de s'asseoir aux rangs les plus visibles de l'amphithéâtre. Il s'enivra à loisir du vent populaire qu'il caressait pour la dernière fois.

Il put se convaincre que la masse du public associait dans son enthousiasme la liberté et le monarque constitutionnel. On dérivait vers la république par la force du courant; on n'y tendait pas par la volonté réfléchie de la nation. La Révolution acceptait un régulateur, et la reconnaissance pour les vertus du roi aurait rendu le peuple heureux de trouver ce régulateur dans Louis XVI. Le nom du roi fut applaudi avec une affectation significative d'estime pour le prince et d'attachement raisonné pour la monarchie libre. L'anarchie seule, en ce moment, demandait plus. Mais l'anarchie, quoique en minorité dans les cœurs, prévalait de plus en plus sur les bons citoyens

Le confident habituel de la reine et de Mirabeau

en faisait le sinistre tableau au comte de Mercy-Argenteau, un moment absent de Paris par découragement de sauver la reine.

« L'adresse des sections de Paris contre les ministres, et l'accusation portée aux Jacobins contre M. de Lafayette, pour avoir, disait-on, conseillé au roi l'organisation d'une maison militaire, sont les derniers événements dont j'ai eu l'honneur de vous entretenir. Depuis lors, la fermentation publique a pris une autre direction. L'agitation des esprits dans l'Assemblée nationale ayant toujours été en croissant, les plus ardents en sont venus à des provocations individuelles; il en est résulté un duel entre le duc de Castries et M. Charles de Lameth, qui a fourni un nouveau motif, ou plutôt un nouveau prétexte pour exalter les têtes; car on a su, avec habileté et perfidie, rattacher cet événement aux intérêts de la cause populaire. M. Barnave a dénoncé le duel aux Jacobins, et l'a expliqué par des provocations d'un parti contre l'autre. Des motions populaires de commande ont menacé aussitôt l'hôtel de Castries; le lendemain, il a été attaqué et saccagé, et, ce qu'il y a de remarquable, c'est que M. de Lafayette, avec toute son armée, sont restés spectateurs impassibles de cette scène. Le complot était connu; ils n'ont rien fait pour en prévenir l'exécution, à laquelle ils ne se sont en rien opposés. Cet événement a d'autant plus affligé les bons citoyens, qu'ils l'ont regardé comme le signal d'autres insurrections et comme une preuve évidente du mauvais esprit et de la faiblesse de la garde nationale.

» Le soir du pillage, la séance de l'Assemblée nationale fut très orageuse. Mirabeau, qui aurait dû au moins se tenir dans le silence, au milieu de ce torrent de déclamations, fit tout le contraire : il prit la parole, excusa le peuple en insurrection, et le fit de telle manière, qu'il déplut même à son propre parti. Le mécontentement de la cour contre lui fut donc très naturel.

» Le parti populaire a cherché à couvrir du voile du patriotisme la sédition dirigée contre l'hôtel de Castries, et on a exalté M. Charles de Lameth comme le plus ferme appui de la cause du peuple. Presque toutes les sections de Paris et un grand nombre de bataillons de la garde nationale ont envoyé des députations chez lui pour s'informer de l'état de sa blessure, et comme cette direction de la faveur populaire semble être au détriment de M. de Lafayette, jamais on n'a parlé plus ouvertement de remplacer celui-ci, parce que jamais la possibilité de réussir n'a été mieux reconnue. On pourrait croire même, en jugeant par ce résultat, que l'insurrection dirigée contre l'hôtel de Castries était en partie un piége tendu au commandant général de la garde nationale.

» Un autre incident a fort augmenté encore la fer-

mentation. Un chef de bataillon de la garde nationale, qui précédemment avait dénoncé M. de Lafayette
aux Jacobins pour avoir conseillé (ce qui, comme je
vous l'ai dit, était faux) la formation d'une maison
militaire, a prétendu que M. de Lafayette sollicitait
pour qu'il fût renvoyé devant un conseil de guerre.
Il l'a donc dénoncé sur ce nouveau chef aux Jacobins,
et M. Barnave, en provoquant à cet égard un arrêté
très vif, a du moins prouvé qu'il n'avait aucune
liaison secrète avec M. de Lafayette. Enfin, comme
si tout devait concourir à la fois à enflammer l'esprit
de parti, on vient de donner au Théâtre-Français la
reprise de la tragédie de *Brutus*. Le système républicain étant mis sans cesse en opposition, dans
cette pièce, avec le système monarchique, la grande
majorité des spectateurs a saisi avec une vivacité
effrayante toutes les occasions de manifester son approbation en faveur du gouvernement républicain.

» Les événements dont je viens de vous rendre
compte ont paru faire oublier, pendant quelques
jours, les attaques contre les ministres ; mais il s'en
faut bien qu'on y ait renoncé, et je ne serais pas
étonné qu'il se formât, contre ceux qui restent de ce
ministère proscrit, une insurrection du genre de celle
qui a été dirigée contre l'hôtel de Castries. Ainsi
s'évanouit l'espoir qu'on avait conçu que, vers la fin
de sa session, l'Assemblée nationale serait plus calme
et par cela même plus en état de revoir, de corri-

ger son œuvre. Malheureusement, c'est au milieu de cette dangereuse agitation des esprits que vont se traiter les questions les plus importantes, telles que celles de la haute-cour nationale, de la formation de la garde militaire du roi et de l'organisation des gardes nationales. C'est M. de Lafayette qui a provoqué la discussion sur ce dernier point. M. Bailly, maire de Paris, demande aussi des lois de police pour la capitale. Viendront ensuite la question de la liberté de la presse, peut-être celle du mariage des prêtres, peut-être même aussi celle du divorce. Tel décret, qui aurait révolté il y a un mois, sera sollicité par l'esprit républicain, et, maintenant que la démagogie est échauffée, sera accueilli avec reconnaissance par le grand nombre. C'est ainsi que la cour, en ne sachant pas céder à propos, double par sa résistance les forces de ses ennemis.

» Jamais, et dans aucun État, les circonstances ne réclameraient un gouvernement plus fort, un ministère plus habile, et jamais on ne put en rencontrer un qui fût plus incapable que celui qui existe ici. Aussi les gens les plus raisonnables et les plus courageux ne peuvent-ils envisager l'avenir qu'avec les plus sinistres inquiétudes. C'est assez vous dire, monsieur le comte, combien est vif le désir que j'ai de quitter ce pays-ci, où je ne demeure que parce que vous jugez que je puis y être utile. »

« Paris, 21 novembre 1790.

» La fermentation qui continue est d'autant plus inquiétante que la reine est toujours plus vivement attaquée. On croit encore, sans en être sûr, que madame Lamothe est ici. On n'a aucun renseignement précis sur ses ressources, ses liaisons, ses espérances.

» M. de Lafayette a fort baissé dans l'opinion publique ; cependant la terreur que ces dernières agitations populaires ont inspirée au roi et à la reine les a conduits à se soumettre plus que jamais à lui, à le soutenir même, et à ne s'opposer que faiblement aux choix qu'il propose pour le ministère. C'est ainsi que M. Duport du Tertre a été nommé garde des sceaux. Il a été question de M. Delessart ou de M. de Laporte pour remplacer M. de Saint-Priest. La reine a écrit hier matin à l'archevêque de Toulouse que cela ne serait décidé que dans quelques jours.

» La correspondance de Mirabeau avec la cour continue ; mais son dernier discours incendiaire à la tribune de l'Assemblée a vivement affecté la reine. J'ai cru ne devoir pas combattre sur-le-champ cette nouvelle source de prévention, dans la crainte d'être considéré comme le défenseur trop aveugle de Mirabeau. J'ai fait sentir fortement à ce dernier tous ses torts : il les a reconnus. Je lui ai démontré qu'il s'était placé dans la nécessité de faire beaucoup pour regagner la confiance. Il a promis qu'il se montrerait très monarchique dans l'organisation des gardes nationales.

» La torpeur de la cour semble augmenter de jour en jour. Le ministère aura été renouvelé, et la reine n'aura pas saisi cette occasion d'y faire entrer une seule personne qui lui soit exclusivement dévouée. Quel que soit mon zèle, les relations auxquelles je sers ne conduiront à rien tant qu'elles resteront comme aujourd'hui, parce qu'il ne suffit pas de donner ou de recevoir des avis, si l'on est privé des moyens de les faire exécuter. »

Mirabeau, de son côté, ayant renoué avec M. de Montmorin une liaison politique longtemps repoussée par ce ministre, rend compte en ces termes à la reine d'un entretien très intime qu'il vient d'avoir avec ce ministre, seul puissant sur l'esprit du roi. Cet entretien confirme l'opinion que nous avons donnée plus haut du caractère, des vues et du talent de M. de Montmorin. Il révèle trop bien la situation de la cour à cette époque, et il met en présence d'un homme trop historique, pour le laisser dans la réticence des événements.

« Plus je mets d'importance, écrit Mirabeau à la reine, à une coalition capable de me fournir les moyens d'être utile d'une manière systématique, plus je dois être attentif à examiner si cette coalition a la bonne foi pour base, si son objet est utile, ses ressources suffisantes, ses acteurs sincères, et, comme dans un plan, quel qu'il soit, je ne veux d'autre centre de correspondance que la reine, je m'empresse de lui rendre compte d'une assez longue conversation que j'eus hier au soir avec M. de Montmorin.

» Il m'avait fait prier deux fois de passer chez lui, et j'avais pris divers prétextes de retarder cette entrevue, soit pour le décider à une confiance plus entière, en lui montrant peu d'empressement, soit pour que la personne qui devait voir la reine eût le temps de me donner des instructions convenables. Je le vis enfin à dix heures du soir et ne le quittai qu'à une heure et demie. Il m'avait fait avertir, à neuf heures, par son valet de chambre, que MM. Barnave et Menou étaient chez lui. Je rappelle d'abord cette circonstance, pour montrer, ainsi qu'on le verra bientôt, que, même dans les plus petits détails, la confidence m'a paru complète. Je vais grouper les principaux traits du discours que le ministre m'a tenu; on se mettra par là plus facilement en scène.

« Je vous appelle, m'a-t-il dit, pour un acte de confiance; je dois avant tout la mériter; je dois donc écarter tous les soupçons qui pourraient vous faire tenir sur la défensive. La première explication que je vous dois, c'est que Lafayette n'est pour rien dans tout ceci; mais je ne veux pas me borner à vous le dire, je veux le prouver, et je n'ai besoin, pour cela, que de vous faire connaître la véritable position de Lafayette.

» Vous devez être irréconciliable avec lui. Il vous a trompé ; mais qui n'a-t-il pas trompé de même, soit volontairement, soit sans le savoir, sans le vouloir? Vous croyez cet homme ambitieux? il n'a d'autre ambition que d'être loué; désireux du pouvoir? il en recherche l'apparence plutôt que la réalité: fidèle à l'amitié? il n'aime que lui-même et que pour lui-même. Comment, avec un tel caractère, ne vous aurait il pas trompé?

» Voulez-vous maintenant connaître son influence? Il en a sur la cour, mais par la peur; sur le gouvernement, sur le ministère, sur le conseil, aucune. Il n'en a jamais eu de ce genre, car tout ce qu'il savait, il le savait par moi. Lorsqu'il obtenait quelque succès, c'est que je l'aidais, et je n'avais qu'à le laisser faire pour qu'il échouât. Il aura moins encore d'influence à l'avenir, parce que je suis fatigué de la part qu'il veut prendre aux affaires. Mes collègues le sont comme moi, et déjà le garde des sceaux lui a rompu trois fois en visière. Un motif de la plus grande importance nous force, d'ailleurs, à faire cesser toutes ces relations. Ce prétendu rôle de premier ministre hors du ministère et de premier ministre sans fonctions, tue l'autorité royale, et c'est l'autorité royale qu'il s'agit par dessus tout de rétablir.

» Quel sera donc le pouvoir de Lafayette lorsque nous l'aurons ainsi mis à l'écart ? Sa fortune est dissipée ; il ne pourra disposer d'aucune somme d'argent, et si, à cet égard, je lui retirais tout à fait ma main, il n'aurait bientôt plus un aide de camp. Son influence sur l'Assemblée sera tout aussi nulle; il l'a complétement ruinée à force de donner des gages contre lui; il s'est lié par des signatures avec les Lameth et Duport; il a été, dans un temps, leur complice. Les autres personnes qui peuvent lui rester sont également à moi; il n'aura pas même les moyens de nuire. Je ne veux pas lui nuire non plus. Que veux-je donc? Qu'il ne soit autre chose que commandant de la garde nationale. Il faut bien qu'il le soit jusqu'à ce qu'on ait les moyens de lui donner un successeur sûr, et qu'il soit entièrement exclu du gouvernement et même des Tuileries.

» Je vous dois une seconde explication, a continué le ministre. Vous me demanderez sans doute pourquoi, ayant eu autrefois avec vous les relations les plus intimes, et vous reconnaissant pour le premier talent de l'Assemblée, j'ai tardé si longtemps à me rapprocher de vous. Le voici; jugez vous-même si je suis sincère.

» D'abord, je me trouvais puissamment lié avec M. Necker, et M. Necker était entièrement exclusif de vous. Ce premier obstacle m'avait toujours paru insurmontable.

» Ensuite, les personnes qui entourent la reine m'ont toujours nui dans son esprit. Je n'ai jamais eu sa confiance, ce qui m'a toujours empêché d'avoir complétement celle du roi, outre qu'on ne m'a jamais pardonné mon opinion sur la séance royale du 23 juin et mon retour par la faveur populaire. A quoi donc, sans la confiance de la cour, notre rapprochement aurait-il servi?

» Enfin, vous-même vous liâtes avec M. de Lafayette; ce n'était pas non plus ce moment que je pouvais choisir pour une coalition.

» Tout est changé maintenant. Pour la première fois j'ai une position qui me paraît indépendante et propre à servir la chose publique et le roi. Je sens très bien cette position. C'est d'hier que mes collègues sont arrivés. Je ne suis suspect ni à l'Assemblée, ni à ses divers partis, ni à l'opinion publique. J'ai quelques droits à la confiance de la cour. Je puis être un utile intermédiaire entre la nation et le monarque, et, comme je n'ai jamais trompé personne, on pourra se fier à moi. C'est déjà vous apprendre pourquoi je désire de me rapprocher de vous; mais il faut que je m'explique d'une manière plus étendue.

» Il est évident que nous périssons, nous, la royauté, l'autorité, la nation entière. Le mécontentement, quoique presque universel, est insuffisant pour ramener l'ordre; l'Assemblée se tue et nous tue, et

cependant, quelque important qu'il fût de la ren-
voyer, on ne peut tourner court. Des précautions
sont indispensables, un mouvement trop précipité
ne produirait qu'un excès de rage de plus. Si le
roi voulait se populariser, cela seul nous fournirait
bien des moyens, et ce serait sans doute la voie
la plus courte pour ruiner l'Assemblée. Ses moyens
individuels ne s'y prêtent pas, et l'impopularité de
la reine est encore trop forte pour ne pas nuire à
la popularité du roi.

» Que faut-il donc? — Temporiser, mais gouverner; attendre un vent favorable, mais préparer les
voiles et ne pas quitter un instant le gouvernail.
Je veux relever l'autorité, je veux consacrer toutes
mes forces à ce but. Vous le voulez vous-même,
et vous ne pouvez désirer autre chose. Je connais
vos principes. Laissez à d'autres les systèmes où il
ne faut que du mouvement. C'est par le talent que
vous dominez; il faut donc, pour votre gloire, un
ordre de choses qui exige par dessus tout le talent.
Les Lameth ne vous ont jamais aimé, ne vous aime-
ront jamais. Je sais et je puis vous prouver qu'ils
vous nuisent de mille manières. Que d'autres soient
leurs auxiliaires: ils sentent bien que vous n'êtes
pas fait pour être leur prévôt. Ces gens-là, d'ailleurs,
sont irréconciliables, parce qu'ils sont convaincus
qu'il est impossible qu'on leur pardonne. Un seul de
leur secte mérite quelque exception : c'est Barnave.

Il faut le gagner pour le leur ôter ou le perdre avec eux; j'aimerais mieux le premier parti que le second.

» Quant à vous (c'est toujours le ministre qui parle), je ne vous compare avec personne autre. Ce n'est pas qu'il n'y ait dans cette Assemblée quelques hommes d'une certaine force, mais ils sont tarés. Vous seul avez su vous dépopulariser par courage et vous repopulariser par prudence; vous seul n'avez point varié dans les grandes questions monarchiques; vous avez d'ailleurs des liaisons à la cour. Je vous en parle le premier; je ne veux en connaître ni les intermédiaires ni les issues, quand même ce secret ne serait pas celui d'autrui. Mais ces liaisons peuvent être utiles à la chose publique, et ceci demande quelques détails.

» Il est évident que ma situation avec la reine est contraire à tous les deux: elle me prive de beaucoup de succès; et si cet obstacle était connu, ma popularité, ce que je suis bien loin de désirer, se fortifierait aux dépens de la sienne. Que n'ai-je pas fait pour obtenir sa confiance! J'eus avec elle une explication pendant laquelle elle parut touchée de mon zèle, et trois jours après, sa domesticité me fit une querelle au sujet du prince de Condé. J'eus alors une entrevue avec la reine, et je fus maltraité. Dans d'autres conférences, j'ai été reçu tantôt mal, tantôt bien, mais toujours avec tiédeur. M. de Mercy, qui rendait justice à mes intentions, m'a fait souvent espérer que l'on serait mieux avec moi. D'après ses conseils, je vis la reine. Je l'assurai que ni Sa Majesté ni le roi ne devaient douter de mon zèle. — Pour le roi, me dit la reine, j'en suis persuadée : vous lui avez tant d'obligations!... Je trouvai le propos fort dur. Je me bornai à observer que beaucoup de gens qui tenaient tant du roi l'avaient abandonné. Je témoignai cependant, en sortant de chez la reine, que j'étais très content d'elle. La reine, au contraire, dit dans son intérieur qu'elle m'avait fort maltraité. Cette position est certainement des plus décourageantes.

» Quel est mon but dans ce moment? Je veux servir, et ne le puis utilement que par la reine; je sens qu'elle est la partie la plus forte du gouvernement; c'est par elle seule que je voudrais agir sur le roi, car cette influence serait bien plus sûre et bien plus complète. C'est donc sa confiance, et sa confiance abandonnée, que je dois rechercher avant toutes choses; et mon premier objet, si je viens à monter un atelier d'influence, sera de la populariser. Ce succès sera d'autant plus facile qu'elle a renoncé, autant que je puis le croire, à tout contre-mouvement, et si la constitution s'améliore, je ne désespère pas de la réconcilier avec ce qu'on ne pourra pas changer.

» Après ces détails, les divers points de ma coalition avec vous seront faciles à établir.

» Je vous demande de m'aider :

» 1° A tracer un plan qui puisse faire finir l'Assemblée sans secousse;

» 2° A changer l'opinion des départements, à veiller sur les élections et à repopulariser la reine;

» 3° A me faire obtenir sa confiance.

» Ou plutôt je ne demande rien. Éclairez-moi, secondez-moi. Je n'ai jamais rêvé sur la constitution des empires; ce n'est point là mon métier : je le ferais mal; il me faut des gens habiles, et je ne compte que sur vous. Je puis disposer de Thouret, de Chapelier, de l'évêque d'Autun. Quant à Barnave, je n'en suis pas sûr; il ne vient jamais qu'avec Menou, et les confidences d'un certain genre sont impossibles en présence d'un tiers. J'ai un homme auprès de lui, mais je n'ai pu encore parvenir à faire proposer de l'argent. Je sais d'ailleurs qu'on me perfidise. On m'avait promis de me laisser le temps d'écrire à Rome sur le décret du clergé, et Alexandre Lameth en sollicite vivement la sanction. Au reste, quelque liaison que je parvienne à obtenir avec ces gens-là, elle sera toujours bornée, réservée; avec vous seul elle sera entière. Les premiers intermédiaires dont je me suis servi n'y seront plus pour rien. Je vous laisse sur mon opinion la plus absolue liberté. Je sens mieux qu'un autre la nécessité de louvoyer pour arriver à un certain but. »

» Voilà à peu près tout ce que m'a dit de plus

important M. de Montmorin... J'ai affecté de ne pas
l'interrompre, pour le laisser se dérouler tout entier.
Le reste de la conversation ne consiste que dans
quelques épisodes. Il m'a parlé de deux plans qu'il
avait présentés, l'un pour la maison militaire du
roi, l'autre pour ses frères; de la difficulté qu'éprouvait M. Delessart pour se procurer de l'argent; d'un
emprunt de cinq millions que M. Delessart fait
tenter à Gênes sur la liste civile du roi; enfin, des
justes craintes que lui inspire le comité de révision,
qui, sans rien raccommoder, pourrait cependant,
par de faux palliatifs, rendre la besogne moins
odieuse.

» Je n'ai répondu que peu de mots, mais j'étais
trop persuadé que M. Montmorin était sincère, pour
ne pas l'être moi-même. Je lui ai dit, en lui prenant les mains : « Ce n'est pas le ministre du roi,
forcé quelquefois de jongler, que je viens d'entendre :
c'est M. de Montmorin, c'est un homme d'honneur
qui m'a parlé et qui ne veut pas me tromper. Je
vous servirai, je vous seconderai de tout mon pouvoir. Il s'agit d'abord d'arrêter un plan, et je vous
communiquerai sur cela quelques idées.

» Après avoir rêvé à fond sur cette conversation,
j'avoue que je ne puis avoir aucune raison de douter
que M. de Montmorin ne veuille servir la reine. Il
me semble donc qu'on devrait lui montrer plus de
confiance, s'il se met en mesure de l'obtenir ainsi

que je le lui ai conseillé. De mon côté, je suivrai toutes les instructions que l'on me donnera. Je ne communiquerai rien par écrit à M. de Montmorin que la reine ne l'ait vu; mais je lui demande le secret même pour le roi, de peur qu'une indiscrétion, en détruisant la confiance du ministre, ne mette obstacle à une coalition dont il est possible de tirer un grand parti. Jusqu'à présent, néanmoins, les projets de M. de Montmorin sont à peu près nuls, et ses auxiliaires peu de chose. La difficulté reste donc tout entière. Elle consiste principalement à trouver un plan utile, mais c'est précisément ce qu'il demande, et il peut fournir quelques moyens d'exécution. »

XXII.

Enfin Mirabeau donna ce plan, qui contenait, selon lui, le salut du roi, de la France et de la monarchie. Ce plan, soupçonné mais inconnu jusqu'aux récentes révélations de M. de Bacourt, dépositaire des papiers secrets de Mirabeau, a été exalté sur parole par les historiens comme un mystère de haute politique qui aurait abattu la Révolution sous les pieds de la reine. Nous allons le réduire aux proportions humaines, en l'analysant et en le montrant ce qu'il est, un repentir tardif, une perfidie de manœuvres et une inanité de moyens qui attestent une fois de plus l'insuffisance du génie d'un homme contre le génie d'un temps.

Après une magnifique autopsie de la France et une sinistre prophétie des catastrophes qui attendent le roi et la reine, l'homme d'État passe aux expédients de salut qu'il conseille à l'infortuné monarque pour sauver sa famille, son trône et sa monarchie.

Le premier de ces moyens, selon lui, c'est de tendre à l'Assemblée nationale des piéges où le roi l'aidera à tomber pour la perdre dans l'opinion publique par ses excès, et pour ramener ainsi la nation au monarque par le dégoût et par la terreur de sa propre impuissance. Laissons parler ici le plagiaire de Machiavel :

« J'ai déjà, dans le cours de cet écrit, indiqué plusieurs moyens d'attaquer l'Assemblée. Je les réduis principalement à ceux-ci : lui laisser rendre tous les décrets qui peuvent augmenter le nombre des mécontents; la porter à multiplier les exceptions pour la capitale; l'engager à détruire les municipalités des campagnes, à changer l'organisation de celles des villes, et à réprimer les administrations des départements; lui faire adresser des pétitions populaires sur des points que l'on sait n'être pas dans ses principes; la pousser de plus en plus à usurper tous les pouvoirs; appesantir ses discussions sur des objets inutiles; lui faire proposer par la

minorité les motions les plus populaires pour qu'elle
les rejette ou les modifie; prolonger sa session jusqu'à ce que les abus du nouvel ordre judiciaire et
la difficulté d'asseoir l'impôt soient parfaitement
connus; lui faire part chaque jour de l'embarras
d'exécuter ses lois, et lui demander de les expliquer
elle-même; enfin, dans le même temps, ne négliger
aucune occasion d'augmenter la popularité de la
reine et du roi.

» La plupart de ces moyens n'ont pas besoin de
développement : il n'est personne qui n'ait remarqué
que la section impopulaire de l'Assemblée est celle
précisément qui, quand il ne s'agit pas de son intérêt personnel, contribue le plus à faire modifier les
projets de décrets qu'il aurait été beaucoup plus utile
d'admettre en entier. Ce n'est pas qu'on adopte précisément les amendements de la minorité : on ne lui
laisse pas cette gloire ; mais la discussion qu'elle
provoque éclaircit une question, dévoile les inconvénients d'un système, et la majorité de l'Assemblée
revient plus ou moins sur ses pas. Il est très important
d'employer aujourd'hui une tactique entièrement op-
posée. Les seuls points sur lesquels il faille résister
ouvertement, soit à la tribune, soit par écrit, soit dans
l'Assemblée, soit dans les provinces, ce sont les
questions qui tiennent aux principes du gouvernement
monarchique et au rétablissement de l'autorité royale.
Il faut avoir soin que ces discussions soient toujours

secondées par quelques membres de la majorité actuelle, pour que l'opinion publique puisse se diviser
plus facilement. C'est surtout par des motifs très
populaires, et en respectant religieusement la liberté,
qu'il faut combattre à cet égard le parti démocratique. Une de ces questions est-elle perdue, il faut
en reprendre la discussion devant le public; il faut
distribuer dans les provinces les discours prononcés
par les membres du parti populaire qui auront combattu le décret, et ne rien oublier pour dévoiler au
peuple toutes les arrière-pensées, tous les projets
ambitieux dont la majorité de l'Assemblée n'a souvent
été que l'instrument.

» Il ne serait pas moins utile de porter l'Assemblée
à multiplier les exceptions pour la capitale. De pareils
décrets, proposés par la majorité de l'Assemblée,
paraîtraient un piége; mais on peut les provoquer
par des écrits. On peut se servir de quelques hommes
qui aient de l'influence dans les sections; et si, aussitôt
qu'un pareil décret sera proposé, on le fait attaquer
avec amertume et même avec violence par un des
membres les plus impopulaires de l'Assemblée, si
des ouvrages rédigés avec art font une affaire de
parti d'une simple discussion, il est presque impossible que l'exception soit refusée. Il sera facile ensuite
d'embarrasser l'Assemblée en provoquant une grande
ville de province à demander la même exception ou
la même faveur. On fera appuyer cette demande par

tous les districts d'un département; et, ou l'Assemblée sortira de ses principes, ou sa prévention mul-
tipliera les mécontents, ou l'influence de Paris devien-
dra toujours plus odieuse.

» Une mesure encore plus importante, c'est d'engager l'Assemblée à détruire les municipalités dans
les campagnes et à changer l'organisation de celles
des villes. Ce changement causerait d'abord une
grande agitation dans le royaume, et l'anarchie est
toujours la suite d'un grand mouvement. Si l'Assemblée attaque les municipalités des grandes villes,
la résistance peut devenir très opiniâtre; si elle les
conserve, il sera facile de montrer aux habitants des
campagnes que l'Assemblée nationale accorde trop de
faveur aux villes. Il y a d'ailleurs de grandes provinces
dont les moindres villages ont eu des municipalités
depuis plusieurs siècles, des municipalités plus nombreuses que celles que l'on veut détruire, et par cela
même il est impossible qu'un tel changement ne
produise pas une explosion. Enfin, l'établissement des
municipalités de canton est une mesure plus impolitique qu'on ne pense. Ces nouvelles municipalités
ne dispenseront pas d'avoir dans chaque village des
syndics ou des administrateurs, soit pour ses affaires
personnelles, soit pour les cas urgents, soit pour
correspondre avec le canton; et puisque, dans plus
de vingt mille municipalités actuelles, il n'y a pas
plus de trois administrateurs, et que ce nombre d'of-

ficiers publics sera presque toujours indispensable ;
tout ce que l'on gagnera par le nouveau système, ce
sera d'avoir huit mille municipalités de plus.

» Faire réprimer par l'Assemblée toutes les entreprises des administrations de départements est un autre
moyen de ruiner son influence. Elle y sera d'autant
plus portée que déjà sa jalousie contre ces corps a
plusieurs fois éclaté. Il ne s'agit pour cela que de
connaître tous les points importants sur lesquels les
départements se sont écartés des décrets, et de les
dénoncer à l'Assemblée. Il faut, d'un autre côté, faire
naître des circonstances dans les provinces qui portent
les départements à des mesures que leur intérêt personnel ou la nécessité justifieront, et qui seront capables d'alarmer le corps législatif. La correspondance
dont je parlerai bientôt fournira bien des moyens de
remplir ce but.

» On peut l'obtenir encore d'une autre manière,
en faisant adresser à l'Assemblée, par les corps administratifs, un grand nombre de pétitions populaires
sur des points que l'on sait n'être pas dans ses
principes. Il serait facile, en effet, de persuader aux
provinces que l'Assemblée étant sur le point de terminer sa session, il importe tout à la fois de lui
demander tout ce qui reste à obtenir, et de lui
proposer la révocation de plusieurs décrets qui sont
très contraires aux intérêts du peuple. On aura soin
de ne faire demander que ce que l'on sera bien

assuré de faire refuser. Si la demande vient du peuple, on l'instruira qu'il doit forcer le corps administratif du département à le seconder. Si ce corps lui-même fait la pétition, il n'oubliera rien pour la faire appuyer par les autres départements, et le refus de l'Assemblée trouvera une plus grande résistance. On pourrait même, si l'on était parfaitement sûr de deux ou trois départements, en venir au point de les faire protester contre un décret qui aurait rejeté une demande très populaire ou refusé une rétractation indispensable. Mais les circonstances seules pourront déterminer le moment et l'occasion de prendre un tel parti, qui pourrait être d'un énorme danger si le succès en était seulement douteux.

» Pousser l'Assemblée à retenir tous les pouvoirs, ou même à les usurper sans déguisement, est une autre mesure que j'ai déjà indiquée. Cette conduite désorganiserait de plus en plus le royaume et multiplierait l'anarchie; mais, par cela même, elle préparerait une crise, et les maux du royaume, en se prolongeant, en devenant plus aigus, ne laisseraient bientôt plus d'autre ressource que de recourir à l'autorité royale. Les excès démagogiques de l'Assemblée auraient d'autant moins de danger, qu'on rallierait dans le même temps les provinces aux principes du gouvernement monarchique, et que la popularité du roi aurait fait plus de progrès. Il n'y aurait pas de moyen plus sûr de diminuer tout à

la fois le nombre des partisans de l'Assemblée et
leur influence, puisqu'on fortifierait le nombre de
ses ennemis, leur courage, leur résistance, et qu'il
s'établirait bientôt dans l'opinion publique sinon une
lutte égale, du moins une minorité assez forte pour
que la cour, en prenant le parti décisif de l'appuyer, fût certaine de l'emporter. Il n'y a qu'un
seul moyen de pousser l'Assemblée à des partis
extrêmes : c'est de la faire attaquer par les ministres. Je dirai bientôt comment ces importants débats
pourraient être dirigés.

» Contre un ennemi aussi dangereux, rien ne doit
être négligé. C'est dans ce sens que j'ai proposé
d'appesantir les discussions de l'Assemblée sur toutes
les questions inutiles. Jamais elle n'a eu moins de
crédit que dans ces moments de torpeur, de stag-
nation, où des questions particulières absorbaient
tous ses travaux. La lenteur de ses discussions rem-
plirait encore un autre but. Prolonger la durée de
l'Assemblée, c'est multiplier toutes les chances qui
sont contre elle; et il est important qu'elle ne se
retire pas sans avoir couru tous les dangers qui
peuvent naître de l'exécution de son ouvrage.

» C'est un moyen du même genre que de faire
proposer les questions les plus populaires par les
députés que le parti patriotique a le plus en aver-
sion. D'abord ce parti perdra le mérite de les
proposer lui-même; et, comme l'Assemblée est par-

dessus tout passionnée, sa haine contre l'auteur de la motion influera certainement sur le succès de la motion même. Elle rejettera souvent, elle modifiera du moins, par ce motif, une loi qui n'aurait éprouvé aucune contradiction si l'un des membres de la majorité l'avait proposée.

» J'ajoute, sur la nécessité de prolonger la session de l'Assemblée, qu'il est surtout important qu'elle tienne encore lorsque tous les inconvénients du nouvel ordre judiciaire et de l'assiette des nouveaux impôts seront parfaitement connus. Plus on aura de combats à lui livrer dans l'opinion publique, plus on rendra sa retraite ou impossible ou périlleuse; plus le jeu de toute la machine aura montré d'incohérence, moins il lui restera de partisans, et il ne faut jamais perdre de vue que l'influence royale sur la seconde législature dépend presque entièrement de la perte du crédit de celle-ci. »

XXIII.

Mais ce pessimisme corrupteur du seul élément de lumière, de force et de salut qui restait à la France, ne suffit pas à la restauration du trône, selon Mirabeau. Il faut corrompre, séduire et dominer l'Assemblée future destinée à relever ce que la première a détruit. Ici le plan de Mirabeau ressemble plus à une intrigue de police qu'à une vue politique. On sent l'homme qui a été contaminé de bonne heure par l'espionnage, marchandé par la corruption, et qui ne croit plus à la conscience d'autrui, parce que le fer chaud a cicatrisé la sienne. Son gouvernement n'est qu'une conspiration dont les complices concourent à un but connu sans se connaître entre eux.

« Il faut distinguer, dit-il, deux choses dans l'exécution du plan que je propose : son mécanisme, si je puis parler ainsi, et ses effets. Trois choses doivent constituer ce mécanisme : le choix et le nombre des personnes qu'il faut employer, les travaux dont il faut les charger séparément, et les précautions nécessaires pour que chacun des coopérateurs ne sache pas qui sont les autres, ignore, s'il est possible, le motif pour lequel il sera employé, ou ne connaisse que la portion du plan qu'il sera impossible de lui cacher.

» Le nombre des personnes ne peut être déterminé que par les divers genres d'influence qu'il faut exercer. C'est principalement sur trois points que cette influence doit être portée, savoir : sur l'Assemblée nationale, sur Paris et sur les provinces.

» L'influence sur l'Assemblée nationale ne doit être tentée que par le moyen d'un très petit nombre de députés, si l'on ne veut pas être trahi par quelque lâcheté ou embarrassé par des agents inutiles. On pourrait se borner d'abord à MM. de Bonnay, l'abbé de Montesquiou et Cazalès pour le côté droit ; Clermont-Tonnerre, d'André, Duquesnoy, l'évêque d'Autun Talleyrand, Emmery, Chapelier, Thouret, Barnave et moi. C'est avec M. de Montmorin seulement que ces douze députés devraient correspondre; mais il ne faut ni leur accorder une égale confiance, ni faire connaître à chacun d'eux ceux qui devront le seconder, ni leur faire part du projet que l'on veut exécuter. »

- On s'étonne de trouver Barnave au nombre des associés futurs de Mirabeau dans l'œuvre de reconstitution monarchique. Mais Mirabeau savait déjà à cette époque les rapprochements secrets de Barnave et de M. de Montmorin, l'ami du roi.

· « Ainsi, par exemple, continue-t-il, l'abbé de Montesquiou, M. de Bonnay, M. de Cazalès, Clermont-Tonnerre, d'André, doivent ignorer le concours des autres. Il ne faut pas que Chapelier et Thouret sachent que Barnave et moi soyons leurs auxiliaires; Barnave doit toujours être vu seul; je ne veux pas non plus que ma coalition avec aucun autre soit ostensible. Cette tactique aura plusieurs avantages : on inspirera plus de confiance aux députés qui croiront être les seuls dans la confidence du ministre. Chaque député ou plusieurs députés se livreront davantage, lorsque leur concours ne sera connu que de ceux de leurs collègues dont ils n'ont aucune raison de se défier. D'un autre côté, la coalition totale sera moins facile à découvrir; et si l'un des coopérateurs venait à se compromettre, on ne perdrait pas pour cela les autres.

» Il faut cependant un point de réunion pour que des efforts isolés soient dirigés d'une manière systématique, et un intermédiaire commun entre plusieurs membres, pour que les communications n'emportent pas trop de temps. Il n'y a pas à choisir sur le point central; car il est évident que M. de Montmorin est la seule personne avec qui des députés puissent et veuillent s'entendre. D'un autre côté, je ne connais pas de meilleur intermédiaire que Duquesnoy; mais ce choix ne peut être fait sans consulter les députés; et si Duquesnoy correspond avec plusieurs de ceux qui ne connaîtront pas respectivement leur coalition, il faut qu'il laisse ignorer à chacun d'eux tout ce qu'il aura été convenu de cacher : il suffira que ceux qui croiront être les seuls dans la confidence du ministre sachent en général qu'il a quelques moyens d'influence sur un plus grand nombre de députés.

» Tout ce que l'on vient d'observer ici ne regarde pour ainsi dire que l'exécution matérielle du plan. Il reste à déterminer : 1° si l'on doit communiquer le but que l'on veut atteindre à un ou à plusieurs de ceux qui doivent y concourir; 2° qui sera chargé d'indiquer jour par jour la marche systématique qu'il faudra suivre dans l'Assemblée, les décrets qu'il faudra proposer, combattre ou modifier.

» Il n'y a point de difficulté sur la première question. Le plan total, le but secret de la coalition et l'ensemble de toutes les mesures ne doivent être connus d'aucun député, pas même de Clermont-Tonnerre. C'est un secret qui doit être concentré entre M. de Montmorin et moi; car à quoi servirait une entière confidence? Bien loin de dévoiler le but, il faudra presque toujours tromper chaque député sur l'objet d'une démarche qu'on exigera, lui en cacher les conséquences, et le déterminer par des motifs entièrement différents de ceux que j'ai indiqués.

» Il le faudra d'autant plus que les douze députés, quoique faciles à rapprocher sur plusieurs points, auront cependant, sur beaucoup d'autres, des opinions si différentes, qu'il serait impossible de leur faire adopter le même but. Ils tiennent à trois sections opposées de l'Assemblée nationale; et cette circonstance, qui les rend très propres à remplir la diversité des mesures tracées dans cet écrit, ne leur permettrait pas d'agir de concert pour un plan dont le résultat connu ne plairait peut-être à aucun d'eux, et encore moins à leur parti. Il suit de là qu'il ne doit y avoir de concert et d'ensemble que pour le moteur secret qui connaîtra seul tous les fils de cette influence. Chaque section des députés ne doit fournir qu'une action isolée. C'est au distributeur des rôles à la faire seconder sans qu'elle sache elle-même ni

comment ni par qui; lui seul, en effet, doit connaître parfaitement le but auquel il veut parvenir.

« On ne doit pas se dissimuler que cette marche,
la seule praticable et sans danger, sera très difficile
à régler dans tous ses détails. Sur cela, je propose
les moyens suivants :

» 1° Presque tous les genres d'influence qu'il faut
exercer sur l'Assemblée étant déjà indiqués, ces premiers jalons ne permettront presque pas de s'égarer dans ce qu'il conviendra d'exiger des députés;
2° chaque membre de la coalition fera connaître à
M. de Montmorin les démarches qu'il croit les plus
propres à remplir tel ou tel objet, et ces différentes
données, comparées avec le but secret que l'on se
propose, rendront le choix des moyens beaucoup
plus faciles. Enfin, j'aurai presque tous les jours une
conférence secrète avec M. de Montmorin; et c'est
là qu'après un compte rendu réciproque de tout
ce que nous aurons ou observé ou recueilli, nous
déterminerons tout à la fois les rôles à distribuer
pour l'Assemblée et les motifs vrais ou faux qu'il
faudra présenter à chaque député pour le décider.
L'exécution du plan ainsi arrêté ne regardera plus
que l'intermédiaire.

» Pour obtenir par un si petit nombre d'agents
une grande influence dans l'Assemblée, il faudra que
les députés que l'on aura chargés du succès d'une
mesure fassent tous leurs efforts pour y entraîner

tout leur parti, ou du moins tous leurs amis. On
les secondera en achetant les voix de ceux qui
n'ayant que leur suffrage à fournir, peuvent être
séduits à bon marché ou par de simples promesses.
On fera faire plusieurs discours sur chaque question,
pour les distribuer à ceux qui ont plus de zèle que
de lumières, ou dont la paresse pourrait rendre
inutile la bonne volonté. Ceci tient à l'atelier des
ouvrages dont je parlerai bientôt.

» L'influence sur la ville de Paris exige des coopérateurs d'un autre genre. Cette partie n'est pas moins
vaste que la première; mais, comme ceux qui en
seront chargés sont très habiles, on peut se reposer
sur eux pour la plupart des détails. MM. Talon et
Sémonville doivent être les chefs de cet immense
travail. Ils seront obligés d'influer tout à la fois sur
la garde nationale, sur les corps administratifs et
les tribunaux, sur le corps électoral et sur les sections, sur l'opinion publique et notamment sur les
tribunes de l'Assemblée nationale, enfin sur tous les
auteurs des ouvrages périodiques. Cinq ou six agents
principaux leur sont donc indispensables, indépendamment d'un atelier de police plus nombreux, mais
d'une fidélité à toute épreuve. Je me bornerai, sur
ce point, aux réflexions suivantes :

» 1° Le choix des principaux intermédiaires et des
agents de police ne doit être fait que par MM. Talon
et Sémonville, qui seuls doivent avoir des relations

avec eux, afin que cette partie du plan soit parfaitement isolée de toutes les autres. »

Cette partie du plan était consentie avec M. Talon et M. de Sémonville, que Mirabeau couvre ailleurs de son mépris, mais auxquels il croyait devoir concéder la police.

« 2° Il ne faut ni bureaux ni secrétaires pour ce genre de relations, parce qu'il importe qu'un pareil établissement ne puisse jamais être ni découvert ni constaté par aucun vestige.

» 3° MM. Talon et Sémonville doivent donner un chef à l'atelier de police pour ne correspondre qu'avec lui, pour rester entièrement inconnus aux autres agents, et n'avoir ainsi qu'un seul intermédiaire. Les comptes rendus de celui-ci seront communiqués tous les jours à M. de Montmorin.

» 4° Pour tous les autres points sur lesquels il est nécessaire d'influer, tels que la garde nationale, les corps administratifs, les tribunaux, le corps électoral, les sections et les auteurs périodiques, il est indispensable d'avoir autant d'intermédiaires séparés qui ne correspondent qu'avec ceux qui les auront choisis, qui ne se connaissent point entre eux, dont chacun soit chargé d'une seule partie. On sent la nécessité d'une telle précaution. La chaîne qui pourrait conduire aux auteurs du projet ou aux principaux se trouve, par ce moyen, rompue à chaque pas. En dernière analyse, le secret dans chaque partie est le secret d'un seul homme, et la perfidie même d'un agent ne présente qu'un médiocre danger.

» Je ne répète point ici dans quel sens l'influence sur Paris devra être dirigée; je l'ai suffisamment indiqué dans cet ouvrage. Mais chaque jour les nouvelles des provinces et les événements particuliers pourront influer sur le choix des moyens, et même déterminer des changements utiles dans un plan soumis à trop de chances pour le regarder comme invariable, si ce n'est dans son résultat. Je me borne à observer que MM. Talon et Sémonville ne doivent pas tout connaître, qu'il suffira de leur montrer quelques points de vue généraux et un but très vague, qu'il faudra avoir l'air de les consulter sur ce qu'il y aura de mieux à faire, profiter de leurs idées si elles ne contredisent pas le plan qui doit leur rester inconnu, et les rectifier d'après ce plan si elles lui sont contraires. D'un autre côté, sur le compte qu'ils rendent chaque jour, M. de Montmorin leur proposera ce qu'il lui paraîtra le plus utile de tenter, et s'il veut me consulter seul sur les mesures qu'il leur prescrira, je le seconderai de tout mon pouvoir. Je n'ai point dit comment on peut s'attacher les députés dont j'ai parlé, ni par quels moyens l'on peut être assuré de Talon et Sémonville, dans l'instant même où ils viennent de renoncer à une coalition qui avait un objet si différent. L'espoir de rétablir l'autorité royale suffira pour entraîner plusieurs des membres que j'ai nommés; d'autres seront séduits par l'ambition; ceux-là par un intérêt plus substantiel, quelques-uns par le seul espoir de conserver la constitution en la rendant plus supportable. Je crois qu'il faut à ..... de l'argent; à Talon, la promesse d'une grande place; et lorsque je parle des promesses du gouvernement, je dois ajouter que sa fidélité à les remplir sera désormais une des premières bases de sa puissance. »

Il organise plus loin une propagande royaliste par des voyageurs semant une opinion factice et officielle dans les départements à la place de l'opinion spontanée et incompressible de la nation.

« 1º On doit se borner, dit-il, à l'envoi de quarante voyageurs, c'est-à-dire à un seul pour deux départements. Un traitement sur le pied de mille livres par mois et de douze cents livres pour frais du départ leur suffirait.

» 2º Ces voyageurs doivent n'être connus que de M. de Montmorin et n'être choisis que par lui; il est encore à propos qu'ils soient inconnus les uns aux autres

» 3º Ils doivent avoir deux sortes de missions : l'une ostensible et particulière, relative à quelque prétexte qu'il sera facile de créer ou de faire naître, et il est essentiel que le voyageur croie lui-même qu'il n'est envoyé que pour cet objet; l'autre générale et relative à l'état de l'opinion publique et au caractère des hommes en place dans tous les lieux que le voyageur aura à parcourir.

» 4° Pour donner cette seconde mission avec prudence, il faut que le voyageur ne reçoive d'abord que la première, et qu'il ne soupçonne même pas que son voyage puisse avoir un autre objet; qu'ensuite, dans une seconde conférence, on se borne à lui dire d'une manière très vague qu'on serait bien aise de recevoir des nouvelles précises de tout ce qu'il observera relativement à l'état actuel du royaume; enfin, qu'on lui donne comme par curiosité, au moment de son départ, une note de différentes questions à répondre et de faits à recueillir pour diriger cette correspondance. Cette note doit embrasser un si grand nombre d'objets, que le voyageur ne puisse jamais deviner quel est le but des renseignements qu'on lui demande. C'est en disant tout, qu'il rendra compte de ce que l'on désire savoir, et si, par ce moyen, une grande partie de la correspondance devient inutile, on sera du moins assuré de ne courir aucun danger.

» 5° La correspondance qu'il faudra suivre avec les voyageurs n'exige pas moins de précautions. L'atelier le plus simple que l'on puisse former à cet égard, c'est de n'avoir qu'un seul chef de travail et qu'un seul copiste. Toutes les lettres adressées ou à M. de Montmorin ou à l'intendant général des postes pour lui seraient remises à ce chef. Il n'en rendrait compte qu'au ministre et à moi, dans une conférence qui aurait lieu trois fois par semaine. On déterminerait là les réponses; on ferait en sorte que la même lettre pût être envoyée à plusieurs voyageurs, et un seul copiste suffirait à ce travail, en ayant soin de multiplier les copies par le moyen d'une machine à copier anglaise, ce qui aurait encore l'avantage de rendre l'écriture moins facile à reconnaître.

» Je n'ai pas besoin de faire observer que le chef de toute la correspondance, qu'il est impossible de diviser, tenant le fil de la plus importante partie du plan, doit être un homme tout à la fois très sûr et très habile. Je suis assez heureux pour avoir un sujet excellent à cet égard, et, comme on dit, fait exprès. On sent bien qu'il serait impossible que je hasardasse mon existence à un tel jeu, si le chef n'était pas indubitablement à moi; et l'on sent encore qu'il sera nécessaire de faire un sacrifice assez considérable pour s'assurer irrévocablement, et à l'abri de toute tentation, même de celle d'une ambition plus élevée, jusqu'à ce que du moins la machine soit montée et ses principaux effets produits, un agent aussi nécessaire.

» Cet homme sera seul instruit de cette partie du plan, qu'il faudra cacher avec le plus grand soin à tous les autres coopérateurs, et je n'en excepte aucun. Quant au copiste, il ne saura rien, par la précaution que l'on prendra de répondre constamment aux voyageurs dans le sens des notes qu'ils auront reçues, c'est-à-dire de répondre aux détails inutiles comme aux détails importants, et de provoquer leurs recherches sur les faits les plus contradictoires.

» Jusqu'ici, l'envoi des voyageurs ne présente certainement aucun danger ; mais je dois prévoir deux circonstances où il serait nécessaire de sortir des mesures que je viens d'indiquer. La correspondance des voyageurs peut montrer la nécessité de publier les ouvrages dans les provinces. Les voyageurs peuvent encore désigner une foule d'administrateurs ou d'hommes influents qu'il sera à propos de s'attacher. Se servira-t-on des voyageurs pour former ce nouveau genre de coalition ? Sera-t-il même à propos de leur adresser les ouvrages qu'il sera nécessaire de répandre ? Je n'hésite pas à conseiller un parti différent.

» D'abord, lorsqu'on aura reconnu la nécessité de publier un ouvrage, il sera facile de le répandre dans les provinces, tantôt par des envois gratuits, tantôt par des dépôts chez tous les libraires, sans que les voyageurs en soient instruits, et l'effet de l'ouvrage sera le même. D'un autre côté, quand on reconnaîtra toutes les personnes qu'il est à propos de gagner dans les provinces et les moyens d'y parvenir, j'aimerais mieux que quatre ou cinq personnes seulement fussent chargées de l'exécution ; le secret, par ce moyen, serait plus facile à garder ; on ne lierait pas cette seconde mesure à la première, et quatre ou cinq personnes, en parcourant rapidement le royaume, pourraient facilement traiter avec les chefs principaux que les voyageurs auraient déjà désignés.

» C'est par ces chefs que l'on agirait sur les corps administratifs et sur les assemblées électorales. Ils recevraient un traitement convenu et des secours suffisants ; mais il serait dangereux de correspondre avec eux. Il faut se borner à les faire surveiller par les voyageurs de la première classe, sans que ceux-ci aient aucune relation directe avec eux, pour qu'ils ne puissent pas s'en défier ; et, s'il devient nécessaire de donner aux chefs influents de nouvelles instructions, les quatre ou cinq personnes dont j'ai parlé pourront remplir cet objet, si on les place sur différents points qui leur permettent de se transporter partout où leur présence sera nécessaire.

» Il faut prendre pour ces voyageurs de la seconde classe les mêmes précautions que pour les premiers ; il faut seulement les choisir avec encore plus de soin. Ils ne doivent être connus que de M. de Montmorin et ne correspondre qu'avec lui, mais en adressant leurs lettres sous un nom inventé, et poste restante.

» Il ne faut pas non plus que ces voyageurs se connaissent entre eux ni qu'ils correspondent avec

les particuliers des provinces avec lesquels ils auront verbalement traité. On déterminera les départements dans lesquels ils doivent se renfermer; ils
recevront des instructions dont ils remettront des
copies aux différentes personnes qui concourront au
rétablissement de l'ordre public, et qu'ils feront
transcrire par ces mêmes personnes, pour ne laisser
dans leurs mains aucune écriture étrangère. Les
lettres qu'ils écriront à M. de Montmorin sous un
autre nom seront rapportées par le chef de correspondance dont j'ai déjà parlé, et répandues de la
même manière que les lettres des autres voyageurs.
Leur traitement devra être d'au moins trois mille
livres par mois.

» Il ne reste plus qu'à déterminer l'atelier des
ouvrages soit pour Paris, soit pour les provinces,
soit pour l'Assemblée nationale; et il est facile de
prendre des précautions pour que cette partie soit
aussi secrète que toute autre.

» 1º Un seul chef suffit pour l'exécuter, et Clermont-Tonnerre doit être préféré à tout autre. Lui
seul traitera donc avec M. de Montmorin. Il faut
imposer à Clermont-Tonnerre le plus grand secret
sur cette relation, lui cacher toutes les autres parties
du plan, et la chaîne de la découverte sera par
cela seul interrompue.

» 2º M. de Clermont-Tonnerre, en se procurant
un très grand nombre d'auteurs, ne traitera avec

chacun d'eux que séparément, et même avec chacun d'eux que pour chaque ouvrage, de peur que la réunion d'une foule d'objets ne fît découvrir le plan dont ils font partie.

» 3° Il sera consulté sur les ouvrages qu'il croira convenable de proposer ; mais il faut qu'il s'oblige, sans examen, de faire remplir tous les programmes qu'on lui indiquera. Ces programmes seront déterminés dans les conférences que j'aurai à cet égard avec M. de Montmorin. Presque toujours les rapports qui nous viendront de Paris et des provinces nous en donneront l'idée.

» 4° M. de Clermont-Tonnerre aura besoin de deux copistes parfaitement sûrs, pour transcrire les manuscrits sur la minute des auteurs. Il serait peut-être aussi convenable qu'il s'assurât d'une imprimerie très secrète.

» 5° Tous les ouvrages imprimés seront remis à M. de Montmorin, et là doit finir la relation de M. de Clermont-Tonnerre avec lui.

» 6° Si les ouvrages sont pour Paris, ils seront remis à MM. Talon et Sémonville, qui ne sauront ni pour qui ni comment ils ont été faits. S'ils sont destinés pour les provinces, ils seront envoyés à des adresses particulières ou à des libraires, à très bas prix.

» 7° Il faut que le nombre des auteurs dont M. de Clermont-Tonnerre pourra disposer soit très

considérable ; car on aura besoin tout à la fois de
discours pour l'Assemblée, de Mémoires pour les
ministres, d'une multitude de feuilles pour Paris,
d'un grand nombre de dissertations pour les provinces, et de plusieurs ouvrages étendus, capables
de donner une grande impulsion à l'opinion publique. Il n'y a aucun sacrifice auquel il ne faille se
résoudre pour s'attacher les hommes du premier
talent.

» En voilà assez, conclut-il, pour tracer un plan
qui, soumis aux observations de chaque jour, sera
nécessairement perfectionné par les efforts mêmes que
l'on fera pour l'exécuter. Je le termine par une réflexion rassurante et cruelle. On peut tout espérer si
ce plan est suivi, et, s'il ne l'est pas, si cette dernière
planche de salut nous échappe, il n'est aucun malheur, depuis les assassinats individuels jusqu'au
pillage, depuis la chute du trône jusqu'à la dissolution de l'empire, auquel on ne doive s'attendre. Hors
ce plan, quelle ressource peut-il rester ? La férocité du
peuple n'augmente-t-elle pas par degrés ? N'attise-t-on
pas de plus en plus toutes les haines contre la famille
royale ? Ne parle-t-on pas ouvertement d'un massacre
général des nobles et du clergé ? N'est-on pas proscrit pour la seule différence d'opinion ? Ne fait-on
pas espérer au peuple le partage des terres ? Toutes
les grandes villes du royaume ne sont-elles pas dans
une épouvantable confusion ? Les gardes nationales

ne président-elles pas à toutes les vengeances populaires? Tous les administrateurs ne tremblent-ils pas pour leur propre sûreté, sans avoir aucun moyen de pourvoir à celle des autres? Enfin, dans l'Assemblée nationale, le vertige et le fanatisme peuvent-ils être poussés à un plus haut degré?

» Malheureuse nation! voilà où quelques hommes, qui ont mis l'intrigue à la place du talent et les mouvements à la place des conceptions, t'ont conduite! Roi bon, mais faible! reine infortunée! voilà l'abîme affreux où le flottement entre une confiance trop aveugle et une méfiance trop exagérée vous a conduits! Un effort reste encore aux uns et aux autres, mais c'est le dernier. Soit qu'on y renonce, soit qu'on échoue, un voile funèbre va couvrir cet empire. Quelle sera la suite de sa destinée? Où sera porté ce vaisseau frappé de la foudre et battu par l'orage? Je l'ignore; mais si j'échappe moi-même au naufrage public, je dirai toujours avec fierté dans ma retraite : « Je m'exposai à me perdre pour les » sauver tous; ils ne le voulurent pas! »

XXIV.

Les moyens de détail et le mécanisme de ces ateliers de corruption viennent en appendice à ce plan, où l'on ne sait qu'admirer le plus de la perversité du but ou de la puérilité des moyens. Mirabeau croyait qu'une nation s'achetait comme un homme et qu'on pouvait prendre le rétablissement d'une monarchie à forfait. Ses associés dans cette œuvre étaient dignes de lui. Voici comment il les juge lui-même dans ses lettres confidentielles à M. de Montmorin, à M. de Fontanges et à la reine elle-même, qui s'étonnaient de sa confiance dans des hommes précédemment décriés par lui-même :

« Je me rappelle parfaitement bien, écrit il à la reine, la note que j'adressai, il y a quelques mois, sur T..., et dont Sa Majesté fut très frappée. Plus elle y a donné d'importance, plus je dois, dans une occasion très majeure et très décisive, m'empresser non pas de rétracter une erreur, car je pense au fond toujours de même, mais de distinguer les temps et les circonstances.

» Alors il restait encore mille voies de salut; aujourd'hui, nous n'avons plus qu'une ressource. Elle est périlleuse pour tous les agents. L'exécution de notre plan tient, dans une de ses plus importantes parties, à l'institution et à la direction d'une police à laquelle très peu d'hommes sont propres, et dont personne ne peut être chargé que du consentement de T...; car il en sait trop sur les ressorts secrets qui existent, pour ne pas déjouer quiconque essaierait de les manier sans lui. Il faut donc mettre cet homme à la police; c'est la seule place qui lui convienne et la seule à laquelle il convienne.

» Alors nous n'avions aucun gage de sa fidélité; aujourd'hui nous en possédons de plus d'une espèce, outre la quantité de mes confidents qu'il ne peut pas dérouter avant d'en avoir fait des complices, ce qui lui est entièrement impossible. »

Le comte de la Marck, sous la dictée de Mirabeau, écrit de son côté à la reine :

« J'ai vu Talon, et chaque fois il est entré dans des détails qui ne me permettent pas de douter qu'il voulait me témoigner une confiance illimitée. Il m'a montré l'original d'un écrit important dont je ne parlerai point ici d'une manière plus étendue, parce que je suppose que la reine en a eu connaissance par M. de Mercy, avec qui j'ai lieu de croire que M. Talon communiquait par l'entremise de M. de Bougainville. Il est évident pour moi que la partie de cet écrit qui pourrait compromettre Votre Majesté n'est que le résultat d'une perfide machination; mais il n'est pas moins certain que cette pièce, qui a une sorte d'authenticité, mérite une grande attention dans les circonstances actuelles. Je prendrai un jour la liberté d'en causer avec la reine et de lui proposer quelques moyens très simples et très faciles d'effacer promptement toute trace incommode de cet écrit. M. Talon tire une certaine force de la possession de cet écrit et ne manque pas d'estimer très haut le service qu'il a rendu en le conservant secret.

» On ne peut nier que ce ne soit un homme à

ménager, et j'engagerais à le´ gagner, même quand il n'y aurait que le silence à obtenir de cet homme. Mais on en peut faire autre chose : on trouvera en lui des moyens d'influer sur Paris qu'on ne rencontrerait pas dans un autre. Sous ce rapport, je crois presque impossible de se passer de lui. Il est d'ailleurs complétement brouillé avec M. de Lafayette, et ne craint pas de dévoiler tout ce que leurs relations ont eu de plus intime. En annonçant plus ouvertement, comme il le fait, le désir de servir la reine, il est bien clair qu'il est dirigé par son intérêt, et qu'il croit rencontrer de meilleures chances en se dévouant à la reine qu'en servant M. de Lafayette, dont il a reconnu la nullité et l'impuissance. Comme la reine n'a pas trop le choix des moyens ni des agents, j'ai cru qu'il était convenable d'encourager M. Talon.

» Je lui ai conseillé, pour s'assurer la confiance de Votre Majesté, de recommencer par travailler à donner dans Paris une impulsion qui fût favorable à l'autorité du roi, et de faire que les sections se plaignissent elles-mêmes de sa captivité. Il a promis de s'y employer activement, mais il a insisté pour que M. de Sémonville fût employé avec lui. Celui-ci est un autre intrigant habile, entreprenant, dissimulé, âpre à l'argent, toujours calme dans les affaires, fidèle par intérêt, et traître, s'il le faut, quand il y entrevoit un avantage pour lui; connu par tous les partis, sans jamais se compromettre avec aucun. Tel est et tel sera toujours M. de Sémonville.

» J'ai d'abord refusé, sous différents prétextes, de me confier à lui, parce que je voulais auparavant prendre les ordres de la reine à cet égard. Je dois dire à Votre Majesté que si M. de Sémonville n'est pas employé, M. Talon se trouve à peu près annulé; car ces deux hommes n'en font pour ainsi dire qu'un seul : l'un est l'âme et l'autre le corps. Il ne faut pas perdre de vue qu'ici c'est l'intrigue que nous avons à combattre, et que presque toujours elle échappe à tout autre moyen qu'à l'intrigue. Or, dans cette espèce de guerre, ces deux hommes ont très peu de rivaux : il faut donc ou les laisser aux autres ou les prendre pour soi; et comme il n'est pas nécessaire d'estimer tous ceux qu'on emploie, je conseillerais ce dernier parti.

» J'ai donné connaissance à M. de Montmorin d'une partie de mes conversations avec M. Talon; il m'a fourni des preuves certaines que M. de S... était effectivement brouillé avec M. de Lafayette, et d'une manière à peu près irréconciliable. J'ai pensé qu'il était utile de communiquer à M. de Montmorin le projet de mettre un terme à la captivité du roi, dont va s'occuper M. Talon. Il l'a entièrement approuvé, en reconnaissant avec moi que la plus grande difficulté du moment tient à la situa-

tion du roi, et qu'il faut avant tout obtenir la
liberté de Sa Majesté. Il m'a donc promis de seconder M. Talon de tout son pouvoir, mais il ne m'a
pas caché qu'il craignait que la reine, une fois
libre, ne s'engageât dans des entreprises dangereuses. Je crois l'avoir rassuré sur ce point, mais
il me paraît néanmoins nécessaire que Votre Majesté
lui répète encore que sa confiance en lui restera
toujours la même, et que, soit à Paris, soit au
dehors, elle se concertera toujours avec lui.

» La reine jugera peut-être, par ce que je viens
de lui rapporter, que la coalition systématique entre
M. de Montmorin et M. de Mirabeau prend assez de
consistance, et qu'on peut concevoir quelque espoir
de cette tentative, qui, je le crains bien, est la seule
et la dernière qui reste. Il faut donc fortifier les
deux principaux appuis de cette coalition. M. de Montmorin a besoin d'être sans cesse remonté et encouragé : c'est dans de fréquentes conversations avec Votre
Majesté et dans la confiance qu'elle lui témoignera
qu'il peut seulement puiser la force qui lui manque.

» Au reste, on peut presque trouver une garantie
de la fidélité de M. de Montmorin dans la faiblesse
même de son caractère, qui le porte toujours à se
soumettre à la direction de quelqu'un. C'est ainsi
qu'il a été tour à tour soumis à M. de Calonne, à
l'archevêque de Sens, à M. Necker. Je ne doute pas
qu'il ne le soit de même à la reine.

» J'ai peu à dire de M. de Mirabeau : il paraît s'attacher au grand plan qu'il a combiné ; il s'en occupe activement. Son opiniâtreté dans les entreprises hasardeuses doit faire croire qu'il poursuivra celle-ci. Je continue à surveiller sa conduite et à exciter son zèle par tout ce qui peut l'enflammer. Mais si cette dernière ressource nous manque, que nous restera-t-il ? Je n'ose pas même y songer. »

Le comte de Mercy-Argenteau, ambassadeur de l'empereur à Paris auprès du roi, recevait également à Bruxelles communication de ce plan des mains du comte de la Marck. « Vous verrez, disait le comte de la Marck à l'ambassadeur, que Mirabeau se livre entièrement, s'engage même au delà de nos espérances, et se met hardiment en avant. Ce n'est pas que pour lui l'exécution ne soit souvent fort différente du projet ; mais il faut lui savoir gré des simples promesses quand elles sont sans réserves.

» Le plan est aujourd'hui parfaitement arrêté, et on est sur le point de l'exécuter. On rencontre cependant déjà des difficultés que l'on n'avait pas prévues : on comptait sur le concours de tous les ministres, et de ce côté il faut s'attendre, au contraire, à des obstacles. Le garde des sceaux, M. Duport du Tertre, est un esclave des Lameth, et de plus un dangereux ennemi de la reine. Vous pourrez en juger par le fait suivant. Il y a quelques jours, M. de Montmorin lui parlait de la conduite de certains factieux qui ne cessent d'irriter l'opinion publique contre cette malheureuse princesse, et qui semblent avoir pour but de provoquer son assassinat. M. Duport du Tertre répondit froidement qu'il ne se prêterait pas à cela, mais qu'il n'en serait pas de même s'il ne s'agissait que de lui faire son procès. « Quoi ! lui dit M. de Montmorin, vous, ministre du roi, vous y consentiriez ?—Mais, répondit-il, comment s'y opposer ? » Il est positivement l'agent et l'organe des Lameth, qui ne le quittent pas, et, de tous les maux qu'a causés M. de Lafayette, le choix forcé d'un pareil ministre est celui qu'on peut le moins lui pardonner.

» Le ministre de la guerre, M. du Portail, ne trahit pas moins les intérêts du roi; il n'est point son ministre, mais bien celui du comité militaire de l'Assemblée, dont il se regarde comme le simple commis. « On verra le comité. Que désire le comité ? Qu'entend faire sur cela le comité ? » Ce sont là les seules réponses de cet homme, les seules instructions qu'il donne à ses bureaux. Aussi le pouvoir exécutif est-il concentré à peu près exclusivement dans l'Assemblée nationale.

» Le ministre des finances, M. de Lessart, a plus d'esprit que les deux premiers, et M. de Montmorin en est moins mécontent, mais il a très peu de caractère; il est faible et tremblant; il sera donc à peu près inutile dans un moment où les meilleures intentions, sans le courage qui peut les réaliser, ne servent à rien.

» Le ministre de l'intérieur, M. de Saint-Priest, n'est point encore remplacé. Reste donc M. de Montmorin, et vous connaissez parfaitement celui-ci. Je n'ai aucun doute sur sa fidélité et sur son zèle ; je puis même dire que parfois je lui ai trouvé plus de fermeté que je ne lui en supposais, et une certaine dose de courage qui me semblait hors de sa mesure. Cependant la manière dont il a admis sans réserve le plan de M. de Mirabeau ne me rassure qu'imparfaitement ; je crains qu'il ne manque de cet esprit de décision et de cet ascendant irrésistible qui caractérisent les hommes d'État, et que, dans des circonstances graves, rien ne peut remplacer. Qui, d'ailleurs, ajoute-t-il, pouvait-on charger de la direction de la police de Paris, si ce n'est ces deux hommes qui déjà, sous le patronage de M. de Lafayette, entretenaient une police très active, et qui ne laissaient pas d'autre alternative que de les avoir pour auxiliaires ou pour ennemis ? M. Talon exigeant le concours de M. de Sémonville, on a dû les prendre tous deux ensemble.

» M. T... promet beaucoup. Dans ses promesses il va plus loin que la partie du plan qui le concerne. Il ne demande que peu de temps pour répondre de la sûreté du roi et de la reine, pour calmer Paris, attiédir les Jacobins, désinfluencer leur club, ramener les sections de Paris à de meilleurs principes, et faire demander par elles plus de liberté pour le roi.

» De toutes ces promesses, la liberté du roi est

celle à laquelle j'attache le plus de prix. Le peuple, abusé, se défie aujourd'hui de la cour, parce qu'il lui suppose des projets hostiles; aussi surveille-t-il avec une grande défiance les démarches du roi et de la reine, et la grande force de M. de Lafayette tient à ce qu'il est le gardien de ces importants otages. Si le roi retrouvait la liberté de ses mouvements, l'état des choses changerait immédiatement; si on le voyait s'éloigner de la capitale et y revenir sans que cette liberté, nouvelle pour lui, changeât les principes du gouvernement, le peuple reconnaîtrait qu'il a été trompé sur les intentions du roi, et le calme se rétablirait bientôt. Eh bien ! monsieur le comte, j'ai lieu de croire que M. Talon tiendra sa promesse sur ce point.

» Une autre raison assez puissante devait décider à ménager M. Talon. Il est dépositaire de ce papier de Favras que l'échafaud même n'a pu arracher à la faiblesse de celui-ci. J'ai vu ce papier en original; ce n'est presque rien, et cependant on doit tenir compte du service qu'à rendu celui qui l'a gardé secret. Dans un temps de révolution, où l'animosité cherche bien moins des preuves que des prétextes, je ne sais pas si les simples trigauderies d'un tiers ne suffiraient pas pour compromettre la vertu la plus pure. Il fallait donc gagner M. Talon pour obtenir l'anéantissement de cette pièce.

» Les journaux vous auront informé des événements publics; j'ai peu à vous apprendre sur ce point. Je vous dirai seulement que le crédit de M. de Lafayette décroît tous les jours; il est dans une position vraiment singulière, et ne conserve une espèce de force que, pour ainsi dire, de la pitié populaire. »

LIVRE DIX-SEPTIÈME.

I.

Tout était anarchie dans la nation, tout devenait complot dans le palais. Pendant que ce plan si puéril et si compliqué, dernier effort de l'impuissance de Mirabeau, s'exécutait sans autre résultat dans la capitale que l'épuisement des trésors du roi, la Marck, envoyé par la reine à Metz, concertait avec le marquis de Bouillé, général des troupes victorieuses à Nancy, les mesures éventuelles pour une évasion du roi. Cette évasion, qui devint plus tard une pensée du duc de la Rochefoucauld, de madame de Staël, fille de M. Necker, de Lafayette lui-même, à la dernière extrémité de ressources, était, comme on l'a vu aussi, un plan arrêté de Mirabeau. Seulement, Mirabeau voulait que le roi, au lieu d'une évasion furtive ou nocturne, sortît de

sa capitale en plein jour, au milieu d'une escorte
de troupes fidèles, et se jetât à Compiègne au sein
de l'armée de Bouillé, pour négocier de là avec son
peuple, intimider l'Assemblée, modifier la constitution. La Marck, porteur d'un billet du roi qui
l'accréditait auprès du marquis de Bouillé, trouva ce
général dévoué, mais peu confiant dans ses troupes.
Il rapporta au roi une lettre de. M. de Bouillé,
qui, sans décourager ce prince de ce dessein, lui
en exposait avec franchise les difficultés et les périls.

II.

La reine, de son côté, n'hésitait plus à chercher
son salut et celui de ses enfants dans la fuite, et
même dans un concert lié avec les émigrés armés
et avec les puissances étrangères. Ce concert, nié
par les historiens royalistes, est attesté par des
lettres de la reine elle-même récemment retrouvées
dans des révélations posthumes. Elles montrent que
tout n'était pas calomnie dans les rumeurs relatives
à un *comité autrichien*, et que la Révolution avait
la divination trop juste de l'inimitié de Marie-Antoinette. Des deux côtés, on ne se bornait pas à se
haïr et à se combattre; on se trahissait : le peuple
trahissait pour la liberté; la reine, pour la vie de
sa famille.

« On m'assure, » écrivait Marie-Antoinette au comte

de Mercy-Argenteau, alors à Bruxelles, « de l'hon-
» nêteté des personnes qui se chargent de cette
» lettre, et qu'elle vous arrivera sûrement. J'en pro-
» fite pour entrer avec vous dans les détails de
» notre position, qui est affreuse, et vous faire deux
» ou trois questions auxquelles il est nécessaire que
» vous trouviez moyen de me répondre promte-
» ment.

» Nous sommes au moment où l'on apportera
» bientôt la constitution à l'acceptation du roi; elle
» est par elle-même si monstrueuse, qu'il est im-
» possible qu'elle se soutienne longtemps.

» Mais pouvons-nous risquer de la refuser dans
» la position où nous sommes? Non, et je vais le
» prouver. Je ne parle pas des dangers personnels
» qu'il y aurait à courir : nous avons trop prouvé,
» par le voyage que nous avons entrepris il y a
» deux mois, que nous ne calculons pas nos per-
» sonnes quand il s'agit du bien général; mais cette
» Constitution est si mauvaise par elle-même, qu'elle
» n'aura et ne peut avoir de consistance que par
» la résistance qu'on y opposera; il s'agit donc de
» garder un milieu en sauvant son honneur, et qui
» puisse nous laisser en mesure que tout le monde
» revienne à nous, le peuple s'entend, quand une
» fois il sera désaveuglé et lassé.

» Pour cela, je crois qu'il est nécessaire, quand on
» aura présenté l'acte au roi, qu'il le garde d'abord

» quelques jours, car il n'est censé le connaître que
» quand on le lui aura présenté légalement, et
» qu'alors il fasse appeler les commissaires, pour
» leur faire, non pas des observations ni des deman-
» des de changements qu'il n'obtiendra peut-être pas,
» et qui prouveraient qu'il approuve le fond de la
» chose, mais qu'il déclare que ses opinions ne sont
» point changées; qu'il montrait, dans sa déclara-
» tion du 20 juin, l'impossibilité où il était de
» gouverner avec le nouvel ordre de choses; qu'il
» pense encore de même, mais que, pour la tran-
» quillité de son pays, il se sacrifie, et que, pourvu
» que son peuple et la nation trouvent le bonheur
» dans son acceptation, il n'hésite pas à la donner,
» et la vue de ce bonheur lui fera bientôt oublier
» toutes les peines cruelles et amères qu'on a fait
» éprouver à lui et aux siens.

» Mais si l'on prend ce parti, il faut y tenir,
» éviter surtout tout ce qui pourrait donner de la
» méfiance, et marcher en quelque sorte toujours
» la loi à la main. Je vous promets que c'est la
» meilleure manière de les en dégoûter tout de suite.
» Le malheur, c'est qu'il faudrait pour cela un mi-
» nistère adroit et sûr, et qui en même temps eût
» le courage de se laisser abîmer par la cour et les
» aristocrates, pour les mieux servir après, car il
» est certain qu'ils ne reviendront jamais ce qu'ils
» ont été, surtout par eux-mêmes.

» On nous dit, et les frères du roi mandent chaque
» jour, qu'il faut tout refuser, et que nous serons
» soutenus. Par qui? Il me semble que les puissances
» étrangères ne font pas de grands efforts pour venir
» à notre secours. L'Espagne même, par les lettres
» qu'elle a écrites à mes frères, a l'air de vouloir se
» retirer honnêtement, en proposant des choses infai-
» sables; le silence profond de l'empereur envers moi,
» l'impossibilité où il est peut-être, vu les affaires
» du Nord, de se mêler des nôtres; l'Angleterre, qui
» ne cherchera jamais qu'à leurrer d'espérance tous
» les partis pour les tenir plus sûrement désunis;
» la Prusse, qui ne calcule que ses propres intérêts
» dans tout ceci, tout prouve que si nous devons
» attendre des secours, ils ne sont pas prochains au
» moins.

» Dans cette position, pouvons-nous risquer un
» refus qui donnerait, par l'espèce de déchéance,
» une force majeure aux factieux et au parti répu-
» blicain? Et il ne faut pas croire qu'alors nous
» serions libres: au contraire, nous serions plus
» étroitement et plus fortement gardés. Si les puis-
» sances ne viennent pas dans le moment à notre
» secours, il ne nous reste donc que le parti des
» princes et des émigrants; mais combien peut-il
» nuire! parce que seuls ils ne pourront faire qu'une
» chose partielle; et si même (ce qui n'est pas à pré-
» sumer) ils ont un avantage réel, nous retomberions

» sous leurs agents dans un esclavage nouveau et pis
» que le premier, puisque, ayant l'air de leur devoir
» quelque chose, nous ne pourrions pas nous en tirer;
» ils nous le prouvent déjà en refusant de s'entendre
» avec les personnes qui ont notre confiance, sous
» le prétexte qu'ils n'ont pas la leur, tandis qu'ils
» veulent nous forcer de nous livrer à M. de Ca-
» lonne, qui, sous tous les rapports, ne peut pas
» nous convenir, et qui, je crains bien, ne suit en
» tout ceci que son ambition, ses haines particu-
» lières et sa légèreté ordinaire, en croyant tout
» possible, et fait tout ce qu'il désire; je crois même
» qu'il ne peut que faire tort à mes deux frères, qui,
» s'ils n'agissaient que d'après leurs cœurs seuls, se-
» raient sûrement parfaits pour nous.

» Voici les nouvelles qui nous viennent du dehors.
» D'ici à un mois toutes les puissances seront réu-
» nies; il paraîtra un manifeste qui sera soutenu
» d'une grande force. Je désirerais bien que cette
» première nouvelle fût vraie, mais je ne puis la
» croire, puisque ni vous ni personne ne nous l'ont
» mandée; je crois même que, dans ce moment-ci,
» l'Assemblée est tellement divisée, qu'un manifeste
» bien rédigé serait fort heureux, et que les chefs,
» qui voient depuis huit jours qu'ils ont absolument
» le dessous, seraient plus aisés à amener à un accom-
» modement raisonnable. Une chose à remarquer,
» c'est que dans toutes ces discussions sur la consti-

» tution, le peuple ne s'en mêle pas et ne s'occupe
» que de ses affaires particulières, en voulant cepen-
» dant toujours une constitution et point d'aristo-
» crates. Une seconde nouvelle est que *Monsieur* va
» être reconnu par les puissances régent du royaume
» et le comte d'Artois lieutenant général. Cette nou-
» velle est par elle-même si folle et si absurde,
» qu'elle ne peut provenir que de quelque tête fran-
» çaise; mais sur tout cela, je voudrais bien avoir
» une réponse de vous.

» Il est affreux de ne rien savoir de positif et de
» raisonnable des dispositions du dehors. Quant à
» l'acceptation, il est impossible que tout être pen-
» sant ne voie pas que, quelque chose qu'on fasse,
» nous ne sommes pas libres; mais il est essentiel
» que nous ne donnions pas de soupçon sur cela
» aux monstres qui nous entourent. Mandez-moi donc
» où en sont les troupes et les dispositions de l'em-
» pereur. En tout état de cause, les puissances étran-
» gères peuvent seules nous sauver. L'armée est
» perdue, l'argent n'existe plus; aucun lien, aucun
» frein ne peut retenir la populace armée de toute
» part. Les chefs mêmes de la révolution, quand ils
» veulent parler d'ordre, ne sont plus écoutés. Voilà
» l'état déplorable où nous nous trouvons. Ajoutez
» à cela que nous n'avons pas un ami, que tout le
» monde nous trahit, les uns par haine, les autres
» par faiblesse ou ambition; enfin, je suis réduite

» à craindre le jour où on aura l'air de nous donner
» une sorte de liberté. Au moins, dans l'état de nullité
» où nous sommes, nous n'avons rien à nous re-
» procher.

» Vous voyez mon âme tout entière dans cette
» lettre. Je peux me tromper; mais c'est le seul
» moyen que je voie encore pour pouvoir aller.
» J'ai écouté, autant que je l'ai pu, des gens des
» deux côtés, et c'est de tous leurs avis que je me
» suis formé le mien. Je ne sais pas s'il sera suivi.
» Vous connaissez la personne à laquelle j'ai affaire
» (Louis XVI). Au moment où on la croit persuadée,
» un mot, un raisonnement la fait changer sans
» qu'elle s'en doute. C'est aussi pour cela que mille
» choses ne sont point à entreprendre. Enfin, quoi
» qu'il arrive, conservez-moi votre amitié et votre
» attachement, j'en ai bien besoin, et croyez que,
» quel que soit le malheur qui me poursuit, je
» peux céder aux circonstances, mais jamais je ne
» consentirai à rien d'indigne de moi. C'est dans
» le malheur qu'on sent davantage ce qu'on est.
» Mon sang coule dans les veines de mon fils, et
» j'espère qu'un jour il se montrera digne petit-fils
» de Marie-Thérèse. Adieu.

» Si vous pouvez me garder cette lettre, je serai
» bien aise de la revoir un jour. »

« Du 25 août.

» J'ai arrêté ma lettre au moment de partir, parce
» que l'abbé Louis arrivait et m'a appris (par M. de
» Mont....., s'entend) votre voyage de Londres. J'es-
» père et désire fort avoir de vos nouvelles, car la
» lettre ministérielle que l'abbé Louis a rapportée
» ne me suffit pas pour mes intérêts. Il me paraît
» qu'en se louant fort de vous, il ne trouve pourtant
» pas son voyage fort heureux; il craint beaucoup
» la coalition des puissances, et est parvenu, à ce
» que je crois, à inspirer la même crainte à ceux
» des chefs qui l'ont proposé et envoyé, mais jus-
» qu'à présent cela ne les porte qu'à une grande
» humeur, et je crains beaucoup que, ne se sentant
» plus la force de réparer le mal ni de se soutenir,
» ils ne quittent brusquement la partie et nous lais-
» sent seuls dans l'embarras. D'ici à quelques jours,
» j'aurai des nouvelles plus détaillées de leurs opi-
» nions; j'aurais bien voulu attendre pour vous les
» écrire, mais l'occasion qui porte celle-ci part de-
» main. C'est à la fin de la semaine qu'on présen-
» tera la charte au roi; il y répondra à peu près
» comme je vous le mande au commencement de
» ma lettre.

» Ce moment est affreux; mais pourquoi aussi
» nous laisse-t-on dans une ignorance totale de ce
» qui se passe dans l'extérieur? Il s'agira à présent

» de suivre une marche qui éloigne de nous la dé-
» fiance et qui, en même temps, puisse servir à
» déjouer et culbuter au plus tôt l'ouvrage mons-
» trueux qu'il faut adopter. Pour cela, il est essen-
» tiel que les Français, mais surtout les frères du
» roi, restent en arrière, et que les puissances réu-
» nies agissent seules; aucune prière, aucun raison-
» nement de notre part ne l'obtiendra d'eux : il faut
» que l'empereur l'exige, c'est la seule manière dont
» il puisse me rendre service.

» Vous connaissez par vous-même les mauvais propos
» et les mauvaises intentions des émigrants ; les lâches,
» après nous avoir abandonnés, veulent exiger que
» seuls nous nous exposions, et seuls nous servions
» tous leurs intérêts. Je n'accuse pas les frères du
» roi ; je crois leurs cœurs et leurs intentions purs,
» mais ils sont entourés et menés par des ambitieux
» qui les perdront, après nous avoir perdus les pre-
» miers. Le comte d'Artois est parti le 12 pour
» Vienne ; son frère a une lettre de lui, du même
» jour, où il ne parle pas de ce voyage ; nous l'avons
» appris par des lettres particulières. Quel est le but
» de cette course ? Je ne puis pas l'imaginer. Pourvu
» que l'empereur ne se laisse pas encore aller à
» quelque démarche hasardeuse qu'on exigera de lui !
» Enfin, mandez-lui toujours tout ce que je vous
» mande dans l'autre page. Je finis pour ne pas trop
» grossir le volume. Adieu. . . . .

» Voici une lettre encore recommencée, mais pour
» cette fois-ci j'espère qu'elle vous arrivera sûre-
» ment. La personne qui veut bien s'en charger a
» trouvé aussi des moyens de me faire tenir vos
» réponses; il vous en écrira.

» La journée d'hier (août, fête du roi) s'est pas-
» sée comme toutes celles que nous passons depuis
» deux mois, et dans un silence, de la part du
» peuple, vraiment affligeant. C'est la semaine pro-
» chaine qu'on doit apporter au roi l'acte constitu-
» tionnel. Le rapport, que j'ai lu, et que M. de
» Beaumetz doit faire avant à l'Assemblée, est un
» tissu d'absurdités, d'insolences et d'éloges pour l'As-
» semblée. Ils ont mis la dernière main à leurs
» outrages en donnant une garde au roi. Il n'est
» plus possible d'exister comme cela; il ne s'agit
» pour nous que de les endormir et de leur donner
» confiance en nous, pour les mieux déjouer après.
» Il est impossible, vu la position ici, que le roi
» refuse son acceptation; croyez que la chose doit
» être bien vraie, puisque je le dis. Vous connais-
» sez assez mon caractère pour croire qu'il me por-
» terait plutôt à une chose noble et pleine de cou-
» rage, mais il n'existe point à courir un danger
» plus que certain.

» Nous n'avons donc plus de ressource que dans
» les puissances étrangères; il faut à tout prix
» qu'elles viennent à notre secours; mais c'est à

» l'empereur à se mettre à la tête de tous et à
» régler tout. Il est essentiel que, pour première
» condition, il exige que les frères du roi et tous
» les Français, mas surtout les premiers, res-
» tent en arrière et ne se montrent pas. Je vous
» assure que les choses sont à un point aujour-
» d'hui qu'il vaudrait mieux être roi d'une seule
» province que d'un royaume aussi vicié et désor-
» donné que celui-ci. Je tâcherai d'envoyer, si je
» puis, des notes à l'empereur sur tout ceci; mais
» en attendant, mandez toujours ce que vous croi-
» rez nécessaire pour bien lui prouver qu'il n'y a
» plus de ressource qu'en lui, et que notre bonheur,
» notre existence, celle de mon enfant, dépendent
» de lui seul et de la prudence et célérité de ses
» moyens. Adieu.

» Je n'ai point reçu les opinions des chefs, comme
» je vous l'avais annoncé. Ils se restreignent tou-
» jours dans des idées vagues et ont l'air de crain-
» dre de s'engager. »

III.

Telles étaient à cette époque les défaillances de
l'Assemblée, les agitations du peuple, les anxiétés
du roi, les projets de la reine, les misérables expédients du seul homme d'Etat qui aurait pu encore, s'il eût été honnête, bien conseiller la tribune

et bien inspirer la cour. On vient de voir enfin, par le néant et par la perfidie de ses plans, que ses prétendus miracles n'étaient employés qu'à masquer l'abîme ou à l'approfondir davantage. Son impuissance était l'expiation de son immoralité. Il avait trop de génie pour s'y tromper. Mais il prolongeait l'illusion dans l'esprit du roi et de la reine pour prolonger le salaire de ces illusions vénales. Peut-être aussi lui en coûtait-il trop pour s'avouer à lui-même son impuissance, et se complaisait-il à flatter son propre orgueil par des chimères d'habileté auxquelles sa haute raison ne croyait plus, quand sa vanité et son intérêt affectaient encore d'y croire. Le jour où Mirabeau s'était vendu, il s'était condamné lui-même à n'être plus le conseiller, mais le flatteur d'une monarchie qu'il conduisit plus vite à sa perte

IV.

Elle s'y précipitait tous les jours avec plus de rapidité. Tout était convulsion dans les mouvements de l'esprit public. Une émeute concertée par les clubs et exécutée par les faubourgs venait de rendre quelque ascendant à la garde nationale et à Lafayette. Lafayette, comme s'il eût voulu reconquérir le soir la part de popularité qu'il avait usée le matin en réprimant la sédition, se hâta de dénoncer le len-

demain au peuple, comme un péril public, le dévouement inoffensif de quelques vieux serviteurs du
palais à leur maître.

La conquête et la démolition de la Bastille ne
rassuraient pas assez le peuple des faubourgs sur les
desseins de la cour. Les démagogues ombrageux des
clubs lui montraient le château fortifié de Vincennes
comme un avant-poste de l'émigration et de la contre-
révolution prêt à servir, au besoin, de refuge et de
citadelle au roi. Le peuple, agité par une panique
sincère chez les uns, artificielle chez les autres, parlait depuis quelques jours de forcer la main à Lafayette et à la garde nationale, et d'aller démolir ce
dernier vestige de la tyrannie.

Le 23 février, les masses du faubourg Saint-Antoine s'ébranlèrent, sous le commandement de Santerre, pour aller détruire ce château. Santerre,
brasseur de ce faubourg, dont la popularité com-
plaisante se pliait à tous les caprices de la multitude, rivalisait déjà celle de Lafayette. Lafayette,
voulant prévenir cette émeute, avait engagé le roi
à se diriger du côté de Vincennes, dans une de ses
promenades à cheval, et à ordonner lui-même le désarmement de cette forteresse, comme inutile à la
possession de Paris et offensante pour ses habitants.
Le roi avait oublié ou négligé cet avis.

Lafayette, instruit tardivement du mouvement du faubourg et de l'invasion de Vincennes, forme une co-

lonne de sa garde soldée, et marche avec l'artillerie
à Vincennes pour réprimer cette illégale démolition
d'un monument national. Déjà les murailles tom-
baient sous la sape des démolisseurs, encouragés par
Santerre et par son bataillon. Lafayette arrive, fait
rougir Santerre de sa connivence, harangue les gardes
nationaux égarés, fait arrêter les démolisseurs, et veut
les ramener à Paris pour les livrer aux lois comme
fauteurs de désordres. A l'aspect de leurs complices
arrêtés, les habitants du faubourg Saint-Antoine se
soulèvent, se barricadent et ferment le retour dans
Paris à la garde nationale. Il ordonne à l'artillerie
de rouvrir les portes du faubourg à coups de canon.
A cette menace, toute résistance s'évanouit. La garde
nationale traverse triomphalement le faubourg, n'en-
tendant qu'un sourd murmure et quelques coups de
fusil perdus qui ne blessent personne.

Lafayette de retour de cette expédition rentre aux
Tuileries. Une agitation naturelle à un jour d'é-
meute, où l'on s'attendait à une attaque du château préméditée par le peuple au retour de Vincennes, régnait dans les appartements du roi. Une
centaine de gentilshommes de province et de courtisans fidèles au malheur s'étaient joints à la garde
nationale de service pour défendre en volontaires le
palais menacé. On les avait placés dans l'intérieur
des appartements où les postes ordinaires de la garde
nationale ne pénétraient pas. Ils étaient armés sous

leurs habits de pistolets, d'épées courtes, quelques-
uns de poignards, afin de ne point offusquer par
des armes plus visibles les soldats de Lafayette. Le
roi, auquel ils venaient se dévouer, avait traversé leur
salle et les avait remerciés de leur zèle. L'un d'entre
eux, nommé chevalier de Saint-Elme, fier de cette
revue du roi et de cette fraternisation avec la garde
civique du palais, avait imprudemment ouvert la
porte qui séparait la salle de ces gentilshommes
volontaires de la salle des gardes nationaux. Il leur
avait montré ses pistolets avec un signe muet qui
leur disait : « Comptez sur nous pour une défense
commune ! » L'aspect de ces volontaires inconnus
et armés avait excité la rivalité et le murmure des
postes de la garde civique. Quelques-uns avaient
affecté de voir dans ce concours de courtisans dans
une salle privilégiée du palais une défiance offensante du roi envers les citoyens de Paris. La rumeur
avait grossi jusqu'à un tumulte qui était parvenu
aux oreilles du roi. Il s'était hâté de l'étouffer, en
priant ces gentilshommes de se dissoudre et de se
retirer sans bruit par des portes dérobées des Tuileries.

Mais Lafayette, en arrivant au palais, feignit de
voir une conspiration de contre-révolutionnaires dans
cet innocent concours de royalistes autour de la famille menacée de leur roi. Les gentilshommes, expulsés et désarmés par son ordre, subirent en se retirant
les sarcasmes, les outrages, et quelques-uns les

violences des gardes nationaux. Lafayette, simulant
plus d'indignation et plus de craintes qu'un empressement si naturel et un si faible rassemblement d'amis
personnels du roi n'étaient de nature à en donner,
apostropha durement les courtisans domestiques du
palais, et éleva ses reproches jusqu'au roi. Le roi
en fut réduit à s'excuser lui-même d'avoir souffert
un rassemblement qu'il n'avait ni commandé ni prévu,
et à accuser le zèle excessif de ses défenseurs. Lafayette affirme dans ses Mémoires que le roi lui
répondit : « Le faux zèle et l'extravagance des gens
qui se disent mes amis finiront par me perdre! »

Ce général osa désarmer le château, devant le roi,
des armes que quelques serviteurs de ce prince avaient
déposées dans les appartements intérieurs pour la
défense du château contre un assaut trop prévu du
peuple. Ces armes, étalées dans une corbeille sous les
yeux de la garde nationale émue, furent transfor-
mées en arsenal de contre-révolution. Lafayette les
livra avec ostentation à la dérision de ses soldats,
qui en jetèrent les tronçons dans les cours aux
applaudissements du peuple. On appela cette poignée de vieillards et de jeunes gens qui venaient
offrir leur poitrine en dernier rempart à la vie de
leur roi, les chevaliers du poignard, et cette journée,
la journée des poignards. Les journaux et les clubs
du soir firent frémir Paris de la grande conspiration du palais renfermant dans ses ombres ces ar-

senaux et ces assassins de la nation. Lafayette motiva ces feintes terreurs au lieu de les étouffer. Il affecta de partager les ridicules soupçons de son armée et du peuple contre un zèle dont il ne pouvait ignorer l'innocence. Il se laissa proclamer le vengeur de la garde nationale et le dictateur du palais, comme s'il eût découvert un complot sinistre et châtié des conspirateurs éperdus. Il se fit de la fidélité de quelques royalistes et de la honte imméritée du roi une popularité plus impérieuse.

Il caractérise lui-même dans son récit les circonstances de cette expulsion des royalistes du palais et du désarmement des appartements du roi sous ses yeux :

« Ces armes, dit-il, furent livrées aux gardes nationaux et brisées dans la cour des Tuileries avec des témoignages de gaieté peu respectueuse, peutêtre, pour le palais du roi, et surtout assez offensante pour les gentilshommes qui avaient déjà été chassés assez brusquement, et qu'on appela depuis les *chevaliers du poignard;* mais il faut convenir que la *provocation* avait été faite et qu'une *leçon* devenait nécessaire. »

Ainsi, la réunion d'un groupe de vieux serviteurs à peine armés, cachés dans l'ombre du palais, un jour d'émeute, pour seconder la garde nationale et pour mourir à leur poste aux pieds de leur roi, était une provocation, et l'outrage à cette fidélité une leçon. Une proclamation du général, pleine de reproches aux *chefs de la domesticité* du palais, le lendemain, acheva de dénaturer cette journée aux yeux du peuple et de détourner sur la prétendue émeute du palais du prince la colère des bons citoyens contre l'émeute du faubourg.

Un billet confidentiel de Lafayette, écrit au retour du château, à cœur ouvert, montre sous quel faux jour il voulait qu'on vît cette journée, civique le matin, personnelle le soir :

« La journée a été bien occupée, mais elle n'a pas été remplie, puisque je ne vous ai pas vue. Je suis bien heureux d'être arrivé à temps à Vincennes, car on n'aurait arrêté personne. Déjà une partie des troupes étaient si mal montées que j'ai été obligé de dire que je traiterais avec la dernière sévérité quiconque abandonnerait son rang; mais la presque totalité de la garde nationale a été parfaitement. Le maire de Vincennes voulait qu'on n'arrêtât personne; je l'ai menacé de le dénoncer; enfin, il a cédé; nous avons pris soixante hommes; le faubourg s'est soulevé pour les reprendre. Quand nous sommes rentrés, nous avons fait de vigoureuses dispositions; ils n'ont pas osé attendre. Desmottes a essuyé trois coups de fusil, et Depeyre un, mais aucun n'a porté.

» Jugez de ma colère en rentrant, quand j'ai appris que quatre ou cinq cents aristocrates armés étaient dans les appartements; on les a désarmés et

chassés ; il n'en restait presque plus quand j'y suis
arrivé. J'ai fait à M. de Villequier une mercuriale
dont il se souviendra longtemps. On vous dira que
j'ai été sévère avec tous ces messieurs ; mais vous
savez que j'avais mes raisons pour me méfier de cette
nichée aristocratique. Imaginez qu'ils avaient des
poignards qui ne sont bons qu'à assassiner. Il m'a
semblé que la traversée des appartements serait moins
sûre en y admettant cette arme. Au reste, ne vous
inquiétez d'aucun danger pour moi ; il ne m'arrivera rien. J'ai encore aujourd'hui traversé ce faubourg tête à tête avec Desmottes, pour aller à Vincennes, sans que personne osât rien dire. Bonsoir,
je meurs de sommeil, et vais me coucher. »

V.

Le roi, plus directement inculpé par des commen-
taires de cette journée insérés dans des journaux à
la solde de Lafayette, crut devoir protester lui-même
contre ces inculpations. Il écrivit de sa main au
général :

« Monsieur de Lafayette,

» J'ai lu dans le *Journal de Paris* un article qui
m'a causé la plus grande surprise. Comme il est
aussi contraire à la vérité qu'à toutes convenances,
je suis bien persuadé que vous n'avez aucune part

à son insertion dans le journal, et je ne doute pas que vous ne vous empressiez de le désavouer dans ce même papier. »

Lafayette répondit par la lettre suivante au roi et par une lettre au *Journal de Paris*, qui aggravait les indices du complot aux yeux du peuple :

AU ROI [*].

« 5 mars 1791.

» Sire,

» Ce qui n'a causé à Votre Majesté que de la surprise m'a causé à moi beaucoup d'indignation, parce que j'ai cru y voir une méchanceté réfléchie. J'ai écrit à M. Suard pour savoir de qui il tenait cet avis, et, comme les premiers officiers de la maison de Votre Majesté m'ont honoré d'une correspondance imprimée, ils trouveront, avec mon désaveu de l'article, ma réponse à leur lettre.

» Je suis avec respect, sire, etc. »

AU JOURNAL DE PARIS.

« 7 mars 1791.

» Un article du *Journal de Paris*, copié dans plusieurs autres feuilles, m'a investi de je ne sais quelle

[*] Armoire de fer, n° 342.

surintendance de la maison du roi, absolument étrangère aux fonctions de la garde nationale. Quelle qu'ait été la combinaison du premier auteur de cette fable, je dois, en la démentant, m'occuper d'une lettre signée par les personnes véritablement chargées de ce soin.

» C'est au nom *des maréchaux de France, des officiers généraux, des militaires de tout grade, des officiers de la maison du roi, des différents députés des fédérés,* que MM. de Villequier et de Duras prétendent parler. Mais ne pourrais-je pas, moi, demander à MM. les maréchaux de France, à tous ceux des citoyens qui sont désignés dans cette lettre, qui respectent la constitution et chérissent l'ordre public, ce qu'eux-mêmes ont pensé en voyant ce rassemblement nombreux d'hommes armés se placer entre le roi et ceux qui répondent à la nation de sa sûreté?

» Il me suffit, pour éviter toute interprétation insidieuse, de déclarer que j'entends par *soldats de la liberté* ceux, à quelque partie de la force publique qu'ils appartiennent, qui ont prêté serment à la nation, à la loi et au roi; que la constitution reconnaît, et qui veulent vivre et mourir pour elle; que j'ai entendu par *plusieurs hommes justement suspects* ceux qui, portant des armes cachées, ne se sont fait remarquer que par des propos anti-patriotiques et incendiaires, et qui, loin de se faire reconnaître par les postes de la garde nationale auxquels ils se proposaient, dit-on, de se joindre, les ont évités en s'introduisant par une entrée nouvellement pratiquée. Certes, il est permis en pareil cas au commandant de la garde nationale, chargé des ordres du roi pour la sûreté de son palais, de prendre des mesures efficaces pour qu'un pareil événement ne se répète pas. Au reste, si ma conduite dans le cours de cette journée a pu être utile, j'abandonne volontiers à mes ennemis la consolation d'en critiquer quelques détails. »

VI.

Pendant que ces tumultes dans la place publique, ces factions aux Jacobins, ces véhémences dans les journaux, ces intrigues dans la garde nationale, ces ambitions mal combattues par son civisme dans l'âme de Lafayette, ces trahisons enfin dans les conseils du roi et ces langueurs dans l'Assemblée sapaient d'avance l'œuvre bientôt achevée et déjà décréditée de la monarchie constitutionnelle, la crainte des coalitions étrangères, crainte sincère dans le peuple, simulée dans les Jacobins, saisissait la France et lui donnait ce trouble mêlé de terreur et de colère d'une nation qui se sent trahir sans pouvoir saisir la main qui la trahit. La trahison était dans l'air; on la respirait sans la voir.

Cette trahison, encore indécise chez le roi tour

à tour active et passive chez la reine, impatiente et affichée chez les émigrés, muette et souterraine dans le clergé et dans la noblesse, n'était autre chose que la terreur dans les principes, et les menaces de la Révolution frappaient depuis quelques mois les gouvernements, les aristocraties et les sacerdoces des Etats voisins de la France. Ces principes, d'abord accueillis même dans les cours avec une faveur générale, comme l'aurore d'une régénération philosophique et pacifique des institutions humaines, n'avaient pas tardé, à leur première explosion, de faire réfléchir les rois, trembler les aristocraties, chanceler les théocraties dans toute l'Europe.

On avait vu que les réformes les plus sages, en rencontrant des obstacles et des résistances dans les possesseurs des anciennes iniquités sociales, devenaient fatalement des révolutions, que ces révolutions, une fois fortes, devenaient ingrates envers les souverains mêmes qui les avaient le plus provoquées et servies, comme Louis XVI, et que leurs premiers promoteurs devenaient promptement ou leurs jouets ou leurs victimes. L'engouement d'abord réfléchi, puis fanatique des peuples pour la révolution française, dans laquelle toutes les démocraties opprimées pressentaient leur futur triomphe, et dont les peuples suivaient de l'œil et du cœur toutes les phases comme les différents actes d'une bataille que la

France livrait au profit du genre humain, avait empêché jusque-là les souverains de se déclarer contre elle.

Mais à mesure que l'anarchie, inséparable de ces grands interrègnes entre un état social et un autre, se développait à Paris, les cours, les nobles et le clergé de tous les Etats limitrophes avaient montré ces scènes anarchiques de la France à leurs sujets comme des scandales de la liberté et comme des condamnations des nouveaux principes. Tacitement encore, mais unanimement, ces cours avaient pris parti pour la contre-révolution. Si la cause des peuples triomphait en France, la cause des rois y était perdue. Les princes, les nobles et les prêtres émigrés dans ces différentes cours y fomentaient de tous leurs efforts ces animosités contre la France. Leur caste leur était plus chère que leur patrie.

Les insurrections tragiques de Paris, les assassinats de l'hôtel de ville, le massacre des suisses après l'assaut de la Bastille, la nuit sinistre du 5 au 6 octobre à Versailles, les gardes immolés sous les yeux du roi, les jours de la reine menacés jusque dans ses appartements, "les têtes coupées de ses défenseurs servant de drapeaux à l'insurrection victorieuse, les insultes cyniques à l'épouse naguère adorée du roi, le cortége injurieux qui l'avait ramenée aux Tuileries, leur captivité humiliée et peu sûre dans ce palais asservi à Lafayette, Lafayette lui-même asservi aux caprices d'une armée civique qu'il ne commandait qu'à la condition de lui complaire; enfin les quarante mille clubs de la France vociférant à la fois les délires, les terreurs, les fureurs de trente millions d'hommes au-dessus de l'autorité évanouie du souverain, de la parole de l'Assemblée, de l'obéissance à la loi, et menaçant de substituer à toute raison et à tout ordre l'arbitraire irresponsable, contradictoire, passionné et bientôt sanguinaire de la multitude, tel était le tableau que les émigrés, les écrivains royalistes réfugiés hors de France, et les cours étrangères par leurs publicistes, faisaient à leurs peuples de la situation du peuple français. On ne prêchait pas encore la croisade des nations monarchiques contre la France, mais on la laissait conclure comme l'unique préservatif des religions, des trônes et des peuples contre une explosion de principes, de désordres et de crimes qui menaçaient l'Europe de l'incendie et des cendres de ce volcan ouvert dans son sein.

VII.

L'ancien orateur libéral de l'Angleterre, Burke, le théosophe savoyard de Maistre, homme dont la foi aux choses antiques allait jusqu'au défi à la raison et jusqu'aux paradoxes de la servitude de l'esprit humain, étaient les deux prophètes dont les malédictions contre la Révolution consolaient le plus les cours et gourmandaient le plus les peuples. Le comte de Maistre, encore peu connu, était loin d'avoir, à cette époque, le retentissement que son style grandiose et prophétique lui donna quelques années après. Il n'était que l'inspirateur des hommes d'État, ennemis de la révolution, l'ange exterminateur mais voilé des nouveaux principes, l'espérance des restaurations théocratiques, le législateur du pouvoir absolu sur les ruines des anarchies.

Mais la parole et les écrits de Burke, ce Cicéron britannique, donnaient à la ligue sourde qui se formait contre la France révolutionnaire l'autorité du génie, de l'âge et de la raison d'un homme d'Etat. Plus il avait été passionné et éloquent pour la liberté parlementaire de sa patrie, quand cette liberté avait paru menacée par l'empiétement du trône, plus ses imprécations contre l'anarchie révolutionnaire et contre les principes exagérés des Jacobins français produisaient d'impression sur les âmes. Il n'attaquait pas seulement la Révolution par la raison, il l'attaquait par le sentiment, cette raison irréfléchie des masses, qui, à travers les larmes de la pitié, perd de vue les principes et ne voit plus que les victimes.

VIII.

Burke, ému lui–même, jusqu'à l'enthousiasme, d'intérêt et de compassion pour le roi et pour la reine de France, n'hésita pas à rompre à la tribune la vieille amitié qui l'attachait à Fox, son élève et son rival dans le parlement. Des larmes publiques attendrirent et solennisèrent cette séparation et cet adieu des deux orateurs. Fox continua à défendre les principes les plus hasardés du jacobinisme, et à agiter son pays jusqu'aux accès convulsifs d'une révolution qui était en Angleterre une imitation plus qu'un besoin de liberté. Burke sentit qu'un tremblement de terre dans ce moment en Angleterre ferait écrouler non–seulement le trône, mais la liberté aristocratique et peut–être la nationalité de son pays. Il se rangea derrière M. Pitt.

M. Pitt était alors premier ministre et le premier patriote de la nation, jeune homme mûr avant les années, formé à l'éloquence par Chatham, son père, le plus grand des orateurs modernes, formé au gouvernement par la nature et par l'éducation, homme d'État né, sans illusion, sans emportement comme sans faiblesse, véritable Annibal politique qui, pour sauver sa patrie, porta la guerre au sein des ennemis de l'Angleterre sur le continent, et la préserva deux fois de sa ruine, une fois de la révolution, une autre fois de la conquête. Burke, à soixante-dix ans, plus téméraire que ce jeune homme, poussait M. Pitt à une rupture avec la France. M. Pitt, plus réfléchi, n'était pas résolu encore à la guerre : il voulait attendre que la fièvre de la révolution eût usé ses forces vitales et ligué contre elle tout le continent encore indécis. L'anarchie était, selon lui, une guerre plus mortelle que la France se faisait à elle-même. Il attendit que de plus grandes convulsions, qui paraissaient déjà prochaines, soulevassent contre les principes et contre les excès des Jacobins le cri et le bras de l'Europe. La patience était une partie du génie de M. Pitt, que Mirabeau appelait depuis longtemps *le ministre des préparatifs.*

IX.

Burke s'accommodait mal de ces lenteurs. Il publia son propre manifeste dans un livre contre la France révolutionnaire, qui devint, en paraissant, le manuel des aristocraties et des cours. Jamais manifeste royal n'eut plus de retentissement et ne fit plus d'impression que cette philippique de l'orateur anglais. La reine Marie-Antoinette, peinte sous les couleurs de sa jeunesse, y était présentée à la pitié et à la vengeance de la chevalerie européenne. On jugera du génie enthousiaste de Burke par le tableau des charmes et des infortunes de cette idole de son imagination :

« Il y a actuellement seize ou dix-sept ans que je vis la reine de France, alors Dauphine, à Versailles ; et sûrement jamais astre plus céleste n'apparut sur cet orbite qu'elle semblait à peine toucher. Je la vis au moment où elle paraissait sur l'horizon l'ornement et les délices de la sphère dans laquelle elle commençait à se mouvoir. Oh ! quelle révolution et quel cœur faudrait-il avoir pour contempler sans émotion cette élévation et cette chute ! Que j'étais loin de m'imaginer, lorsque je la voyais réunir aux titres de la vénération ceux de l'enthousiasme, ceux d'un amour réservé et respectueux, qu'elle dût jamais être exposée à tant d'outrages, à des fureurs si viles et si atroces ! J'étais encore plus éloigné de m'imaginer que je dusse voir, de mon vivant, de tels désastres l'accabler tout à coup chez une nation vaillante, pleine de dignité, chez une nation composée d'hommes d'honneur et de chevaliers. Je croyais que dix mille épées seraient tirées de leurs fourreaux pour la venger même d'un regard qui l'aurait menacée d'une insulte..

» Mais le siècle de la chevalerie est passé ; celui des sophistes, des économistes et des calculateurs lui a succédé, et la gloire de l'Europe est éteinte à jamais. Jamais, non, jamais nous ne reverrons cette généreuse loyauté, cette soumission fière envers le rang et envers le sexe, cette obéissance, cette subordination de cœur qui, dans la servitude même,

conservaient l'esprit d'une liberté exaltée ! L'ornement naturel de la vie, la défense peu coûteuse des
nations, cette pépinière de tous les sentiments courageux et des entreprises héroïques, tout est perdu.
Elle est perdue, cette sensibilité de principes, cette
chasteté de l'honneur pour laquelle une tache était
une blessure, qui inspirait le courage en adoucissant
la férocité, qui ennoblissait tout ce qu'elle touchait,
et qui, dans le vice lui-même, perdait la moitié de
son danger en lui faisant perdre toute sa grossièreté.

» Ce système, mélangé d'opinions et de sentiments,
avait son origine dans l'ancienne chevalerie; et ce
principe, quoique varié en apparence par l'état va-
riable des choses humaines, a conservé son influence,
et a toujours existé pendant une longue suite de
générations, même jusqu'au temps où nous vivons.
S'il devait jamais totalement s'éteindre, la perte, je
crains, serait énorme. C'est lui qui a donné son
caractère à l'Europe moderne; c'est lui qui lui a
donné son lustre dans toutes ses formes de gouvernement, et l'a distingué à son avantage des empires
de l'Asie, et peut-être de ceux qui ont fleuri dans
les périodes les plus brillantes de l'antiquité. C'était
ce même principe qui, sans confondre les rangs,
produisait une noble égalité et parcourait tous les
degrés de la vie sociale. C'était cette opinion qui
abaissait, en quelque façon, les rois au niveau de
leurs sujets, et qui élevait des hommes privés à la

hauteur de leur prince. Sans force ou sans résistance, elle subjuguait la fierté de l'orgueil et celle du pouvoir; elle obligeait les souverains à se soumettre au joug léger de l'estime sociale; elle forçait l'autorité sévère à se soumettre à l'élégance, et faisait qu'une domination supérieure aux lois était soumise aux manières.

» Mais maintenant tout va changer, et toutes les illusions séduisantes qui rendaient le pouvoir aimable et l'obéissance libérale, et qui, par une douce assimilation, incorporaient dans la politique les sentiments qui embellissent et adoucissent la société privée, s'évanouissent devant ce nouvel empire irrésistible des lumières et de la raison. On arrache avec rudesse toutes les draperies décentes de la vie; on va rejeter pour jamais, comme une morale ridicule, absurde et antique, toutes ces idées que l'imagination nous représente comme le riche mobilier de la morale. Ces idées que le cœur avoue et que l'entendement ratifie, comme nécessaires pour couvrir les défauts de notre nature nue et tremblante, et pour l'élever dans notre propre estime à la hauteur de sa dignité, sont bafouées comme une mode ridicule, absurde et hors d'usage.

» Dans ce nouvel ordre de choses, un roi n'est qu'un homme, une reine n'est qu'une femme, une femme n'est qu'un être, et non du premier ordre. On traite de romanesques et d'extravagants tous les hommages que l'on rendait au beau sexe en général et sans distinction d'objet. Le régicide, le parricide, le sacrilége, ne sont plus que des fictions superstitieuses propres à corrompre la jurisprudence en lui faisant perdre sa simplicité. Le meurtre d'un roi, d'une reine, d'un évêque ou d'un père, ne sont que des crimes ordinaires ; et si, par hasard, on en commettait qui pussent tourner au profit du peuple d'une manière quelconque, de tels homicides doivent être très pardonnables, et l'on ne devrait jamais, à cet égard, faire de recherches trop sévères. »

X.

De tels écrits, émanés d'une main plébéienne comme celle de Burke et semés avec profusion en Europe, ameutaient les cours et les armées contre la France. Les clubs anglais de Londres, affiliés aux clubs de Paris et soufflés par Fox et Sheridan, faisaient trembler les vieilles institutions de l'Angleterre. Le prince de Galles, depuis roi, alors ami du duc d'Orléans, et agitateur étourdi du trône de son père, semblait vouloir jouer à Londres le rôle du premier prince du sang royal à Paris. Les intermittences de raison et de démence de Georges III livraient le gouvernement aux ministres. Ce gouvernement par délégation ne pouvait pas oser autant qu'un gouvernement personnel du roi. M. Pitt se

contentait d'observer et de gémir. « Les Français,
disait-il, ont traversé la liberté! »

Le mot frappait juste pour dépopulariser la Révolution dans le monde, mais il était faux. Il en est
des vérités nouvelles comme des projectiles lancés
par la main de l'homme : aucun de ces projectiles ne
peut atteindre le but et renverser l'obstacle s'il n'a
en lui un excès d'impulsion nécessaire pour le traverser. Les révolutions ne reviennent qu'au second
coup au but précis que les philosophes leur ont
assigné dans leur pensée. La pensée vise juste, la
passion dépasse. Voilà pourquoi les révolutions, dé-
plorables de près, sont sublimes de loin.

XI.

M. Pitt n'avait aucune impatience de la guerre;
il voulait que l'esprit public la déclarât de lui-même
avant le gouvernement. Le parlement, partagé de
forces à peu près égales, entre M. Fox, chef de
l'opposition, et M. Pitt, chef du gouvernement, fut
entraîné dans les résolutions hostiles à la France par
l'éloquente défection de Burke à son ancien parti. Il
ramena avec lui à M. Pitt tous les esprits indécis
entre l'admiration des principes et l'horreur des
troubles de la France. La séance du parlement où
s'accomplit cette grande défection de Burke et de
ses amis est une des scènes de tribune les plus

pathétiques de l'histoire de la Grande-Bretagne. Il était question de ratifier ou de repousser un bill du gouvernement sur le Canada, bill par lequel ou cesserait d'appliquer au peuple d'origine française de cette colonie les lois révolutionnaires de la France.

« Ah ! gardons-nous, s'écria Burke, d'appliquer aux anciens Français du Canada aucune des lois fatales de la nouvelle France. Ils apprendront à bénir leur sort, si nous les tenons affranchis de ces *droits de l'homme* qui livrent aux massacres et à une entière destruction les plus florissantes colonies que la fortune ait laissées à la France. Que si nous reconnaissions les principes de cette déclaration des droits de l'homme que j'ai eu la douleur et la confusion d'entendre préconiser dans cette enceinte, nous nous occuperions bien vainement de leur donner une législation; nous n'aurions à leur tenir qu'un langage : « Vous qui êtes nés libres et égaux, usez d'un droit imprescriptible de la nature; choisissez le gouvernement qui vous convient; choisissez même la métropole à laquelle il vous plaît d'appartenir. »

» Ainsi parleraient sans doute les orateurs de nos assemblées populaires et révolutionnaires, et leur barbare humanité livrerait le Canada à toute la félicité actuelle de la France et de ses colonies. Quelle félicité, grand Dieu ! Se peut-il qu'en Angleterre quelques hommes l'envient? Se peut-il qu'on propose de ramener des peuples civilisés à toute la férocité du plus grossier état de nature? »

Fox et ses amis interrompirent Burke par des murmures mêlés de sarcasmes. Burke s'indigna et fit dans sa réplique une allusion indirecte mais énergique contre `les hommes qui favorisaient dans leur patrie l'invasion des doctrines révolutionnaires de la France. « Aucune considération humaine, dit-il, aucun sentiment, même le plus cher à mon cœur, ne m'empêchera de lever la voix contre eux pour le salut de mon pays! »

Fox, désigné et atteint au cœur, bondit de douleur sur son banc. « Une calomnie, dit-il, vient d'être lancée contre moi, et c'est un ami qui la profère! Étrange et douloureuse situation que la mienne! Le trait qui m'est lancé part d'une main trop chère pour me laisser la présence d'esprit et l'indignation avec laquelle je l'aurais repoussé s'il partait de la main d'un ennemi! M. Burke me réduit à la nécessité de me justifier. Au moins, dans la douleur qu'il me fait éprouver, c'est une consolation pour moi que d'être placé sur la défensive. Dieu me préserve à jamais de lancer des traits contre mon ancien ami, contre mon maître, contre celui auquel je fais profession de devoir la plus solide partie de mon instruction politique et les meilleurs sentiments dont je m'honore! J'ai parlé, il est vrai, de la révolution française, et je l'ai fait avec éloge. Qu'a ce

langage d'étonnant de la part d'un homme qui
soutient depuis vingt-cinq ans des combats réguliers
pour la liberté de son pays, combats qu'aucun
trouble, qu'aucun désordre n'accompagnent, et où le
vaincu a plus souvent à se féliciter que le vainqueur? Mon cœur est trop chaud, trop sincère et
trop vaste pour ne vouloir qu'une liberté bornée à
mon pays, et pour contempler avec satisfaction les
chaînes qui pèsent sur d'autres peuples. Oui, j'en
fais l'aveu; oui, mon patriotisme a pu se taire, et
j'ai pu me réjouir quand j'ai vu l'émancipation de
nos propres colonies et la sage liberté du peuple
américain. Ce tort, si c'en est un, m'est commun
avec l'ancien ami qui m'accuse.

» Qu'il se rappelle nos entretiens intimes et nos
discours publics. Les vertus de Washington nous char-
maient, et quelquefois nous avons été forcés d'applaudir à ses succès. La mort de Montgommery a
fait couler nos larmes. Alors nous ne regardions pas
la déclaration des droits de l'homme comme une
source de fléaux pour le genre humain, comme une
boîte de Pandore. Alors mon honorable ami disait,
avec tout le feu de son éloquence, aux opiniâtres
partisans d'une guerre injuste : *Qu'on ne lance point
un bill d'accusation contre tout un peuple.*

» Que fait-il cependant aujourd'hui lui-même ? Par
le discours que vous venez d'entendre, par un écrit
que tout le monde a lu, ne lance-t-il pas un bill

d'accusation contre le peuple français, et cela sans
information, sans enquête, sans entendre les révélations du temps, et en n'écoutant rien qu'une
prophétique fureur? Pour moi, j'admire l'émancipation d'un grand peuple. Je me réjouis de voir vingt-
cinq millions d'hommes se réunir, par un effort
courageux, à la famille encore trop peu nombreuse
des hommes libres. Une longue suite de jours de
paix, d'humanité, de tolérance, me semblent attachés à ce miraculeux événement. La déclaration des
droits de l'homme ne me paraît pas différente lorsqu'elle a passé d'un hémisphère sur l'autre; loin de
là, je reconnais en elle un bien patrimonial, le titre
primitif de nos vieilles libertés, et je sens plus que
jamais mon cœur pénétré de reconnaissance pour lés
auteurs de notre pétition des droits. Notre constitution n'a point d'autre base; c'est ce que je sou-
tiendrais contre mon illustre maître, malgré la supériorité de ses talents. Cette lutte prolongée serait
pénible sans doute; mais j'y mêlerais tellement les
expressions de ma gratitude, celles d'une profonde
déférence et les souvenirs de notre ancienne amitié,
que son cœur éprouverait sans doute quelques-uns
des regrets par lequel le mien est déchiré.

» — Ce n'est point le moment, répliqua Burke avec
l'accent d'une émotion refoulée en lui par le devoir,
ce n'est point le moment d'écouter mes regrets, de
céder à l'effusion de sentiment que le discours de

mon ancien ami provoque dans quelques-unes de ses parties, ni de repousser avec humeur les reproches d'instabilité et d'inconséquence qu'il renferme en même temps. Un trop profond chagrin m'oppresse, un trop pressant intérêt m'appelle à la défense de nos lois, de notre liberté vraie, forte et sage. Eh! comment ne pas concevoir des alarmes sur notre avenir, quand la plus funeste des doctrines trouve un apologiste et presque un admirateur dans l'oracle le plus imposant de Westminster! Pour moi, j'accomplirai mon devoir, dussé-je perdre un ami, et ne cesserai de crier dans cette enceinte : Fuyez la constitution française, fuyez toute révolution, fuyez surtout celle qui unit le dogmatisme le plus présomptueux à la plus grossière barbarie! Étaient-ce donc là les caractères de cette indépendance américaine dont je ne rougis point d'avoir quelquefois désiré le succès?

» Ce peuple s'illustrait par des combats et ne se déshonorait point par des massacres. Il était fidèle aux leçons du passé, à ses mœurs primitives, aux exemples et aux institutions de ses pères, à sa religion , et je vois près de nous un bouleversement universel qui entraîne dans une ruine commune la religion, la morale, les souvenirs historiques, le respect pour toute autorité ancienne, pour toute dignité, pour toute vertu, pour tous les penchants aimables ; régénération monstrueuse, effroyable rajeunissement

du genre humain qui le ramènerait à l'état sauvage !
Voilà cependant qu'on nous promet, comme un résultat de cette révolution, une longue suite de jours
de paix, de tolérance et d'humanité.

» *Une longue suite de jours de paix!* Dieu nous
préserve d'une paix qui nous rendrait complices et
victimes de tant de fureurs ! Elles seront repoussées
par l'Europe armée, ou l'Europe les recevra à son
tour. Le torrent menace tout ; oui, je le vois, il va
inonder bien des plaines voisines. Je n'aperçois nulle
part des digues qui s'élèvent.

» *Une longue suite de jours de tolérance !* Quelle
tolérance, grand Dieu ! que celle qui livre d'abord
à l'oubli, puis au dédain, puis à la persécution la
plus cruelle, la religion qui a si heureusement
changé la face du monde, et qui a fondé sous de
saintes lois la république chrétienne ! Venez rendre
témoignage de la tolérance française, pontifes et pasteurs qu'elle a dépouillés, chassés et proscrits ! venez
parmi nous, vous n'avez pas un moment à perdre
pour fuir le martyre qui vous attend dans votre
patrie. Venez aussi, filles de Saint-Vincent-de-Paul,
anges de la charité chrétienne, vous qui avez été
arrachées des hospices où vos soins guérissent les
malades, consolent les mourants, inhument les morts,
vous qui avez subi le plus infâme châtiment ! oui,
venez dans notre île : c'est ici que nos soins hos-
pitaliers, que notre tendre vénération, vous feront

connaître en quoi consiste la véritable tolérance !...

» *Une longue suite de jours d'humanité!* Où trouverez-vous la garantie d'une telle promesse? Sera-ce dans ces meurtres populaires, si lâchement tolérés, appelés, provoqués par des hommes puissants? Sera-ce dans cette nuit infernale du 6 octobre, dans ce complot tramé contre les jours de la reine la plus aimable et autrefois la plus aimée; dans le triomphe hideux et sanguinaire remporté sur un roi captif; enfin dans cette immense série de scènes homicides que personne n'avoue, que personne ne venge; dans ces joies, ces fêtes et ces festins de cannibales? On m'accuse de porter un bill d'accusation contre tout un peuple. Il faut que je m'explique. Tout fier que je suis de ma patrie, je me sens le cœur français pour les victimes; je n'ai point un cœur français pour les bourreaux.

» Tant de monstrueuses innovations, on nous les présente comme des vérités absolues dans l'ordre politique. Les vérités absolues sont le trésor que Dieu s'est réservé et qu'il ne nous communique pas. Que nous a-t-il laissé pour nous conduire dans l'ordre social? L'expérience. Quoi! je l'entendrai perpétuellement invoquer, cette expérience, dans les sciences naturelles et physiques; on reconnaîtra de toute part qu'elle seule nous a donné les plus belles découvertes, et nous la laisserons bannir des sciences morales, son premier, son éternel domaine!

» Il est temps, sans doute, que je mette un terme à cette digression; mais j'éprouve, en la finissant, un besoin impérieux, qui peut seul apaiser le trouble de mon âme. C'est Dieu lui-même que j'ose prier de veiller sur les intérêts de mon pays, et de nous maintenir, au milieu des orages qui se déclarent, une raison saine, un cœur soumis et religieux.

» Pour vous, mon ancien ami, pour vous avec qui je ne puis plus continuer des relations qui ont fait l'honneur et le bonheur de ma vie, je vous adjure de vous souvenir de tous ces entretiens intimes que vous venez de rappeler, et combien ils ont été conformes à la doctrine que je viens d'énoncer. Continuez avec éclat votre carrière. Soit qu'un jour vous deviez joindre vos efforts à ceux de l'illustre rival qu'avec vous j'ai si longtemps combattu, soit que l'intérêt de votre pays et de votre gloire vous prescrive de persévérer dans votre opposition, sachez toujours conspirer avec lui pour le maintien de nos lois et de nos principes. Je le conjure, je vous conjure aussi de veiller sur notre constitution, que menacent déjà ces réunions, ces clubs qui professent un amour forcené pour la révolution française. Dignes ornements, dignes soutiens du parlement britannique, quels que soient vos débats, et puissent-ils être toujours imposants et réguliers comme ils le sont aujourd'hui! conservez un point commun dans votre doctrine, celui de développer et de maintenir les principes de notre admirable constitution. Fuyez tous deux, fuyez à jamais la constitution française! Je mourrai en répétant ce cri. »

Ce cri devint celui de l'aristocratie, du clergé, de la cour, de la majorité du parlement et d'une immense partie du peuple des trois royaumes après le discours de Burke. Mais de ce cri de réprobation au cri de guerre, il y avait toute la distance d'une répugnance à une hostilité. Déclarer la guerre pour des principes était, depuis les vieilles guerres de religion, à l'époque de la réforme, un fait inusité dans la politique des empires. La France même, après l'expulsion et le meurtre de Charles Ier, n'avait point déclaré la guerre à l'Angleterre. Louis XIV, le plus superbe et le plus fanatique des rois, avait été l'allié de Cromwell.

D'ailleurs, le roi de France, encore roi d'apparence, quoique prisonnier de son peuple dans sa capitale, avait, le premier, provoqué sa nation à la réforme de ses institutions, et sanctionné ces principes constitutionnels qui soulevaient l'indignation des royalistes et des aristocrates anglais. L'Angleterre n'avait aucun prétexte à la guerre, et son agression contre la révolution, à Paris, aurait paru à son peuple une agression contre sa liberté à Londres.

L'état de l'Europe ne lui promettait que des résistances, des périls ou un isolement probable dans sa croisade contre les principes français. La cour de Charles IV, en Espagne, et celle de Ferdinand VI, à Naples, fermaient l'oreille au bruit des événements de Paris, de peur de troubler leur sécurité, leur superstition ou leurs plaisirs. Le pape Pie VI, pontife mondain et tolérant, déjà à demi détrôné par les secousses que la philosophie de Joseph II avait données à sa suprématie, ne se dissimulait pas que l'Église n'avait de salut que dans son immobilité et dans son silence en Italie.

Le roi de Sardaigne, seul prince défendu par les Alpes, patronné par l'Autriche et sollicité par le comte d'Artois, son beau-frère, paraissait vouloir offrir un contingent armé à la contre-révolution. Mais la Savoie, française par la géographie, par la langue et par le cœur, se détacherait au premier coup de canon du noyau piémontais et sarde, et lui ferait payer, par le tiers de son royaume, l'honneur de sa téméraire agression contre la France. D'ailleurs, l'esprit de la Révolution, plus contenu, mais aussi fervent en Italie qu'en France, éclaterait même sous les pas de son armée.

Les cantons aristocratiques de la Suisse tremblaient aux secousses du peuple de Paris, dont l'exemple et les doctrines agitaient les populations asservies de Berne.

XII.

L'impératrice de Russie, Catherine II, avait eu l'art d'entraîner l'empereur d'Allemagne Joseph dans une ligue contre les Turcs, qui occupait leurs armées et préparait à l'empire moscovite les routes de l'Orient par lesquelles cet empire pèserait d'un double poids sur l'Occident et sur l'Orient. Joseph II, complice avec la Prusse et la Russie du démembrement de la Pologne, n'avait pas osé refuser cette complaisance fatale d'une coalition contre la Turquie à Catherine. Il concourait follement à ses victoires en les détestant.

Pendant ce crime de l'empereur Joseph II contre la sécurité future de ses propres États, les provinces de la Belgique s'insurgeaient contre lui dans une révolte où le clergé s'unissait aux démocrates. Il mourait enfin à moitié chemin de tous ses desseins, comme un homme qui a trop entrepris pour rien accomplir. Sa mort laissait Marie-Antoinette, sa sœur chérie, abandonnée à la merci de sa destinée. « Qui sera maintenant le vengeur des rois? » furent ses derniers mots sur son lit de mort.

Le législateur philosophe de l'heureuse Toscane, son frère Léopold, venait de lui succéder. Il trouvait l'Empire engagé dans une guerre impolitique contre les Turcs et dans la répression de la révolte du Brabant. Une guerre prématurée contre la France était un effort au-dessus de ses finances et de ses armées.

Quant à la Prusse, liée d'intérêt et de famille avec l'Angleterre, rivale née et perpétuelle de l'Autriche, auxiliaire en Brabant des peuples insurgés contre Joseph II, elle avait plus de penchant secret pour une alliance avec la France que pour une coalition contre nous.

Toutes les hostilités de ces cours du Nord se bornaient donc à quelques intrigues avec les émigrés et à quelques jactances du roi contre une révolution qui abaissait les trônes.

XIII.

Tel était le véritable état de l'Europe au moment où l'Assemblée nationale allait promulguer la constitution. Aucune crainte fondée de guerre étrangère n'était de nature à préoccuper les esprits vraiment politiques de cette assemblée. Mais les Jacobins, les Cordeliers, les journalistes et les orateurs de clubs, sollicités et trompés par les démagogues étrangers, intéressés comme toujours à formuler la guerre pour rentrer en armes dans leur pays, semaient partout dans l'esprit du peuple la panique des trahisons de la cour et des coalitions souterraines des trônes contre la nation révolutionnée. Deux partis

commencèrent à se caractériser à dater de cette panique dans le sein même de la Révolution : le parti
de la paix avec les peuples, le parti de la guerre
intentée aux rois.

Robespierre, Péthion, Mirabeau, Talleyrand, tous
les esprits véritablement politiques de la Révolution
n'hésitèrent pas à se prononcer pour la paix. Danton, Barnave, Camille Desmoulins, Marat, tous ceux
qu'on appela plus tard les Girondins, et tous ceux
qu'on appela après eux les terroristes, se prononcè-
rent pour la guerre.

Les uns disaient avec raison que la guerre offensive
intentée par la France aux États jusque-là indécis
n'aurait d'autre effet que de transformer en antago-
nismes patriotiques les sympathies universelles des
peuples de l'Europe pour les principes révolutionnaires; principes dans lesquels ces peuples ne demanderaient tôt ou tard qu'à fraterniser avec la France;
que la guerre, en obligeant le nouveau gouvernement de la France à demander des sacrifices d'impôt
et de sang à la nation déjà épuisée, ferait maudire
cette Révolution au peuple, toujours plus sensible à
ses intérêts qu'à ses idées; que la guerre, fléau de
l'humanité, qui n'est glorieux qu'autant qu'il est nécessaire, devait être indispensable pour être proclamée
par une nation qui se faisait l'apôtre du nouvel Évangile de l'humanité; qu'elle n'était point indispensable,
puisque la France n'était menacée par aucune puis-

sance, ni dans ses droits ni dans ses frontières;
que quelques rassemblements de prêtres et de nobles
émigrés, inactifs sur le territoire de quelques petits
princes ecclésiastiques des bords du Rhin, n'étaient
pas un danger sérieux pour la France; que le petit
nombre et les ridicules jactances de ces émigrés
n'osant insulter la Révolution que de loin ne ser-
vaient qu'à constater, aux yeux de la nation et de
l'Europe, l'innombrable majorité de la Révolution
dans le peuple; que la guerre offensive était aussi
dangereuse à la France et à la liberté par ses revers
que par ses victoires; que ses défaites paraîtraient
la défaite des principes au nom desquels la patrie
aurait intenté la guerre; que ses victoires, en ravi-
vant l'esprit militaire, le plus grand ennemi de l'esprit philosophique, rendraient au roi des armées
retrempées dans leur triomphe et prêtes à tourner
contre la nation les armes qu'elle leur avait mises
dans la main, ou que si le roi était incapable de
manier lui-même cette épée liberticide, des généraux enivrés de la popularité soldatesque des camps
rougiraient de redescendre au rang de citoyens, et
demanderaient à de nouveaux prétoriens des dictatures, préludes aux pires des monarchies, les monarchies militaires.

Mirabeau et Robespierre, quoique ennemis, étaient
les deux hommes, à l'Assemblée et aux Jacobins,
qui voyaient le plus juste et le plus loin dans cet

avenir : Mirabeau, parce qu'il était politique ; Robespierre, parce qu'il était ombrageux.

Les autres disaient et écrivaient que les vérités
qui naissent, combattues par les vieux préjugés, les
vieilles superstitions, les vieilles aristocraties, ont
besoin de propagande pour s'universaliser, comme
la flamme a besoin d'air pour ne pas s'éteindre ;
que la guerre était ce mouvement nécessaire à l'incendie des idées ; que l'homme avait besoin de s'attacher à ses idées par les sacrifices mêmes qu'il
s'imposait pour elles ; que le Français s'attacherait
d'autant plus aux principes de sa révolution qu'il
leur aurait donné du sang ; que les caractères nationaux, énervés par les longues paix, se retrempent
dans les grandes guerres ; que la guerre, écartée
aujourd'hui par la pusillanimité philosophique des
prétendus sages de l'Assemblée et des Jacobins,
éclaterait demain dans des conditions pires pour la
France ; que le feu révolutionnaire, à demi éteint
alors, lui donnerait aujourd'hui un élan, une impétuosité, une impulsion qu'elle ne retrouverait plus
dans des circonstances plus calmes ; qu'il fallait
surprendre l'Europe dans son indécision, et briser
les nœuds de la trame monarchique que les rois
concertaient contre nous, avant que ses réseaux
eussent enserré la France dans une coalition générale ; qu'on se flattait en vain de conserver la paix
par des ménagements et des scrupules suicides ;

qu'il y avait incompatibilité entre la France libre et le monde esclave; que le droit de la guerre pour la France n'était pas autre chose que le droit de la vérité de naître et de rayonner sur les ténèbres; que ceux qui voulaient renfermer cette vérité dans les limites d'une nation voulaient, sinon l'éteindre, au moins la circonscrire dans son orbite; que les partisans de la paix n'étaient que les lâches de la Révolution ou les traîtres de la patrie.

Telle était la controverse sincère et ardente qui divisait les esprits sur la nature de propagande que la France devait à sa philosophie révolutionnaire au début de sa révolution, controverse qui les divisa sans cesse depuis, à chaque nouvel accès de cette révolution, en 1792, en 1830, en 1848, et qui les divise encore aujourd'hui.

L'histoire, pour être utile à l'avenir, doit se prononcer sur cette controverse, ou plutôt elle n'a pas besoin de se prononcer : les événements ont prononcé pour elle. Les démagogues et les Girondins, les premiers par fanatisme, les seconds par machiavélisme, parvinrent à faire déclarer la guerre.

La guerre, en présentant aux peuples l'ambition de la France au lieu de son exemple, et l'invasion des territoires au lieu de l'apostolat des principes, parut un outrage à l'indépendance des peuples, et les rallia pour une défense commune à leurs gouvernements. Les nationalités se soulevèrent contre

une liberté imposée par les armes; les rois pro-
fitèrent de ce soulèvement de la nationalité pour
transformer leurs sujets en soldats; la France arma
de son côté en proportion des armées levées contre
elle; le sang coula pendant dix-huit ans entre la
France et les nations que cette guerre funeste em-
pêcha de se reconnaître et de fraterniser dans la
même foi. Ses victoires humilièrent ses ennemis,
ses défaites les exaltèrent; l'engoûment soldatesque
pour les grands généraux se substitua à l'enthousiasme pour les institutions; les coups d'État des
baïonnettes, les dictatures militaires, les empires
dynastiques surgirent de l'ambition naturelle aux
vainqueurs de l'étranger. La France fut victorieuse,
la liberté asservie, les principes jetés en dérision
aux soldats, et toutes les forces perverties du patriotisme retournées contre la Révolution qui avait
enfanté le patriotisme. L'avénement des réformes
politiques, sociales et rationnelles en Europe, fut
retardé de plusieurs siècles peut-être, et la guerre,
qui ne pense pas, mais qui tue, tua la pensée de
la philosophie.

Mirabeau, Lafayette, Bailly, Robespierre, Talleyrand, étaient donc les véritables prophètes de cette
philosophie en lui déconseillant la guerre offensive.
Danton, Marat, Barnave, les Girondins futurs et les
démagogues présents, n'étaient que les prophètes
du sang, sang répandu et perdu pour le triomphe

des principes dopulaires. Leur impatience de la faire éclore au feu des batailles tua la vérité que couvait la France et la tuera de même chaque fois que les démagogues et les Girondins futurs voudront l'arroser de sang pour presser son éclosion.

La guerre défensive est le triomphe de la Révolution, parce que le patriotisme et le libéralisme s'y confondent et centuplent ses forces; la guerre offensive est son piége. La Révolution est idée; ce sont les idées qui doivent combattre invisibles et invulnérables dans l'esprit des peuples pour elle; mais pour que ces idées se naturalisent dans l'esprit de ces peuples, il faut les désarmer. Une vérité présentée à la pointe des baïonnettes n'est plus une vérité, c'est un outrage.

XIV.

Les passions pour et contre la guerre étaient trop animées aux Jacobins et dans les clubs pour que l'Assemblée nationale n'essayât pas d'éclairer et de rassurer la nation. Mirabeau fut chargé de ce travail, rapport profond et éloquent au peuple français sur sa politique étrangère. Instruire l'ignorance, dissiper la panique, intimider les émigrés, réfuter les démagogues, imposer aux cabinets étrangers par le droit et par l'attitude de la France, telle était la pensée de l'Assemblée et de Mirabeau. Il oublia ce jour-là qu'il était le complice de la reine ; il se souvint seulement, comme dans les grandes occasions où sa nature prévalait sur ses faiblesses, qu'il était révolutionnaire, philosophe, citoyen.

Ce manifeste, utile à tous les temps où la France aura à délibérer sur sa tactique révolutionnaire, est une leçon de politique et de raison trop haute et trop honorable à l'Assemblée nationale pour ne pas l'opposer aux préjugés populaires de toutes les époques qui se précipitent dans la guerre faute de foi et de patience dans la Révolution.

« Pour un peuple immense, dit l'orateur philosophe, encore agité des secousses d'une grande révolution, pour de nouveaux citoyens, que le premier éveil du patriotisme confond dans les mêmes pensées par tout l'empire, pour des hommes qui, liés par les mêmes serments, sentinelles les uns des autres, se communiquent rapidement toutes leurs espérances et toutes leurs craintes, la seule existence des alarmes est un péril, et lorsque de simples mesures de précaution sont capables de les faire cesser, l'inertie des représentants d'un peuple valeureux serait un crime.

» S'il ne s'agissait que de rassurer les Français, nous leur dirions : Ayez plus de confiance dans vous-mêmes et dans l'intérêt de nos voisins. Sur quelle contrée portent vos alarmes ? La cour de Turin ne sacrifiera point une utile alliance à des haines ou domestiques ou étrangères ; elle ne séparera point

sa politique de sa position, et les projets d'une intrigue échoueront contre sa sagesse.

» La Suisse, libre, la Suisse, fidèle aux traités et
presque française, ne fournira ni des armes ni des
soldats au despotisme qu'elle a terrassé; elle aurait
honte de protéger des conspirateurs, de soutenir des
rebelles.

» Léopold a été législateur, et ses lois trouvèrent
aussi des détracteurs et des ennemis. S'il a des armées
nombreuses, il a de vastes frontières. S'il aimait la
guerre, quoiqu'il ait commencé son règne par la
paix, ce n'est pas du côté du midi que sa politique
lui permettrait de tourner ses armes. Voudrait-il apprendre à des provinces encore flottantes entre l'essai
d'une liberté qu'on leur a gâtée et la prudence d'une
soumission qui ne durera qu'autant qu'elle sera supportable, comment résistent à des conquérants ceux
qui, dans leurs propres foyers, ont su abattre la
tyrannie?

» Craignez-vous quelques princes d'Allemagne qui
feignent de penser que le gouvernement d'une nation
souveraine aurait dû s'arrêter, dans l'exécution de
ses lois, devant des portions privilégiées de son territoire? Mais serviraient-ils mieux leur intérêt par des
combats que par une utile négociation, et voudraient-
ils compromettre l'indemnité que votre justice leur
accorde? Que, dans des siècles barbares, la féodalité
ait armé des châteaux contre d'autres châteaux, cela

se conçoit; mais que des nations fassent la guerre pour maintenir la servitude de quelques hameaux, ceux-là mêmes qui font de pareilles menaces ne le pensent point. Croyez plutôt que si les progrès de notre révolution donnent de l'inquiétude à nos voisins, cette crainte est un gage qu'ils ne viendront pas nous troubler par des provocations périlleuses.

» Sont-ce quelques Français réfugiés, quelques soldats secrètement enrôlés qui vous inspirent des craintes? Mais la haine de pareils ennemis ne s'est-elle donc pas exhalée jusqu'aujourd'hui en impuissantes menaces? Où sont leurs alliés? Quelle grande nation épousera leur vengeance, leur fournira des armes et des subsides, leur prodiguera le fruit de ses impôts et le sang de ses citoyens?

» Sera-ce l'Angleterre?

» Relativement aux autres puissances de l'Europe, il suffit de pénétrer dans les intentions probables des cabinets; mais quand il s'agit de la Grande-Bretagne, il faut encore écouter la voix de la nation, Qu'avons-nous à espérer ou à redouter du ministère anglais? Jeter dès à présent les grandes bases d'une éternelle fraternité entre sa nation et la nôtre serait un acte profond d'une politique vertueuse et rare; attendre les événements, se mettre en mesure pour jouer un rôle, et peut-être agiter l'Europe pour n'être pas oisif, serait le métier d'un intrigant qui fatigue la renommée un jour parce qu'il n'a pas le

crédit de vivre sur une administration bienfaisante.
Eh bien ! le ministère anglais, placé entre ces deux
carrières, entrera-t-il dans celle qui produira du
bien sans éclat, ou dans celle qui aura de l'éclat ou
des catastrophes ? Je l'ignore, messieurs ; je sais bien
qu'il ne serait pas de la prudence d'une nation de
compter sur des exceptions et des vertus politiques.

» Je ne vous inviterai point à cet égard à une
trop grande sécurité ; mais je ne tairai pas, dans
un moment où l'on calomnie parmi nous la nation
anglaise, d'après cette publication d'un membre des
Communes que tout admirateur des grands talents
a été affligé de compter parmi les détracteurs su-
perstitieux de la raison humaine, je ne tairai pas ce
que j'ai recueilli dans des sources authentiques, que
la nation anglaise s'est réjouie quand nous avons
proclamé la grande charte de l'humanité, retrouvée
dans les décombres de la Bastille ; je ne tairai pas
que si quelques-uns de nos décrets ont heurté les
préjugés épiscopaux ou politiques des Anglais, ils ont
applaudi à notre liberté même, parce qu'ils sentent
bien que tous les peuples libres forment entre eux
une société d'assurance contre les tyrans ; je ne tairai
pas que du sein de cette nation, si respectable chez
elle, sortirait une voix terrible contre des ministres
qui oseraient diriger contre nous une croisade féroce
pour attenter à notre constitution. Oui, du sein de
cette terre classique de la liberté sortirait un volcan

pour engloutir la faction coupable qui aurait voulu essayer sur nous l'art funeste d'asservir les peuples et de leur rendre les fers qu'ils ont brisés. Les ministres ne mépriseront pas cette opinion publique, dont on fait moins de bruit en Angleterre, mais qui est aussi forte et plus constante que parmi nous.

» Ce n'est donc pas une guerre ouverte que je crains; les embarras de leurs finances, l'habileté de leurs ministres, la générosité de la nation, les hommes éclairés qu'elle possède en grand nombre, me rassurent contre des entreprises directes; mais des manœuvres sourdes, des moyens secrets pour exciter la désunion, pour balancer les partis, pour les déjouer l'un par l'autre, pour s'opposer à notre prospérité, voilà ce qu'on pourrait redouter de quelques politiques malveillants. Ils pourraient espérer, en favorisant la discorde, en prolongeant nos combats politiques, en laissant de l'espoir aux mécontents, en permettant à un de nos ex-ministres en démence de les flatter de quelques encouragements vagues, en lâchant contre nous un écrivain véhément et facile à désavouer, parce qu'il affiche le parti de l'opposition, de nous voir peu à peu tomber dans un dégoût égal du despotisme et de la liberté, désespérer de nous-mêmes, nous consumer lentement, nous éteindre dans un marasme politique; et alors, n'ayant plus d'inquiétude sur l'influence de notre liberté, ils n'auraient point à craindre cette extrémité, vraiment

fâcheuse pour des ministres, d'être tranquilles dans
l'Europe, de cultiver chez eux leurs propres moyens
de bonheur; et de renoncer à ces tracasseries su-
perbes, à ces grands coups d'État qui en imposent,
parce qu'il en est peu de juges, pour se livrer simplement au soin de gouverner, d'administrer; de
rendre le peuple heureux, soin qui leur déplaît, parce
qu'une nation entière l'apprécie, et qu'il ne laisse
plus de place à la charlatanerie.

» Telle pourrait être la politique insidieuse du
cabinet sans la participation et même à l'insu du
peuple anglais; mais cette politique est si basse,
qu'on ne peut l'imputer qu'à un ennemi de l'humanité; si étroite, qu'elle ne peut convenir qu'à des
hommes très vulgaires, et si connue, que de nos jours
elle est peu redoutable.

» Français, étendez donc vos regards au delà de
vos frontières; vous n'y trouverez que des voisins
qui ont besoin de la paix comme nous, et non
des ennemis; vous y trouverez des hommes que, pour
des guerres injustes, on ne mènera plus aussi facilement aux combats; des citoyens qui, moins libres
que nous, regardent en secret les succès de notre
révolution comme une espérance qui leur est commune. De là, parcourez l'étendue de cet empire,
et si vous avez la défiance du zèle, ayez aussi le
respect de vos propres forces.

» On vous dit que vous n'avez plus d'armée, lors-

que tous vos citoyens sont soldats ; que vous n'avez
plus d'or, et au moindre péril les fortunes particulières formeraient la fortune publique ; qu'une guerre
peut troubler votre constitution, comme si les tentes
d'un camp ne deviendraient pas aussitôt un asile
pour le législateur de ce peuple qui fît ses premières lois dans le champ de Mars ! Eh ! quel tyran
insensé s'exposerait à conquérir ce qu'il ne pourrait
pas conserver ? Lorsque la majorité d'une nation veut
rester libre, est-il un emploi de la force capable
d'empêcher qu'elle ne le soit ?

» Où donc est la source de cette anxiété qui, se
propageant dans tout le royaume, y a provoqué non-
seulement l'énergie et la fierté du patriotisme, mais
encore son impatience ? Le zèle n'a-t-il point exagéré
nos périls ? Car il est une ambition de servir son
pays capable de tromper les intentions du meilleur
citoyen, de lui faire réaliser des occasions d'être
plus puissant pour être en même temps plus utile,
de lui faire exagérer ses craintes parce qu'il croit
être propre à les calmer ; enfin, de le porter à donner la première impulsion vers un but auquel il est
entraîné par son talent, qui par cela seul lui fait
oublier sa prudence.

» Peut-être aussi, fatigués de leur impuissance à
troubler le royaume, les ennemis de la Révolution
ont-ils pris leurs vœux pour leurs espérances, leurs
espérances pour des réalités, leurs menaces pour

une attaque; et, se consolant à rêver des vengeances, ont-ils inspiré des inquiétudes au peuple,
plus capable de juger leur audace que leurs moyens.

» Peut-être encore des factieux, auxquels il manque
quelques chances pour exécuter, sous les beaux noms
de liberté, des projets qui nous sont cachés, ont-ils
espéré de les trouver dans une grande agitation populaire, et ce combat de l'intrigue et de l'ambition
contre le patriotisme généreux et crédule est sans
doute aussi une guerre.

» Enfin, ne doit-on pas regarder comme une des
causes des alarmes populaires cette défiance exagérée qui depuis longtemps agite tous les esprits, qui
retarde le moment de la paix, aigrit les maux et
devient une source d'anarchie quand elle ne cesse pas
d'être utile à la liberté? Nous craignons des ennemis
au dehors, et nous oublions celui qui ravage l'intérieur du royaume. . . . .

. . . . »

Par condescendance à la panique irréfléchie du
peuple, Mirabeau, au nom du comité diplomatique,
concluait seulement à quelques rassemblements de
troupes sur les frontières alarmées, puis terminait
par une invocation à l'équité et à la concorde des
nations :

« Ne craignez point, disait-il, que nos voisins
regardent un rassemblement de troupes ni comme
une menace ni comme un événement capable de leur

inspirer de la défiance. Notre politique est franche, et nous nous en faisons gloire; mais tant que la conduite des autres gouvernements sera environnée de nuages, qui pourra nous blâmer de prendre des précautions capables de maintenir la paix? Non, une guerre injuste ne peut pas être le crime d'un peuple qui, le premier, a gravé dans le code de ses lois sa renonciation à toute conquête. Une attaque n'est point à craindre de la part de ceux qui désireraient plutôt d'effacer les limites de tous les empires, pour ne former du genre humain qu'une seule famille; qui voudraient élever un autel à la paix sur le monceau de tous les instruments de destruction qui couvrent et souillent l'Europe, et ne garder que contre les tyrans des armées consacrées par la noble conquête de la liberté. »

XV.

Il y avait autant de probité d'opinion que de vues d'homme d'Etat dans ce manifeste. Les démagogues et les Jacobins ne le pardonnèrent pas à Mirabeau. En leur enlevant le prétexte de la guerre, il leur enlevait l'occasion des mouvements populaires qu'ils s'efforçaient de motiver et qu'on sera toujours sûr de motiver sur les périls de la patrie et sur les trahisons vraies ou fausses des aristocrates. Un peuple inquiet, à qui l'on crie du haut de trente mille tri-

bunes : *Invasion et trahison!* sera toujours debout
pour frapper ses ennemis au dedans avant de frapper
ses ennemis au dehors.

Les journées de septembre, rêve de Marat, de
Danton et de leur école, en sont la preuve. La panique est l'avant-coureur de la terreur. En temps de
révolution, le canon, le tocsin et l'échafaud se répondent des extrémités de l'empire au centre, et du
centre aux extrémités. Les démagogues ne l'igno-
raient pas, les futurs Girondins se refusaient à le
voir, Mirabeau le pressentait et prémunissait coura-
geusement la France contre ces calamités. Il sauvait
en même temps le roi et ce qui restait de la monarchie en éloignant la guerre; mais il perdait de
plus en plus sa popularité et se vouait à la vengeance des démagogues.

L'Assemblée l'en récompensa par une popularité
plus honnête. Elle lui donna en récompense de tant
de travaux la présidence, qu'il ambitionnait comme
un témoignage de considération fait pour accroître
son importance auprès du roi et de la reine. Les
constitutionnels, les modérés, les partisans de la paix,
les royalistes même, s'entendaient pour lui décerner
cet honneur. On voit dans ses billets intimes l'ardeur qui le dévorait pour l'obtenir. C'était à ses
yeux son futur ministère ratifié d'avance par la représentation de la nation.

« Il m'a manqué trois voix pour être président au

premier tour. C'est le cas, mon ami, de l'enlever! Remuez un peu les bons aristocrates, qui, au reste, m'ont à peu près tous porté. Un effort de plus et je passe! »

A peu près au même moment où l'Assemblée nationale, travaillée par M. de Montmorin et ramenée à l'estime par sa franche opposition au parti démagogique, le nommait président et se caractérisait ainsi en assemblée encore monarchique, les citoyens du quartier le plus opulent de la capitale le nommaient chef de bataillon de la garde nationale. Il ne faisait donc que changer de popularité. La nation constitutionnelle adoptait celui que répudiaient les conspirations et les clubs. Son âme s'exalta de ce double honneur, il en triompha avec une confiance un peu puérile dans ses lettres à ses amis et dans ses notes plus rassurantes à la cour :

« Nommé sans le savoir, dit-il à la reine, commandant de bataillon, et forcé de refuser ou d'accepter à l'instant, il n'a pas été en mon pouvoir de consulter la reine ni presque de me consulter moi-même. J'appris seulement que M. de Laborde (ami de Lafayette) avait des voix et que M. de Lafayette, dont la dictature s'affaiblit chaque jour, au point qu'il est plus nécessaire, peut-être, d'en ralentir que d'en accélérer la chute, l'avait porté sans succès. Cette première donnée me traçait la route que je devais suivre. Prendre conseil d'un ennemi est un proverbe qui ne manque pas de sens.

» Je vis dans cette place un moyen tres sûr et très innocent de connaître les projets de la garde nationale, d'assister aux délibérations de ses chefs, d'étudier leur caractère, d'influer sur leurs démarches, d'atteindre même jusqu'aux secrets du général, c'est-à-dire de franchir le théâtre pour aller épier le jeu du machiniste derrière la toile. Tout cela me parut aussi utile que plaisant, et j'acceptai, bien convaincu que si M. de Lafayette n'avait que des commandants tels que moi, l'armée parisienne ne serait pas sans général, mais qu'un tel général serait bientôt sans armée.

» Je fus encore entraîné par le désir d'être tout à la fois le gardien des droits du trône et la sentinelle de la personne du roi, ou bien de parler des prérogatives de la royauté avec cet uniforme qui rappelle la nécessité trop oubliée d'une grande force publique. A la tribune comme au château, les devoirs sont du même genre, et je changerai quelquefois de poste sans changer presque de fonctions. N'en sommes-nous pas venus au point où les succès de la raison sont un véritable combat?

» J'ai donc été forcé de me décider par moi-même dans l'instant où j'ai été nommé, et je n'ai pu consulter que MM. de Montmorin et la Marck, qui tous deux ont été de mon avis. Il reste un point très important sur lequel j'attends les ordres de Sa Majesté. Dois-je faire mon service au château, comme les autres commandants? Je demande si je dois le faire, et je devrais d'abord examiner si je puis m'en dispenser. Je crains, tout à la fois, que ma présence, quoique très facile à expliquer par mon devoir, n'excite la défiance et que mon éloignement ne paraisse de l'affectation. M'absenter les premières fois, pour que mon exactitude ne soit pas prise pour de l'empressement, faire ensuite mon service comme tous les commandants, pour ne pas me distinguer des autres, serait peut-être la mesure la plus convenable, car, en toutes choses, il faut faire soi-même la part de l'envie et de la méchanceté, pour qu'elles ne se la fassent pas meilleure.

» J'ai su que les commandants avaient souvent l'avantage d'accompagner monseigneur le Dauphin à la promenade, car, après m'être fait rendre compte des devoirs de ma place, j'ai voulu aussi en connaître les honneurs. Cette occasion ne serait-elle pas favorable pour suppléer à des conférences, à des instructions qui seraient presque impossibles de toute autre manière, et qui cependant vont devenir si nécessaires? Je ne propose rien, je me borne à tout indiquer. Je pourrais du moins remettre quelquefois des écrits utiles, et je saurais faire le commentaire d'un seul mot, d'une expression même très énigmatique, par lesquels la reine jugerait à propos de me faire connaître ses intentions, car on abrége la pensée comme l'écriture. Accoutumé à faire plusieurs choses à la fois (et c'est pour cela, dira-t-on, que je les fais fort mal), je pourrais dans le même temps jouer aux boules, abattre des quilles, et monseigneur le Dauphin ne perdrait rien à cela.

» J'ai eu récemment une conversation très intéressante avec Alexandre Lameth, toujours très délié, toujours rusant, mais jamais en scène, et faisant surtout un contre-sens continuel dans son rôle, c'est-à-dire jouant, sans se déguiser, le chef de parti. Je rendrai compte bientôt à Votre Majesté des détails assez piquants de cette entrevue, dont le résultat, non pour M. Lameth, mais pour moi, est que ces messieurs sont embarrassés de leur position et cherchent à se battre sur un autre terrain. Ils parlent déjà de l'ingratitude du peuple et des revers qu'éprouvent les hommes les plus utiles à leur pays. M. Lameth en tire cette conséquence, qu'il faut prolonger la session de l'Assemblée, se placer dans le département pour n'avoir aucun interrègne, et se faire ensuite réélire pour l'autre législature. Il faudra lui apprendre à mieux raisonner. »

XVI.

Le bruit s'étant répandu que les ennemis de la reine, envieux du peu de sécurité que l'apaisement momentané des esprits donnait à cette princesse, avaient appelé secrètement, de Londres à Paris, madame de la Motte, pour révéler les mystères supposés de l'intrigue toujours énigmatique du Collier, et que ces révélations avaient pour but de déshonorer les mœurs de la reine, Mirabeau écrivit et agit pour parer ce coup.

« Je prendrai des mesures, écrivait-il à Marie-Antoinette, non pas pour empêcher qu'elle y soit discutée, car c'est là que je voudrais l'étouffer sans retour, mais pour assister à l'injurieuse proposition qu'on nous fera de seconder un semblable projet. Je ne me bornerai pas à la combattre. C'est une insurrection que je veux exciter contre les hommes, quels qu'ils soient, qui voudraient nous rendre les complices de leurs haineuses et avilissantes intrigues.

» Est-ce une république qu'ils désirent établir? — Qu'ils s'expliquent sans détour! — Ils attaquent le trône, et nous le soutiendrons; il n'y aura là, du moins, aucune lâcheté. Mais n'ont-ils d'autres moyens pour arriver si haut que des calomnies prises si bas? — Est-ce en outrageant une femme et en diffamant une reine, que ces ambitieux si vains veulent ruiner la royauté? — Qui trouvent-ils pour auxiliaires? Je n'ai pu constater si cet obscur complot a été réellement formé dans un dîner, ni quels en ont été les acteurs; mais j'ai de la peine à croire... »

Ces derniers mots interrompus faisaient allusion au duc d'Orléans, à Rœderer et à madame de Genlis, qu'il avait d'abord supposés les instigateurs de cette audace, et qu'il en reconnut innocents peu de jours après.

Plusieurs mémoires politiques du comte de la Marck à M. de Mercy-Argenteau, de cette date, versent la vraie lumière sur l'état de l'opinion de l'Assemblée, de la cour et du peuple :

« On suit le plan de Mirabeau, écrit-il au chef du comité autrichien, l'ambassadeur d'Autriche, Louis, et le négociateur de la reine. Talon a eu une audience du roi. Le roi, dans cette audience, a montré sa bonhomie et sa brusquerie ordinaires. La reine, qui y est venue, a été au contraire pleine d'esprit, de tact, de jugement et de grâce ; elle y a même apporté un peu de cette réserve mesurée que nous lui avons, vous et moi, souvent recommandée, et qui est si nécessaire à sa situation actuelle. L'effet de cette conférence a été excellent, à en juger du moins par les effusions de satisfaction de M. Talon en en sortant.

» L'Assemblée est certainement moins démagogique qu'elle ne l'était il y a deux ans. Le serment des prêtres a obtenu moins d'adhésion qu'on ne l'espérait. Il y a des villes où tous les prêtres l'ont refusé. En Alsace, surtout, on montre une grande résistance. Je crois qu'un gouvernement habile tirerait parti de la situation où se trouve cette province, s'il savait y échauffer et soutenir sous main les mécontents.

» En Provence, la folie démagogique, au contraire, y est poussée à de tels excès qu'on ne peut plus en calculer les suites. Mirabeau n'y a presque plus de popularité, et je le regrette, car si sa manie de rechercher la popularité ne le quitte pas ou si elle lui revient, je préférerais qu'il l'exerçât sur la Provence plus que sur Paris, où tant de matières inflammables sont accumulées. Les Jacobins se soutiennent, mais ils boudent leurs chefs (les Lameth), qui, de leur côté, jouent un jeu plus serré que jamais. On ne pense, de la cour, que le succès tient uniquement à détrôner cet homme. On ne voit pas assez que c'est sur les masses qu'il faut agir.

» M. de Lafayette est toujours dans la même position, c'est-à-dire nul et dangereux, sans puissance pour le bien, mais non sans la volonté et les moyens de nuire. Il tire sa principale force de ce que personne n'a un intérêt immédiat à le renverser, de la difficulté qu'il y aurait à s'accorder sur ce point, et beaucoup aussi de ce que, tout mauvais qu'il est, les hommes qui l'attaquent ne sont pas meilleurs.

» M. de Lafayette a aussi concouru, par les pratiques les plus odieuses, à augmenter les défiances contre l'empereur, et par conséquent contre la reine. Il a fait répandre sourdement qu'il fallait s'occuper d'une souscription pour armer contre les projets menaçants du dehors. M. de Mirabeau a promis de déjouer cette tentative par les Jacobins, et on diri-

gera vers le même but les moyens de police qui
sont entre les mains de MM. Talon et de Sémonville.
M. de Montmorin cherche le moyen de faire enlever
les papiers du juif·Ephraïm, qui répand ici de l'argent, et dont les menées sont fort dangereuses.

» M. de Mirabeau a été élu chef de bataillon,
et, trois jours après, membre de l'administration du
département; il a accepté ces deux places, sauf à
renoncer plus tard à la première. Il cherche maintenant à être élu procureur syndic du département.
Sa popularité s'est réellement accrue depuis quelque
temps; cela m'inquiète; si jamais il désespère du
gouvernement, et qu'il place sa gloire dans la popularité, il en sera insatiable. Et vous savez comme
moi, monsieur le comte, ce que c'est que la popularité dans un temps de révolution.

» Tout ceci me cause un grand découragement;
je suis chaque jour plus dégoûté de ce pays-ci,
de ses hommes, de ses lois, de ses mœurs. Le roi est
sans la moindre énergie; M. de Montmorin me disait l'autre jour tristement que, lorsqu'il lui parlait de ses affaires et de sa position, il lui semblait
qu'on lui parlât de choses relatives à l'empereur de
la Chine. J'agis à la vérité ici par dévouement pour
la reine et par le désir de mériter son approbation;
aussi, tout ce que je viens de dire ne sert qu'à faire
mieux ressortir la triste destinée de cette malheureuse princesse. Comme femme, elle est attachée à

un être inerte; comme reine, elle est assise sur un trône bien chancelant. L'intérêt qu'elle est faite pour inspirer à toute âme honnête est seul capable de me faire supporter les embarras et les dégoûts de la ligne de conduite qui m'est imposée et qui n'offre que des dangers sans gloire. Un faible rayon d'espérance lui a fait adopter les derniers moyens proposés : elle sent parfaitement bien l'insuffisance de M. de Montmorin, mais elle sent également qu'elle n'a pas le choix d'un autre, et, se prêtant à tout, cédant à la force invincible qui l'entraîne elle et le royaume, elle est pour M. de Montmorin telle que vous désireriez vous-même qu'elle fût.

» J'ai proposé à M. de Montmorin, qui l'a accepté avec empressement, de prendre le prétexte du départ de ma sœur à Starhemberg, qui retourne à Vienne, pour l'accompagner jusqu'à Strasbourg, et avoir ainsi l'occasion, en allant et en revenant, de voir M. de Bouillé à Metz. J'aurai du roi une lettre dans laquelle il invitera M. de Bouillé à mettre toute confiance dans ce que je lui dirai, et à m'en témoigner également de son côté. Je connaîtrai par ce moyen sa position, la disposition des troupes sous ses ordres, ses craintes, ses espérances, la situation de toute la frontière, c'est-à-dire que nous en apprendrons plus l'un et l'autre en trois heures de conversation que par la correspondance la plus développée, qui en ce moment ne serait pas sans danger.

» Avant de partir, je prendrai les ordres de la reine, et me concerterai avec elle pour savoir ce qu'il lui convient que je dise d'elle et de sa part à M. de Bouillé.

» Cette course, qui aura lieu dans huit jours, et qui en durera autant, m'ôte, monsieur le comte, la possibilité d'aller près de vous aussitôt que je le désirerais. Je vous prie de m'indiquer le moment où il vous conviendra que je me rende à Bruxelles, après mon retour de Strasbourg. »

XVII.

Le sentiment de leur défaillance connu, en présence des grands mouvements qui se préparaient sous l'impulsion des clubs, des journaux des démagogues, et du patriotisme sincère et alarmé du peuple sur la sécurité de la patrie, porta Lafayette et Mirabeau à se rechercher une dernière fois, dans l'intérêt d'un danger qui croissait chaque jour. Les Barnave, les Duport, les Lameth, commençaient eux-mêmes à inspirer des défiances aux Jacobins et à appeler factieux tout ce qui dépassait leur faction. Quelques tristes confidences s'échangèrent entre eux, Mirabeau et M. de Montmorin. Mirabeau se prêta aux avances de Lafayette; mais comme il les croyait suspectes, il voulut des témoins à l'entrevue pour enregistrer les promesses. Ces deux rivaux se virent sans confiance. Mirabeau ne croyait pas assez à la franchise de Lafayette, Lafayette au désintéressement de Mirabeau. Chacun des deux réservait sa propre personnalité dans l'alliance. Le salut de la cour ne venait qu'après le salut de leur popularité. La Marck, confident des deux, atteste cependant, dans ses rapports secrets à l'ambassadeur d'Autriche, qu'il y a plus de cordialité dans le dévouement de Mirabeau.

« Quant à Mirabeau, dit-il, il est lancé de bonne foi, si du moins on en juge par la suite qu'il met à l'exécution de son plan. Il est très content et très flatté de la déférence qu'il rencontre dans M. de Montmorin, et la faiblesse de celui-ci s'amalgame quelquefois heureusement avec l'impétuosité de l'autre. Je surveille, j'étudie plus que jamais Mirabeau, et je demeure toujours convaincu qu'on pourra compter sur lui tant qu'il ne désespérera pas entièrement des Tuileries. Il ne faut pas d'ailleurs se dissimuler que cet homme, par ses talents et son audace, conservera une grande prépondérance dans une révolution exécutée par des hommes dont le caractère se rapproche plus ou moins du sien ; et, quoiqu'il soit très difficile sans doute de gouverner avec lui et par lui, il me paraîtrait impossible de gouverner contre lui. Je crois donc encore qu'on a pris le parti le plus sage en s'assurant son concours.

» Avant de quitter la reine, je lui ai parlé avec une grande franchise de l'orageux avenir auquel sa

vie me paraissait destinée. J'ai cru qu'il était nécessaire de lui exposer la vérité sans voile, afin de
donner plus d'activité à son esprit, de l'astreindre
à plus de méthode et de suite dans sa conduite jour-
nalière, et de lui inspirer un peu de cette prudence
de chaque instant qui lui est si nécessaire. »

XVIII.

Un rapport secret de Duquesnoy, agent de Mirabeau et de Montmorin dans la direction de l'Assemblée nationale, dévoile les manœuvres employées par
ces deux hommes pour gouverner souterrainement
les délibérations et les tribunes.

Cette statistique de la représentation nationale par
un député chargé de l'étudier et de la corrompre
est un tableau qui dévoile la triste anatomie des partis dans les parlements usés où l'enthousiasme est
éteint et où les factions seules restent :

« Je vous ai annoncé hier, dit l'habile et fidèle
Duquesnoy à Mirabeau, quelques observations de
tactique; je vais les indiquer.

» Nous nous occupons trop peu du soin d'in-
fluencer habituellement l'Assemblée, et il y a des
hommes que nous négligeons trop.

» M. d'André, par exemple, qui à beaucoup de
suite et d'assiduité dans sa marche joint des talents
et des moyens; il a le genre de mérite qui nous est

nécessaire; comme nous, il veut les perdre et ramener tout à un meilleur ordre de choses. Il est impossible, il serait dangereux peut-être de lui confier
l'ensemble d'un plan un peu vaste; mais on peut
lui dire beaucoup de choses, et surtout de choses
de détail et journalières; il est loin d'être étranger
à toutes les vues d'ambition, mais surtout il a du
crédit sur les *bas-côtés*, et il est rare qu'il échoue
dans une motion faite avant onze heures. Les succès
amènent les succès, et le point de l'Assemblée où il
se place a en lui la plus grande confiance.

» J'observe à ce sujet qu'une des choses les plus
importantes en tactique est d'avoir des hommes ainsi
distribués. M. d'André se met près de la tribune,
et il est surtout entouré des députés de Paris.

» M. Desmouniers se met un peu plus loin et a
la même faveur.

» En suivant ainsi, on trouve encore un point
abandonné à lui-même, sans chef et sans guide, mais
assez éloigné des Jacobins.

» Vers le Palais-Royal, commence le point de
chaleur de l'Assemblée, et c'est là où règne l'exagération.

» Mais elle ne s'élève pas jusqu'au haut de la
salle. Le point qui est sous les galeries, et où se
placent quelques amis à moi, est assez calme.

» Vient ensuite 89, à qui il manque de l'énergie
et des vues, mais dont la plupart des membres sont

honnêtes et veulent le bien. Ils n'ont peut-être pas moins d'ambition que les Jacobins, mais ils ont une ambition plus *douce*, si on peut parler ainsi, moins active et moins perverse; on ne peut pas compter sur eux pour un mouvement, mais pour une suite de sagesse et de bonne volonté.

» Après 89, vient encore une partie de l'Assemblée à peu près abandonnée et sans chef : c'est celle où se place M. Merlin, qui est bien Jacobin, mais qui n'est pas vendu aux Jacobins.

» C'est un peu plus loin que se met M. Dumetz, qui, sans être une puissance, peut aider beaucoup une puissance, parce qu'il a la réputation, que pourtant il ne mérite guère, si on en juge par sa vie passée.

» Cette topographie de l'Assemblée n'est pas assez connue ou pas assez sentie. On ne fait pas assez d'attention qu'il faut porter toutes ses forces sur quelques points, et par là on a tous ceux qui y aboutissent. L'influence d'un homme habile, qui se place habituellement au même lieu, est immense.

» MM. de Lameth l'ont bien senti; ils ont vu que depuis quelque temps nous travaillons sur les bas-côtés; ils y ont porté leur action, non pas avec succès sans doute, mais pas tout à fait inutilement. J'ai souvent remarqué, au reste, et je ne suis pas le seul, que jamais ces messieurs ne sont aussi aimables que quand leur crédit baisse. Ils sentent le besoin de plaire ; mais on est plus difficilement séduit qu'autrefois.

» On sent déjà, et je l'ai souvent indiqué, que nous négligeons trop les hommes ayant des forces personnelles : MM. d'André, dont je viens de parler; Emmery, Chapelier, Thouret surtout, dont on pourrait tirer un parti immense sur telles questions données; Beaumetz, dont le talent est grand et qui n'a pas trop de défaveur.

» Ceci tient toujours à nos idées générales, et j'y insiste parce que je suis convaincu que c'est beaucoup moins sur le détail qu'il faut opérer que sur l'ensemble. Ce n'est pas par pièces rapportées qu'il faut agir, c'est par les grandes masses, et en s'occupant surtout des successeurs de cette Assemblée. On a vu quel peu de succès a eu hier M. Robespierre en parlant de Paris. L'Assemblée commence à le craindre moins. Pesez cette observation !... »

Montmorin, Mirabeau, Lafayette, désespérant de raviver dans l'Assemblée expirante assez d'énergie pour sauver la constitution en la revisant et en rendant du ressort au pouvoir exécutif trop annulé, s'occupaient, en effet, des successeurs, et plaçaient dans une seconde assemblée le peu d'espoir qui leur restait, inexpérimentés en cela de la nature des assemblées, de l'histoire et de la marche des choses humaines après les révolutions. Les premières assemblées jaillies de l'enthousiasme pour les principes nouveaux qui ont

fait la révolution sont encore chaudes de l'enthousiasme et de la passion qui exaltent un peuple au-
dessus de lui-même. Elles font des merveilles de
courage, d'éloquence, de désintéressement, de sagesse, de patriotisme, qui étonnent le monde après
elles. Leurs seuls excès sont des excès de générosité,
d'espérance et d'illusions; mais ce sont les excès de
la vertu publique. Les secondes assemblées, au contraire, élues sous l'empire des découragements, des
déceptions, des griefs, des murmures contre la révolution qui a froissé des intérêts ou des orgueils sous
sa marche, n'apportent que des langueurs, des in-
crédulités, des colères, des dissensions civiles dans
l'enceinte des législateurs. Elles se divisent nécessairement en deux camps qui ne laissent point de place
au patriotisme : ceux qui veulent exagérer la révolution et ceux qui veulent la trahir, les uns aussi
funestes que les autres à la constitution et à la
patrie. On peut attendre de la première assemblée
une législation, on ne peut attendre que des factions de la seconde.

L'Assemblée constituante avait aggravé cette condition naturelle des secondes assemblées en interdisant follement, sous prétexte de désintéressement,
aux membres de l'Assemblée constituante de faire
partie de l'Assemblée législative. C'était condamner
la France à l'inexpérience et à la médiocrité dans
sa représentation; c'était prononcer l'ostracisme des

grandes pensées et des grandes paroles nationales.
Mirabeau, Lafayette et tous ceux qui fondaient comme
eux leurs espérances sur une révision de la constitution par leurs successeurs, espéraient donc contre
nature. Un génie plus clairvoyant leur avait dit que
la France ne pouvait attendre de sa seconde assemblée qu'une révolution par excès ou une révolution
par faiblesse. Mais la France s'y trompait comme eux.
Elle n'avait pas encore l'expérience de ses révolutions.

Lafayette avait fondé un comité chargé de diriger
et de terminer les travaux de l'Assemblée constituante. Ce comité s'occupait surtout de préparer les
corrections constitutionnelles que les hommes de ce
parti voulaient apporter à leur œuvre avant de la
présenter comme loi suprême à la nation. Ce comité inquiétait Mirabeau, qui voulait des concessions
plus profondes, et qui se défiait du républicanisme
ambigu de Lafayette. Il aspirait bien plus, comme
on le voit dans ses perfidies secrètes, à convaincre
la constitution d'impuissance et d'anarchie qu'à la
corriger.

Les Jacobins, qui voyaient de jour en jour plus
d'ombre dans sa conduite, n'étaient domptés un
moment que par la magie de son éloquence,
quand il daignait paraître à leur tribune. Aussitôt
qu'il était sorti, les ombrages, les insinuations, les
invectives renaissaient contre lui. Une lettre de Du-

quesnoy, surprise et communiquée aux Jacobins, y avait excité des soupçons et des tempêtes. Mirabeau y parut pour les conjurer. Il triompha par l'audace. Mais ses ennemis le combattirent absent.

« Ce que j'avais prévu est arrivé, écrit-il le lendemain à Montmorin, confident de tout : la lettre de Duquesnoy, parvenue aux Jacobins, moi parti, les a remontés au diapason de la fureur, a mis M. Barnave dans le cas de faire une longue énumération des services que MM. de Lameth ont rendus à la révolution, et de déclarer qu'ils périraient ensemble. De là un chœur extatique d'applaudissements, de là une réponse insolente, de là surtout le détestable effet de lier les Jacobins aux chefs, au lieu de trancher les chefs des Jacobins, comme le faisait ma démarche. Je suis en vérité très découragé, très embarrassé, très fâché de m'être mis si seul en avant, puisque tous les coups de la tempête vont porter sur le seul homme qui veuille la chose pour elle et qui ne soit pas un étourdi. Pour comble, M. Duquesnoy m'écrit un billet très malhonnête, auquel j'en réponds un très insouciant. Mais, pardieu, mon cher comte, si ces imbéciles veulent aller à leur manière, on peut leur chercher un autre chef de meute, car je ne veux pas battre les buissons avec des roquets si décriés. »

C'est ainsi qu'il qualifiait dans son intimité les Talon, les Sémonville, les Duquesnoy, les Emmery,

sous-conspirateurs et complices de ses manœuvres
d'opinion. Il ne traitait pas avec moins de mépris
ses collègues de l'Assemblée et ses premiers auxiliaires de 89, les Danton et les Camille Desmoulins.
Ces chefs des démagogues conservaient néanmoins quelques connivences cachées avec M. de Montmorin, dis-
pensateur des subsides de la cour pour tempérer
leurs motions.

« Il faut que je vous voie ce matin, mon cher
comte. La marche des Talon, Sémonville et compa-
gnie est inconcevable. Le Montmorin m'en a appris,
et je lui en ai appris hier des choses tout à fait
extraordinaires, non-seulement relativement à la direction des papiers, qui redoublent de ferveur pour
Lafayette et contre moi, mais relativement à des confidences et à des motions particulières du genre le plus
singulier. Et, par exemple, Chapelier et d'André ont
dîné hier *in secretis*, reçu les confidences Danton, etc.,
et hier au soir ont fait en mon absence, à l'Assemblée nationale, la motion de démolir Vincennes pour
se populariser. Ils refusent de parler sur la loi contre les émigrants, de peur de se dépopulariser. Ils
demandent à M. de Montmorin une proclamation du
roi qui annonce la révolution aux puissances étrangères pour se populariser, etc., etc. Danton a reçu
hier trente mille livres, et j'ai la preuve que c'est
Danton qui a fait faire le dernier numéro de Camille Desmoulins... Enfin, c'est un bois. Dînons-

nous ensemble aujourd'hui? Y seront-ils? Leur par-
lerez-vous à part? Enfin, il faut nous voir. Il y a
au fond une grande duperie dans ce bas monde à
n'être qu'un fripon. »

XIX.

« Nous sommes dans un très grand danger, »
écrit-il quelques jours après. « Soyez sûr que l'on
ne veut que nous ramener aux élections, c'est-à-
dire à la destruction de l'hérédité, c'est-à-dire à la
destruction de la monarchie. L'abbé Sieyès n'a jamais
courtisé l'Assemblée ni agioté une opinion comme il
le fait, et ses partisans sont très nombreux. Je n'ai
jamais été vraiment effrayé qu'aujourd'hui. Je me
garderai bien de proposer demain ma théorie. Je
porterai toutes mes forces à ajourner, en le critiquant,
le projet de décret, en prouvant qu'il est insuffisant,
incomplet, qu'il préjuge de grandes questions, etc.
Certainement ma théorie ne passerait pas, et très
probablement l'ajournement réussira; alors on peut
travailler.

» Envoyez chercher Pellenc (son secrétaire) immédiatement; qu'il scrute dans le plus grand détail le décret; qu'il en recherche tous les dangers
pour la liberté publique; qu'il l'envisage sous tous
ses rapports; qu'il ne prenne que des notes, mais
qu'il développe assez ses notes pour que je les parle

avec fécondité. Il sait à fond ma doctrine à présent;
mais je ne veux que la laisser entrevoir, je ne veux
pas la hasarder. Gagnons du temps, tout est sauvé.
Je vois que beaucoup de gens désirent de se renfermer dans une mesure provisoire. Ne dussé-je gagner
que deux jours, j'emmènerai Pellenc à la campagne,
et nous y mettrons toutes nos forces. Soyez sûr, mon
cher comte, que je ne m'exagère pas le danger, et
qu'il est immense. O légère et trois fois légère nation ! »

XX.

Ces alarmes de Mirabeau se rapportaient à la loi
constitutionnelle sur la *régence*, discutée en ce moment dans l'Assemblée.

Barnave et ses amis, dans l'intention d'une vacance
éventuelle du trône, demandaient que la régence fût
dévolue au prince le plus rapproché du trône par le
sang. Dans l'absence ou dans l'impopularité des deux
frères du roi, on voyait le duc d'Orléans derrière
la loi. Barnave, quoique déjà sur le retour de ses
opinions monarchiques et incliné au raffermissement
de la monarchie constitutionnelle, craignait moins
un duc d'Orléans décrédité qu'un Lafayette, ou un
Mirabeau, ou un Necker, auprès du trône pendant une
minorité.

« Voyez, disait-il, en désignant ces noms sans les

prononcer, à l'Assemblée, voyez les tempêtes successives qui ont éclaté au commencement de notre révolution, les crises violentes, immorales qui ont environné le berceau de notre liberté. Si, à cette époque, deux ou trois hommes avec l'âme et les talents d'un Cromwell, et comme lui objets d'une immense faveur publique, avaient été régents par élection, ne leur eût-il pas été facile, par l'étendue de leurs talents et de leur popularité, d'établir aussi l'éligibilité du trône? Gardez-vous d'ouvrir cette route à l'anarchie et à la tyrannie, et de semer ainsi le germe d'une révolution naissante à chaque règne! »

Mirabeau, qui soutenait l'idée de la régence élective, comme Maury, pour complaire à la haine de la cour contre le duc d'Orléans, sentit l'atteinte et la rétorqua par une citation qui montrait le néant des popularités.

« Si ces deux ou trois petits hommes, dit-il, dont parle Barnave, avaient conçu le projet insensé qu'il leur prête, ils n'en auraient marché que plus sûrement à la potence; et puisque l'on cite Cromwell, je vais aussi, moi, rapporter un mot de lui. Cromwell se promenait un jour avec Lambert; les applaudissements du peuple retentissaient autour de lui. Lambert, au comble de la joie, lui faisait admirer tout son bonheur. « Ah! croyez-moi, répondit le tyran soucieux, ce peuple nous applaudirait bien davantage si nous allions à l'échafaud. »

On s'insurgea contre le discours de Mirabeau.

« Je répondrai à ces rumeurs, poursuivit-il, en homme que les battements de mains n'étonnent pas plus que les murmures, que je respecte les objections fortes et que j'estime même les objections spécieuses, parce qu'elles forcent à se replier sur soi-même et à penser. »

Ces paroles lui reconquirent le respect. Le lendemain il réfuta Barnave par une considération qui aurait mieux convenu à un républicain qu'à un monarchiste.

« Prenons garde, dit-il, que la régence peut être un règne de dix-neuf ans, c'est-à-dire un assez long règne; que lorsqu'un roi viendra à peine de naître, le parent le plus proche sera peut-être dans la vieillesse et dans une enfance non moins inactive que celle du roi, et qu'il est ridicule, entre deux enfants, de ne pas vouloir choisir un homme. La Providence donne des rois faibles, ignorants ou même méchants; mais si nous avons un mauvais régent, c'est nous qui l'aurons voulu. Voilà pour la nation. Voyons pour le roi, qui est l'homme de la nation, et qu'ainsi elle doit doublement protéger.

» Veut-on consulter le passé? Notre histoire future sera certainement moins orageuse que celle de cette ancienne monarchie où tous les pouvoirs étaient confondus. Cependant plusieurs circonstances semblables peuvent encore se reproduire. Or, dans combien de cas n'aurait-il pas été dangereux que le parent le plus proche de la couronne eût été régent? Quand on n'examine pas cette question de fort près, on est d'abord frappé de cette idée : puisque le parent le plus proche pourrait être roi, pourquoi ne serait-il pas régent? Mais voici entre ces deux cas une différence très sensible. Un roi n'a de rapports qu'avec le peuple, et c'est par ces rapports seulement qu'il doit être jugé. Un régent, au contraire, quoiqu'il ne soit pas chargé de la garde du roi mineur, a mille rapports avec lui, et il peut être son ennemi, il peut avoir été celui de son père. On a dit qu'un régent, soutenu de la faveur populaire qui l'aurait choisi, pourrait détrôner le roi. Prenez garde que cette objection ne soit encore plus forte contre le parent le plus proche. Le premier ne pourra réussir qu'en changeant la forme du gouvernement; il aurait contre lui la saine partie de la nation et tous les autres membres de la famille royale; le second, au contraire, pour régner même en vertu de la loi, n'aurait qu'un crime obscur à faire commettre, et n'aurait plus à craindre de concurrents. Il importe que la régence, qui est la garde du roi, ne soit pas confiée à celui qui n'a qu'un pas à franchir! »

Ces réticences calomniaient le duc d'Orléans en le désignant à la pensée de la France pour satisfaire à l'animosité de la reine. Mirabeau, pour complaire également aux républicains, tournait ensuite leurs regards vers la première forme de la république, la royauté élective.

« Ah ! s'écria-t-il, puisque quelques règnes de bons princes, clairsemés dans l'espace des siècles, ont préservé la terre des derniers ravages du despotisme, que ne feraient pas, pour l'amélioration de l'espèce humaine, quelques bonnes administrations rapprochées les unes des autres !

» Ne serait-il pas aussi très utile de démontrer à cette famille, placée en quelque sorte en dehors de la société, que son privilége n'est pas tellement immuable que son application ne dépende quelquefois de la volonté nationale ? Cette famille pourrait même s'améliorer sous ce rapport ; car chaque règne pouvant offrir à chacun d'eux une royauté passagère, tous chercheraient à s'y préparer, à s'en rendre dignes ; tous ménageraient l'opinion publique et apprendraient les devoirs des rois. Il me semble aussi que l'élection pour la régence rappellerait à certaines époques la véritable source de la royauté, et il est bon que ni les rois ni les peuples ne l'oublient.

» Le système des élections est donc très convenable, messieurs, et même très plausible, très favorable, avec quelque légèreté qu'on l'ait traité dans un premier aperçu.

» Cette question, sous le point de vue électif, a un grand désavantage à être traité pour nous et parmi nous. Assouplis et presque incorporés à la royauté héréditaire par la plus longue des habitudes, nous l'avons reconnue comme préexistante à la constitution ; nous n'avons pas même tourné notre pensée à un mode d'élection, parce que nous n'en avons pas besoin. Mais, certes, de ce que la solution de ce problème ne nous est pas nécessaire, il ne s'ensuit pas qu'il soit insoluble. »

L'Assemblée nationale, encore monarchique d'habitude, décerna la régence au sang et non à l'élection.

L'Assemblée, prête à se dissoudre dans l'anarchie qu'elle avait faite, semblait reculer un moment devant son œuvre et redevenir plus monarchique que le conseiller secret de la monarchie.

LIVRE DIX-HUITIÈME.

I.

La France et la cour touchaient à une de ces situations sans issue où la crise que le peuple et le roi auraient voulu vainement éviter est inévitable, et où les impossibilités des deux côtés se dénouent par des tragédies. On sentait cette tragédie d'État dans l'air. On respirait de loin une odeur de sang. La nation violentait le roi; le roi abandonnait la nation, non par perversité, mais par désespoir. La faute et le malheur de cette situation pesaient également sur le peuple et sur le prince. L'angoisse poussait l'un aux agitations suprêmes, l'autre aux armes, aux fuites, aux préméditations coupables, aux invocations à voix basse à l'étranger. Ce n'était déjà plus sa couronne, c'était sa tête que Louis XVI cherchait à sauver. La nation avait trop conquis désormais pour rendre; le roi avait trop perdu pour pardonner : les deux partis étaient irréconciliables. C'était la vérification cruelle du mot cité par Mirabeau : « Tous les malheurs de ce monde, en politique, viennent des demi-partis. »

L'Assemblée ne pouvait accomplir une grande révolution dans l'État avec une royauté qui entravait tous ses principes; le roi ne pouvait gouverner une révolution dont il était à la fois le promoteur et l'obstacle, et qui le chargeait lui-même de se dégrader. Cette révolution ne pouvait s'accomplir que sous son interrègne. L'Assemblée aurait dû proclamer, le 14 juillet, non l'abolition, mais la suspension de la royauté; le roi aurait dû, le même jour, se retirer du trône avec sa famille, plutôt que de rester dérisoirement le témoin impuissant et le complice avili de sa propre dégradation, et attendre à l'écart, dans une place forte, l'achèvement de la constitution, pour l'accepter avec franchise ou la décliner avec dignité. La république, peut-être, serait sortie de cette situation; mais n'était-il pas préférable pour tous, peuple, Assemblée et roi, que la république sortît d'une franche séparation du roi et du peuple et d'une délibération, que de sortir d'un assaut donné par le peuple aux Tuileries, et de demander par vengeance les têtes du monarque et de sa famille?

On ne saurait trop le répéter dans ces temps de

crise où nous vivons : pour les peuples comme pour les princes, accepter des demi-partis, c'est accepter des situations fausses. Les situations fausses, en ajournant les chocs entre les princes et les peuples, les rendent plus terribles, et, après avoir compromis les deux principes, compromettent même l'honneur et le sang des deux partis. Louis XVI et la reine le sentaient trop tard. Désarmés et captifs dans leur palais, ils étaient réduits, pour préserver leurs jours, aux deux expédients qui avilissent ou qui incriminent les caractères : la dissimulation et les complots.

II.

« Il faudra pourtant bien s'enfuir, » disait le roi dans son intimité; « le danger augmente pour nous » tous les jours; on ne sait pas jusqu'où iront les » factieux! » Il recevait tous les jours des plans de coups d'Etat, de restauration ou d'évasion. Des bruits d'assassinat ou d'empoisonnement, prémédités contre la reine et contre lui, agitaient sa tendresse. La reine n'y croyait pas; mais elle entrevoyait de loin le glaive de la nation sur sa tête.

« Souvenez-vous, » disait-elle à ses confidentes, « qu'on ne tentera pas contre moi des crimes mas- » qués et honteux; le poison n'est pas de ce siècle: » on a la calomnie qui frappe plus aisément, et » c'est elle qui aiguisera d'autres armes. »

Surveillée pendant le jour par mille regards, elle était obligée de prolonger ses veilles dans la nuit pour s'entretenir avec le roi, et d'employer la main de ses femmes de service pour copier les écrits secrets dont le roi voulait dérober la connaissance à Lafayette et à ses ministres.

« La reine en se couchant, » raconte une de ses confidentes, « m'ordonna de laisser sortir toutes les personnes de son service, et de demeurer près d'elle. Lorsque nous fûmes seules, elle me dit : « — A mi-
» nuit, le roi viendra ici ; vous savez qu'il a tou-
» jours eu confiance en vous ; il vous a choisie au-
» jourd'hui pour écrire sous sa dictée. » A minuit, en effet, le roi entra chez la reine, et me dit en souriant : « — Vous ne vous attendiez pas à être mon
» secrétaire, et cela pendant la nuit? » Je suivis le roi ; il me conduisit dans la chambre du conseil. J'y trouvai du papier, de l'encre, des plumes, tout cela préparé d'avance par lui. Il s'assit à côté de moi, et me dicta un rapport du général marquis de Bouillé, que le roi copiait en même temps qu'il me le dictait. Ma main tremblait ; j'avais de la peine à écrire ; mes réflexions me laissaient à peine l'attention nécessaire pour écouter le roi. Cette grande table, ce tapis de velours, ces siéges, qui ne ser-
vaient qu'aux ministres ; l'usage de cet appartement pendant le jour, l'usage que le roi en faisait en ce moment en employant une femme de l'appartement

de la reine à des fonctions qui avaient si peu de rapport avec ses occupations domestiques; les malheurs qui avaient réduit ce prince à ces nécessités, ceux que mon amour et mes craintes, pour mes maîtres me faisaient encore redouter, toutes ces idées me firent une telle impression que, rentrée dans l'appartement de la reine, je ne pus, pendant tout le reste de la nuit, retrouver le sommeil ni même me ressouvenir de ce que ma main avait écrit! »

III.

Les imprudences et les animosités injurieuses des courtisans et des femmes de l'intimité de la reine aggravaient et envenimaient cette situation. Elles affectaient de voir dans Lafayette et dans ses officiers, maîtres absolus du palais, des oppresseurs insolents du trône et des conjurés dangereux pour le roi.

« La reine, raconte cette même personne, recevait souvent Lafayette en audience particulière, pour écouter ses avis sur la situation. Un jour qu'il était dans l'appartement intérieur de la reine, ses aides de camp se promenaient, en l'attendant, dans le salon où se tenaient les femmes de Marie-Antoinette. Ces jeunes femmes imprudentes se plaisaient à dire, avec l'intention d'être entendues par ces officiers, qu'il était bien inquiétant de savoir

ainsi la reine seule avec un rebelle et un scélérat. Je
souffrais de ces inconséquences, qui avaient toujours
de mauvaises suites, et je leur imposai silence. Une
d'elles insista à donner à Lafayette l'épithète de
scélérat. Je lui dis qu'en ce qui concernait le titre
de rebelle, Lafayette le méritait bien, mais que
celui de chef de parti était donné par l'histoire à
tout homme qui commandait à une armée et à une
capitale; que souvent les rois avaient traité avec ces
chefs de parti, et que, s'il convenait à nos souverains de le faire encore, nous n'avions qu'à nous
taire et à respecter leurs motifs. »

IV.

Le roi et la reine étaient contraints à des subter-
fuges et à des entrevues nocturnes pour s'entretenir
avec les serviteurs dévoués qui avaient versé leur
sang pour eux. M. de Miomandre de Sainte-Marie et
M. Durepaire, blessés à la porte de la reine à Versailles, la nuit du 6 octobre, étant rentrés à Paris
après leur guérison et ayant été reconnus par leurs
assassins dans le jardin du Palais-Royal, furent menacés de mort pour le crime de leur dévouement.
La reine, informée du danger que couraient ces
deux officiers, chargea un de ses affidés de les introduire aux Tuileries, afin qu'elle pût leur exprimer sa
reconnaissance pour leurs services et les engager elle-

même à s'éloigner de Paris, où leur attachement pour elle pouvait leur coûter la vie. Conduits pendant la nuit dans les appartements de la reine sous un déguisement qui éloignait le soupçon, les deux gardes du corps reçurent chacun une somme de deux cents louis pour assurer leur fuite hors du royaume et leur existence à l'étranger. Le roi et la reine entr'ouvrirent une porte et s'avancèrent vers leurs défenseurs; ils voulaient leur payer, de quelques mots et de quelques larmes, le prix de leur sang versé pour leur salut. Madame Elisabeth accompagnait son frère et sa belle-sœur.

Les gardes s'inclinèrent sur les mains du roi et des princesses. L'un d'eux offrit en quelques nobles et brèves paroles à ses souverains et leur sang déjà répandu et tout le reste de leur sang prêt à se répandre pour une si chère cause. Le roi, soit timidité, soit excès d'émotion, se tenait en arrière des princesses, et ne trouva pas sur ses lèvres un seul des mots qui étaient dans son cœur pour répondre à ces braves officiers. La reine et madame Élisabeth suppléèrent à son silence par leur effusion et par leurs mains tendues aux larmes de leurs serviteurs. Les gardes du corps s'éloignèrent assez récompensés par l'intention de leur maître. Quand le roi fut rentré dans son appartement, la reine s'affligea de son silence :

« Je regrette, dit-elle, d'avoir amené le roi à cette

» scène, et je suis sûre que ma sœur Élisabeth le
» déplore comme moi. Si le roi avait dit à ces braves
» jeunes gens le quart seulement de ce qu'il sent
» pour eux, ils seraient partis heureux; mais rien
» ne peut surmonter sa timidité; tout se concentre
» dans son cœur : il faut lui arracher ses émotions
» comme un secret! »

Ce prince, de plus en plus mélancolique, ne se
révélait que dans ses lettres :

« Hélas! » écrivait-il quelques jours après cette
scène à la duchesse de Polignac, l'amie de sa femme,
réfugiée à Vienne, « nous arrivons de Saint-Cloud,
où nous avons fait une course pour rétablir ma
santé. L'air des bois nous a fait du bien; mais que
ce séjour nous a paru changé! Le salon des déjeu-
ners, comme il était triste! Aucun de vous n'y était
plus! Je ne perds pas l'espoir de nous y retrouver
ensemble! Dans quel temps? Je l'ignore. Que de
choses nous aurons à nous dire!... La santé de votre
amie (la reine) se soutient malgré toutes les peines
qui l'accablent. Adieu! Parlez de moi à votre mari
et à tout ce qui vous entoure. Dites-vous bien que
je ne serai heureux que le jour où je me retrouve-
rai avec mes anciens amis!... »

Et quelques semaines après, « Depuis dix-huit
mois, écrit-il à la même amie, il n'y a ici que des
choses bien sinistres à voir et à entendre. On (la
reine) ne prend pas d'humeur, mais on est bien,

bien attristée d'être contrainte en tout, et surtout si mal jugée. Votre amie est bien malheureuse et bien cruellement calomniée; mais je me flatte qu'un jour on lui rendra justice. Cependant les méchants sont bien actifs; on les croit plus qu'on ne croit les bons. N'en êtes-vous pas bien vous-même la preuve et la victime? »

V.

La désertion du palais par les familles de la cour, ou mécontentes de la perte de leurs honneurs, ou fugitives sur le sol étranger, ou offensées des concessions du roi aux nécessités de la révolution, ne faisait pas moins de vide autour du cœur de la reine. « Peut-être, disait-elle, aurais-je pu sauver la noblesse si j'avais eu le courage de l'affliger! Je n'ai pas ce courage. Quand la Révolution nous arrache un des priviléges de cette noblesse, elle s'éloigne, elle nous boude, elle nous accuse; personne ne vient plus à mes cercles des Tuileries; le coucher du roi est solitaire. On ne veut pas comprendre nos nécessités politiques; on nous punit de nos malheurs! »

Elle éprouvait ainsi ce qu'il y a de plus amer dans le calice des rois : les reproches, l'abandon et l'ingratitude de ceux pour lesquels on s'est perdu! Ce caractère insatiable et grondeur des favoris de cour se retrouvait ainsi ce qu'il fut toujours en France et ailleurs autour des rois de toutes les dates : exigeants dans le bonheur, accusateurs dans les revers. La reine leur avait sacrifié le peuple; elle ne retrouvait plus entre le peuple et elle que le vide de ses amis disparus. Le roi, brisé par tant de secousses, privé de son exercice habituel, la chasse, nécessaire à sa constitution, recevant coup sur coup les émotions toujours poignantes des calamités publiques, passant les jours en vains conseils avec d'impuissants minis-tres, les nuits en conciliabules avec des conspira-teurs aussi impuissants pour son salut, tomba dan-gereusement malade. Le bruit de sa maladie émut légèrement la pitié du peuple. On craignit un mo-ment qu'un trône vide et une régence longue, sous un prince du sang suspect et sous une reine-mère sans sympathie, ne compliquât la crise de la Révolution par une crise de dynastie.

Le roi ne parut redouter la mort qu'en consi-dération de sa femme et de ses enfants. En quelles mains et dans quel abîme allait-il laisser ce qu'il avait de plus cher au monde? Il demanda avec fer-veur à Dieu de vivre assez pour assurer le salut de sa famille. Il se crut exaucé quand la vigueur de sa nature eut triomphé de la maladie. Sa mort naturelle en ce moment aurait été cependant un bienfait du ciel pour lui, pour sa famille et pour la France. Elle aurait prévenu l'échafaud du roi, le martyre de la reine, de madame Elisabeth, du Dauphin, quatre têtes enlevées à la hache, quatre crimes à la Révolution. La liberté, injustement accusée de la cruauté des factions, serait née de la nature et non avortée des supplices. Mais l'homme lutte en aveugle contre une destinée clairvoyante, et dans son ignorance de l'avenir, il ne sait pas même si les miséricordes qu'il invoque aujourd'hui ne seront pas plus tard des calamités.

Le roi, lentement rétabli de sa langueur, s'occupa plus activement que jamais de ses plans d'évasion. L'état désespéré du royaume, le discrédit de l'Assemblée, évidemment incapable de relever ce qu'elle avait détruit de trop dans l'édifice monarchique; la suprématie intolérable quoique respectueuse et bien intentionnée de Lafayette; l'absence de ses gardes, remplacés par la surveillance ombrageuse et quelquefois menaçante de la garde nationale; les outrages incessants des journalistes et des clubs, les bouillonnements de l'émeute, toujours prête à se lever pour submerger le château; l'image funèbre et sans cesse présente de Charles Ier, prophétisant l'échafaud certain à tout prince tombé au pouvoir des factions, après leur avoir trop résisté ou trop cédé, crime égal aux yeux des révolutions implacables, tout poussait Louis XVI à la fuite. Il la concertait de loin, et il n'en attendait plus que l'occasion.

Sans rien révéler de son plan arrêté, même à ses

inspirateurs les plus affidés, il s'était résolu à se jeter dans l'armée du marquis de Bouillé, le plus militaire, le plus politique et le plus discret de ses généraux. Il avait chargé un serviteur intelligent et fidèle, nommé Léonard, coiffeur de la reine, de porter secrètement le bâton de maréchal de France à ce général, en signe de confiance méritée et en récompense anticipée des services qu'il attendait de son épée. Le plan du roi, dans la prévision de cette extrémité, n'était pas la guerre civile, crime qui répugnait à sa mansuétude : c'était simplement le salut de sa maison, un refuge à la frontière ou hors des frontières, une négociation armée de là avec l'Assemblée, une révision plus monarchique de la constitution, une réconciliation sous les auspices de l'armée, de la couronne et de la nation.

La reine, peut-être, allait, dans ses pensées, au delà de ces scrupules du roi ; la légèreté de ses idées et l'énergie de ses passions se combinaient en elle dans un cœur de femme plein de souveraineté et de ressentiments, ulcéré d'humiliations et d'outrages, pour lui faire envisager sans terreur une conquête armée de son royaume. Cependant, tout atteste qu'en ce moment, elle aurait préféré, comme le roi, un dénoûment modéré et pacifique. Aussi ombrageuse des ambitions du comte d'Artois qu'elle avait été, quelques années auparavant, prévenue en faveur des grâces et des jactances héroïques de ce jeune prince, la reine

tremblait d'appeler un maître dans le royaume en
y appelant ce chef inconsidéré de l'émigration. Elle
ne déguisait, ni dans ses entretiens ni dans ses lettres, la crainte que lui inspirait pour l'autorité du
roi l'intervention armée du comte d'Artois, qui,
après avoir dompté la Révolution, subjuguerait peut-
être la royauté elle-même. Jalouse de son ascendant
sur un mari dont elle connaissait l'insuffisance, elle
ne savait lequel elle devait redouter davantage de ses
ennemis à Paris ou de ses amis à Coblentz. Cette
crainte la rendait, à cette époque, accessible aux conseils tempérés et aux conciliations, après la fuite et
après le retour, avec l'Assemblée.

On ne peut nier que dans la situation sans issue
du roi à Paris, ce plan d'une retraite hors de la
capitale et à l'abri des violences à son autorité et à
sa personne, pour transiger, de là, librement, avec
la représentation nationale, ne fût commandé par la
politique comme par le salut. Seulement, dans cette
grande transaction entre le roi indépendant et la nation debout, pour marchander ou défendre sa liberté,
il fallait au roi un homme de génie dans ses conseils.
Cet homme était trouvé, c'était Mirabeau.

Mazarin, moins grand, moins éloquent, moins populaire que Mirabeau, avait ramené le roi de plus
loin. Ce que Mazarin, étranger, haï, expulsé, avait
fait, Mirabeau, Français, prodigieux de génie, populaire d'opinion, pouvait le faire. Le peuple était las

d'anarchie, l'arm'e d'indiscipline, l'Assemblée d'empiétements, la France d'agitations, l'imagination publique de perspectives sinistres. Tout le monde aurait
été heureux de replacer non le trône absolu, mais le
trône constitutionnel à une place d'où il pût préserver l'ordre sans peser sur la Révolution consommée
et sans menacer la liberté conquise.

Jamais, depuis le jour de la convocation des états
généraux, le roi n'avait été si près de recouvrer de
la royauté ce que la royauté redevenue nationale avait
de salutaire à la Révolution elle-même. Le général
était sûr des troupes, les troupes confiantes dans le
général. Le seul problème à résoudre pour le roi,
c'était de franchir, soit sous les sabres d'une escorte,
soit sous un déguisement, l'espace qui sépare Paris
de Metz. Cette distance pouvait être abrégée encore
de cinquante lieues par la marche de quelques régiments apostés pour accueillir la famille royale dans
sa route. Cette évasion était alors d'autant plus facile
au roi que Lafayette et la garde nationale toléraient
encore quelques résidences et quelques chasses de ce
prince à Saint-Cloud, et que des heures gagnées
par la rapidité des chevaux sur la poursuite pouvaient assurer le salut du roi avant que Paris connût
sa fuite.

Mais l'homme qui pouvait seul être l'âme de ce
plan, comme il en était l'inspiration, allait, par une
fatalité dont on reconnaît le doigt dans toute la

destinée de Louis XVI, manquer sous la main du prince au moment même où il ne restait qu'à fixer l'heure.

VI.

Jamais Mirabeau n'avait paru rouler un torrent plus abondant et plus bouillonnant de vie et de force dans ses veines. Cependant les jours du grand homme étaient comptés. La jeunesse prodigue, ainsi qu'il le disait lui-même, avait déshérité l'âge mûr. La double passion de l'amour et de la gloire avait retranché les années que la nature semblait lui avoir destinées longues comme ses perspectives de jouissance, d'ambition et de mémoire. D'ailleurs, quelle que fût la puissance de son organisation, il portait en lui trois maladies qui minent le corps le plus robuste : le génie, l'éloquence et la Révolution. Le génie est une flamme, mais elle brûle; l'éloquence est une force, mais elle dépense celui qui la produit. Les grands orateurs voient rarement de longs jours, soit que les haines qu'ils provoquent les tuent, comme Démosthènes, Cicéron, Strafford, Danton, Vergniaud, soit que la parole les dévore, comme Chatam et Mirabeau.

D'ailleurs, les révolutions sont à elles seules une maladie qui emporte rapidement ceux qui vivent dans leur atmosphère. Le sang, accéléré par la pulsation

des événements, des idées, des passions que les révolutions remuent avec plus de rapidité que dans les
temps ordinaires, y donne une fièvre continue aux
hommes comme aux choses. On vit plus vite, on
dure moins longtemps. Une génération révolutionnaire est vieille ou fauchée avant l'âge d'homme. Nul
n'avait personnifié davantage la révolution que Mirabeau, nul ne devait en ressentir davantage la com-
bustion intérieure. Cet homme était calciné du feu
du siècle.

VII.

Bien que sa forte charpente osseuse, sa chair pan-
telante, ses muscles épais, sa voix sonore, présen-
tassent encore aux yeux et aux oreilles les symptômes
d'une vigueur athlétique, les amis, qui l'observaient
de plus près que la foule, apercevaient depuis quelques mois dans sa physionomie, dans son attitude,
dans sa corpulence même, les signes d'une lassitude des sens et d'un épuisement des sources de
la vie qui leur donnaient des alarmes, car beaucoup
d'hommes vivaient en lui et l'écoutaient vivre comme
s'ils avaient dû mourir avec cet homme.

Cabanis, jeune médecin philosophe, qui l'aimait pour
sa cordialité autant que pour son génie, étudiait, sans
le lui dire, la décadence insensible de sa constitution. Il le voyait dépérir, dit-il; ses muscles fléchis-

saient, son attitude devenait lourde, sa force était
décimée, son teint se nuançait de taches métalliques,
son âme s'allanguissait dans des mélancolies, signes
du découragement de la vie autant que du découragement de l'esprit. L'image de la mort, qu'il n'avait
jamais aperçue qu'à travers les illusions de l'amour,
de la gloire et dans le lointain de la distance, semblait se rapprocher et l'obséder. Il s'étudiait, comme
par un triste jeu, à se familiariser avec cette image.
Il demandait à ses maîtresses et à ses amis des épi-
taphes pour sa tombe; il se drapait d'avance dans
son linceul; il se demandait quel bruit ferait sa
mémoire en tombant avant le temps dans le sépulcre.
Il regardait, comme les vieillards, les enfants avec
ce tendre et triste intérêt qui s'attache, dans l'âge
avancé, à ce qui doit nous remplacer avant peu dans
la vie, intérêt qui ressemble à un adieu triste à la
génération naissante. Ses nièces, filles de madame
de Saillant, belles enfants sur lesquelles il aimait à
laisser rayonner sa gloire, lui devenaient plus chères.
En embrassant la plus jeune et la plus éblouissante
de fraîcheur d'entre elles, et en observant lui-même
le contraste entre sa pâleur et ses roses, « Hélas !
dit-il, c'est la mort qui embrasse le printemps ! »

VIII.

Son secrétaire et son ami, Dumont, de Genève, homme digne des confidences d'un homme d'État, fut forcé de le quitter pour rentrer dans sa patrie.

« Quand nous nous séparâmes, raconte Dumont, il m'embrassa avec une émotion que je ne lui avais jamais vue. « Nous ne nous reverrons pas, mon ami, me dit-il; je mourrai à la peine. Quand je ne serai plus, on saura ce que je valais! Les malheurs que j'ai arrêtés fondront de toutes parts sur la France. Cette faction criminelle, les Jacobins, les envieux, les Lameth, les Lafayette, les Barnave, les démagogues, cette faction criminelle qui tremble devant moi n'aura plus de frein. Je n'ai devant les yeux que des présages de catastrophes. Ah! mon ami, que nous avions raison quand nous avons voulu, dès le commencement, empêcher les Communes de se déclarer Assemblée nationale! De là toute l'origine du mal. Depuis que les plébéiens ont remporté cette victoire, ils n'ont cessé de s'en montrer indignes. Ils ont voulu gouverner le roi au lieu de gouverner par lui. Mais bientôt ce ne sera plus ni eux ni lui qui gouverneront : une vile faction les dominera tous et couvrira la France d'horreur! »

On sentait dans ses paroles, comme on sentit plus tard dans celles de Danton, la maladie de l'âme des tribuns dépassés par le peuple. Ils finissent par haïr les événements qu'ils ont servis plus que les institutions qu'ils ont combattues. Le malheur et le crime pour eux commencent au point où les événements leur échappent. Leur tristesse n'est pas seulement du remords, elle est de l'orgueil. Les philosophes seuls n'ont ni humiliation ni remords quand les circonstances les trompent et que les calamités les affligent. Ceux qui n'ont travaillé que pour Dieu ne s'étonnent pas d'être trompés par les hommes. Ce n'était pas la conscience, c'était le génie qui soutenait Mirabeau sur l'abîme de la Révolution; il sentait que cet abîme allait l'engloutir inévitablement, et peut-être ne s'affligeait-il pas trop, au fond de son âme, d'être enlevé par la mort précoce au supplice de l'ingratitude du peuple qui s'approchait de lui comme de Bailly.

Bien qu'il eût été léger, inconstant et ingrat envers son dernier amour, madame de Néhéra, cette jeune Hollandaise, maintenant abandonnée par lui, veillait de loin sur ses jours, connaissait ses souffrances, et le conjurait de recourir aux conseils de médecins plus mûrs et plus expérimentés que le jeune Cabanis. Sa sœur, madame de Saillant, inquiète de son dépérissement, lui donnait les mêmes avis. Il n'écoutait que son attrait d'esprit pour Cabanis. Il savait mieux que celles qui l'aimaient que sa maladie n'était pas de celles que des régimes ou des médicaments guérissent. Ce qui lui importait, c'était de vivre tout entier jusqu'au terme assigné par la nature, et d'avoir autour de lui, dans Cabanis, moins un médecin qu'un ami complaisant qui flatterait en lui jusqu'à la mort.

Mais la nature seule ne menaçait pas en ce moment sa vie : des fanatiques, inspirés, encouragés ou soldés par ses ennemis dans les factions démagogiques, méditaient de se défaire de l'homme qui faisait obstacle à leurs desseins par l'émeute, par le poignard, par le poison. De vagues confidences sur ces préméditations avaient été reçues par ses amis, par sa sœur, par ses adversaires eux-mêmes, et entre autres par Cazalès. On l'avertissait de se prémunir contre ces assassinats. On lui désignait les assassins. Une lettre de lui, à une femme qui lui transmettait ces indices, atteste la réalité, sinon du crime, au moins du soupçon.

« Je n'ai jamais trompé personne, répond de sa main Mirabeau dans cette lettre récemment découverte dans les papiers de son fils, bien que j'aie été trompé toute ma vie, et, certes, je ne commencerai pas par celle qui veut me rendre un si grand service. Ni vous, ni votre ami, ni même le malheureux qui n'a pas voulu être l'instrument du crime, ne seront jamais compromis. Je ne mets de suite contre le scélérat avéré lui-même qu'au désir de connaître son instigateur, dont il est clair que les machinations peuvent envelopper plus que moi. Fussé-je le seul, je vaudrais mieux encore que d'être immolé par un tel crime. Comps (son secrétaire intime) ne saura rien; Frochot (autre secrétaire), rien; personne, rien; Pellenc lui-même (son plus sûr confident) ne sait quelque chose que parce que vous lui en avez parlé la première. »

Quelques tentatives d'empoisonnement plus ou moins avérées, par des liqueurs et des cafés reçus de mains inconnues dans sa maison, accréditèrent les bruits d'attentats tramés contre sa vie. « Tu avais raison, dit-il à sa sœur, après avoir goûté une tasse de café d'une saveur suspecte et d'un effet nuisible sur ceux qui le dégustèrent, ils me tiennent, ils auront ma vie ! »

Mais ses travaux excessifs, ses veilles nocturnes, ses amours licencieuses, ses angoisses d'esprit, ses découragements de cœur, étaient le véritable poison de ses veines. A peine avait-il le temps de respirer, quelques heures par semaine, l'air libre, silencieux et salubre des champs; encore ses amis, ses maîtresses et ses ébauches de discours ou ses mémoires pour le lendemain le suivaient-ils dans ses loisirs champêtres. Il déplaçait le travail et la volupté; il ne les suspendait pas. Depuis quelques mois, il avait acheté sur les bords de la Seine, au village d'Argenteuil, une maison rustique, appelée le *Marais*. Il la faisait orner au dedans de tout le luxe qui était un besoin de sa magnificence naturelle ; au dehors, de jardins et d'ombre qui lui rappelaient les premières habitudes de sa vie champêtre. De nombreux ouvriers travaillaient nuit et jour à transformer pour lui cette retraite en un temple du luxe, de l'étude et de l'amour. Une jeune danseuse de la scène, diversion passagère, mais passionnée, à ses autres attachements de cœur, l'avait suivi récemment à Argenteuil. Le bruit d'un souper scandaleux, où l'ivresse des vins avait animé l'ivresse des sens, courait dans Paris. Mirabeau aimait à laisser déchirer le voile sur ses légèretés ou sur ses excès. Il avait les vanités des scandales, comme les vanités de la gloire. Habitué au bruit dès sa jeunesse, il ne jouissait pas assez de ses plaisirs, si le bruit ne lui en revenait pas par la rumeur publique.

IX.

Il avait passé ainsi la nuit du dimanche au lundi 27 mars dans sa retraite d'Argenteuil, lorsqu'il ressentit, avec plus d'angoisses qu'à l'ordinaire, les atteintes d'un mal d'entrailles néphrétique dont il avait éprouvé déjà dans sa vie plusieurs accès. Ses amis lui conseillaient le repos ; le dévouement de son cœur aux intérêts de son ami le comte de la Marck lui défendait d'en prendre.

L'Assemblée nationale discutait le lendemain la

question des *mines*, question législative et fondamentale qui allait déterminer ou l'expropriation des propriétés de mines par l'Etat, ou la possession définitive de ces trésors souterrains du sol par ceux qui les exploitaient. La fortune du comte de la Marck, de la maison d'Arembert, consistait presque toute entière en mines de charbon sur la frontière de France confinant la Belgique. Du décret de l'Assemblée dépendait l'opulence ou la ruine de son ami. Mirabeau, dans l'intérêt du comte de la Marck, avait profondément étudié cette question économique et légale. Il avait préparé pour la tribune des discours qui, en accroissant sa propre gloire, devaient faire triompher la cause de son protecteur et de son ami. Il lui en coûtait de renoncer aux applaudissements des législateurs étonnés et subjugués par ses lumières; il lui en coûtait davantage de paraître manquer à l'amitié et à la reconnaissance, en désertant la tribune au moment où son ami allait y succomber faute d'un défenseur.

Il fit violence à la douleur, et rentra pour vaincre ou pour mourir à Paris. En perdant beaucoup de ses vertus, il n'avait jamais perdu l'honneur. L'honneur de son amitié était dans ce service qu'il voulait rendre à son bienfaiteur. Il devait y avoir du cœur dans sa mort, comme il y en avait eu jusque dans ses vices.

X.

En arrivant d'Argenteuil à Paris, le lundi matin, armé du discours qu'il avait revu et complété la veille avec Pellenc, il se fit conduire chez le comte de la Marck. « Il avait, raconte la Marck, le visage défait et toute l'annonce d'une grave maladie. Il s'évanouit et perdit tout à fait ses sens. Je fis tous mes efforts pour l'empêcher d'aller à l'Assemblée. Je ne pus y parvenir.

« Mon ami, me répondit-il toujours, ces gens-là (les Jacobins) vont vous ruiner si je n'y vais pas ; je veux sortir, vous ne parviendrez pas à me retenir. »

» Trop faible pour marcher, il se rappela que j'avais du vieux vin de Hongrie qu'il avait bu plusieurs fois à ma table. Il sonna et demanda lui-même qu'on lui en apportât un verre. En ayant bu deux verres, il remonta en voiture. Je voulais l'accompagner, mais il ne permit pas même que je parusse ce jour-là à l'Assemblée. Il me pria de l'attendre chez moi, où il viendrait en sortant de la séance. Je fus contraint de céder.

» Vers trois heures, il revint chez moi. En rentrant dans ma chambre, il se jeta sur un canapé en s'écriant : « Votre cause est gagnée, et moi je suis mort ! » Je n'exprimerai pas ici ce qui se passa en moi dans le moment où je ne sentis que l'effroi de l'état dans lequel je voyais mon ami. Après quelques moments, je lui prêtai mon bras pour le soutenir; je le conduisis dans sa voiture, j'y montai avec lui; il rentra dans sa maison, et il n'en sortit plus que pour être conduit au tombeau! »

XI.

La maladie prit, dès les premières heures, une signification mortelle. Les présages furent lisibles aux yeux de tous ses amis sur ses traits. On sentit que cette vitalité puissante était subjuguée par une force de décomposition plus puissante qu'elle. L'homme de chair et de sang fut abattu du premier coup; l'âme resta saine, entière, imperturbable, assistant avec le calme et avec la conviction d'une lutte impuissante aux convulsions du corps et aux vains efforts tentés par l'art et par l'amitié pour recouvrer la vie. « Mon ami, dit-il à Cabanis, accourant pour devancer ou détourner le mal, je sens très distinctement qu'il m'est impossible de vivre plusieurs heures dans des anxiétés si douloureuses. Hâtez-vous, si vous pouvez quelque chose, car je ne vous laisserai pas le temps; cela ne peut pas durer. »

Cabanis se hâta, en effet, de donner à son ami ces calmants qui endorment la sensibilité des ma-

lades, suppriment momentanément les symptômes
sans atteindre la cause, et qui trompent la nature
sans tromper la mort. Les convulsions cessèrent, les
gémissements s'adoucirent, la sérénité reparut sur
les traits, dans les yeux, dans la voix; le sourire
du soulagement entr'ouvrit les lèvres. Cabanis, no-
vice, plus homme de théorie que d'expérience, se
complut dans ses illusions et les sema malheureusement autour de lui. Le malade lui-même parut
croire à un prodige de l'art ou de la nature; il
ressaisit la vie comme un retour inespéré de ce qu'on
aime après un déchirant adieu. Le soir, il se préparait au sommeil. « Ah! oui, disait-il à Cabanis,
il est bien doux de devoir une seconde existence à
son ami! »

Le médecin s'éloigna pour quelques heures; la
nuit vint, mais non le sommeil. La fièvre, les angoisses, les étouffements, les délires, les convulsions
des muscles, agitèrent jusqu'à l'aurore le malade.
Cabanis commença à croire la nature plus forte que
ses palliatifs. Il essaya de la vaincre par ces médi-
cations héroïques qui, en donnant des secousses aux
organes, risquent la vie pour la vie. Ses tâtonne-
ments aggravèrent l'inflammation et la faiblesse. On
sentit que la nature s'obstinait ou que le médecin
se trompait. La sœur, les amis, les serviteurs de
Mirabeau le conjurèrent d'appeler d'autres secours.
« Non, dit-il, je ne ferai pas cette injustice ni cet

affront à mon ami; si je dois mourir, nul ne me sauverait, et si je dois revivre, je ne veux pas qu'un autre ait la gloire de ma guérison. Je crois peu à la médecine, et je crois beaucoup à l'amitié. »

On n'insista pas; mais le bruit de l'état désespéré du malade se répandit de bouche en bouche dans Paris. On sentit ce qu'on possédait en lui au moment seulement où l'on se vit menacé de le perdre. Chacun se crut frappé dans l'homme du temps. Les peuples sont ainsi faits, dans leur légèreté et dans leur ingratitude, que l'homme auquel ils préféraient mille indignes rivaux la veille leur paraît sans rival le lendemain, quand la mort va leur enlever en lui une véritable grandeur de la nature. Ils veulent bien l'oublier, le mépriser, le calomnier, le proscrire même pendant qu'il vit au milieu d'eux; mais ils ne veulent pas que la tombe le leur ravisse. On dirait qu'ils prennent alors, comme à une révélation tardive de la mort, le pressentiment de ce qu'ils possédaient et le pressentiment de l'abaissement de niveau que toute une nation va subir par la disparition d'un seul homme. Ce n'est pas de la justice, ce n'est pas de la reconnaissance, ce n'est pas du remords, c'est de l'orgueil. Ils sentent que quelque chose d'eux va mourir en lui. L'envie seule se réjouit tout bas, mais elle affecte elle-même le deuil universel. Sûre d'être vengée dans quelques heures, il lui en coûte peu d'avoir sur le visage et dans les paroles l'hypocrisie de la justice, de la douleur et de l'admiration.

XII.

Telle fut l'impression de Paris et de la France à la nouvelle de la maladie presque désespérée de Mirabeau.

Une secousse électrique parut, dans la journée du 30 mars, avoir arraché tous les citoyens à leurs foyers. Une colonne incessante de peuple de toute condition, de toute opinion, de tout parti, s'avançant par les deux côtés opposés du boulevard, s'engouffrait dans la large rue de la Chaussée-d'Antin, qu'il habitait alors. Cette foule, stationnaire et immobile dans la rue, retenait sa respiration comme pour entendre, à travers les murs, les dernières respirations de son orateur. On n'entendait que le chuchotement, à voix basse, des hommes rassemblés au chevet d'un mourant. La circulation avait cessé spontanément dans toutes les rues voisines. On craignait que le plus léger bruit n'agitât la couche où le sommeil pouvait rendre la vie au malade. Cette multitude n'aurait pas été plus tendre et plus attentive au chevet d'un frère ou d'un fils. Un même cœur semblait battre dans ces milliers de poitrines. Ce furent les jours et les heures les plus pathétiques de la sensibilité de la France. Dans ses angoisses sur

son orateur, la France révolutionnaire ou contre-révolutionnaire mérita bien du génie. Mirabeau eut à
son agonie la plus désintéressée des apothéoses, l'a-
pothéose des larmes d'un peuple.

La cour, qui tremblait en secret de le perdre, mais
qui n'osait révéler un trop grand intérêt, de peur de
trahir une alliance; l'Assemblée, qui se sentait muette
depuis qu'elle n'avait plus cette voix; les Jacobins,
qui se seraient rendus odieux au peuple s'ils n'a-
vaient pas affecté au moins l'affliction; la garde nationale, qui ne voyait qu'en lui un athlète assez fort
pour offrir la lutte aux factions; Lafayette et ses amis,
qui, tout en le redoutant comme rivaux, le regret-
taient comme patriotes; les révolutionnaires de 89,
qui lui devaient la révolution; les contre-révolutionnaires de 91, qui espéraient de lui un refoulement vers
l'ancien régime; les anarchistes eux-mêmes, Danton,
Camille Desmoulins, Marat, qui, tout en l'objurguant
de leurs invectives, ne pouvaient s'empêcher de s'honorer en lui de leur ancien complice et de se grandir
dans leur passé et dans leur avenir du nom d'un
grand homme; enfin,. tous les écrivains, tous les
artistes, tous les hommes d'enthousiasme, qui, ayant
pour culte impartial le génie humain, avaient ad-
miré en lui la parole, le style, l'idée, et pleuraient
d'avance ce rayon éteint de la splendeur du siècle;
toute cette foule, animée de mobiles divers, mais
palpitante d'une émotion commune, composait, sous

les fenêtres de Mirabeau, ce perpétuel rassemblement de cœurs.

De temps en temps, des bulletins, transmis par le guichet de la porte aux hommes les plus rapprochés du seuil, donnaient de l'effroi ou de l'espérance à la multitude. Des milliers de mains les copiaient et les semaient dans la foule. Chaque gémissement, chaque insomnie, chaque cri, chaque mouvement du malade, avait son contre-coup dans Paris. Toutes les vies étaient suspendues à une seule haleine.

XIII.

Le roi, l'Assemblée nationale, envoyaient d'heure en heure des messagers secrets ou des députations officielles recueillir, dans la maison du malade, les symptômes de chaque minute et de chaque crise. Les Jacobins eux-mêmes, quoique ennemis, y envoyèrent une députation conduite par Barnave. Barnave s'honora en abdiquant les dissensions et les rivalités devant la mort. L'heure suprême le rendit équitable. Il oublia l'adversaire dans le grand homme. Les Lameth et Robespierre furent moins adroits et moins généreux : ils ne parurent pas à la porte.

« Ce peuple imbécile, dit confidentiellement Robespierre, ne sait pas plus ce qu'il proscrit que ce qu'il pleure; il devrait voir dans cette mort un bienfait du ciel, qui sauve sa Révolution des embûches du plus profond des traîtres ! »

Le malade fit approcher Barnave de son lit et le serra dans ses bras avec tendresse. Il avait été affligé de l'éloignement du jeune avocat de Grenoble, jamais jaloux. Il demanda, après le départ de la députation des Jacobins, si Charles Lameth était du nombre. On lui répondit qu'il s'était abstenu de paraître. « Je savais bien qu'il était un factieux, dit-il avec amertume, mais je ne savais pas qu'il fût un niais! » Il avait la conscience de sa mémoire, et il pressentait qu'un acte d'antipathie contre lui serait une impopularité dans l'avenir.

XIV.

La journée s'écoula dans ces alternatives de mort et de gloire. La nuit fut sinistre. Cabanis, qui veillait dans la chambre, vit la mort au lever du jour plus irrémédiablement imprimée sur les traits. Mirabeau, n'espérant plus rien de ses efforts, renonça à toute lutte contre sa destinée, et ordonna d'ouvrir la porte à tous ses amis. Il voulait jouir au moins des adieux. « Quand j'étais de ce monde, » disait-il en parlant déjà de lui-même comme d'un homme entré dans l'avenir. Il passa les heures plus calmes entre les accès dans des entretiens affectueux avec Cabanis, Frochot, la Marck, Pellenc, M. de Talleyrand, sa sœur chérie, madame de Saillant, ses nièces, aimées de lui comme des filles.

Cabanis, déconcerté par la nature, appela un célèbre médecin nommé Petit pour partager au moins avec lui la responsabilité d'une telle vie. Il était trop tard : la science éprouvée du vieux médecin n'avait plus qu'à mesurer les pas de la mort. Il tenta, de concert avec Cabanis, des médicaments sans espoir. Mirabeau railla amicalement lui-même Cabanis sur son art : « Tu es un grand médecin, lui dit-il, mais il y en a un plus grand que toi : l'auteur du vent qui renverse tout, de l'eau qui pénètre et féconde tout, du feu qui vivifie et décompose tout !... Demain, dans la matinée, ajouta-t-il en serrant tendrement la main de Cabanis dans la sienne et en faisant allusion à l'accès de la nuit prochaine, mon sort sera décidé! »

Il fit rappeler M. de Talleyrand, un des hommes politiques pour lequel il avait le plus d'attrait, et dont il sentait la tête presque au niveau de la sienne, non par le talent de la parole, mais par la divination des choses. Il s'entretint deux heures avec ce jeune homme, à portes closes. M. de Talleyrand n'a pas révélé jusqu'ici le mystère de cet entretien sur le bord de la tombe. On ne le connaîtra que par ses mémoires, encore scellés. On croit que Mirabeau lui confia ses plans pour relever la monarchie par une révision libre de la Constitution, et le désigna au roi comme le seul capable de lui succéder dans ce maniement des choses et des hommes qui allait lui échapper à lui-même. Il lui recommanda sa mémoire. Il lui légua son esprit d'homme d'Etat, à défaut de son génie d'orateur. Il lui remit un discours, qu'il avait préparé pour l'Assemblée, sur la question des *testaments*. Il le pria de lire après sa mort ce discours funèbre à la tribune. M. de Talleyrand sortit de cet entretien, glorieux de ces longues confidences, mais le sceau sur les lèvres.

XV.

La Marck, qui ne quittait pas le toit de son ami, succéda à M. de Talleyrand. Ses larmes révélaient, malgré lui, ses alarmes au mourant. Mirabeau l'entretint de ses affaires, connues déjà de la Marck. « J'ai des dettes énormes, lui dit-il; j'ignore même à quel chiffre elles s'élèvent et si mes biens pourront suffire aux remboursements. Cependant, je laisse après moi sur la terre des êtres qui me sont bien chers, et dont j'ai la douleur de ne pas voir l'existence assurée. »

La Marck, avec la générosité d'une grande âme, lui dit de dicter son testament, sans considérer les biens ou les dettes, d'y faire les legs que la conscience ou la tendresse lui inspirerait s'il était riche, et qu'à défaut de sa succession, il lui jurait de les acquitter au besoin sur ses propres biens. Cette parenté de l'amitié, survivant à l'ami pour acquitter sa conscience et pour honorer sa mémoire, attendrit Mirabeau jusqu'aux larmes. Il accepta sans honte ce qu'il était capable de faire lui-même. Son esprit se reposa sur le cœur de son ami.

XVI.

Le comte de la Marck était pressé d'heure en heure, par des billets de M. Montmorin et de M. de Fontanges, de soustraire, en cas de mort, les papiers accusateurs de l'intelligence de Mirabeau avec la cour, aux soupçons et aux vengeances du peuple. Il surveillait avec une sollicitude inquiète les symptômes de la fin prochaine de son ami et les espions du parti des Jacobins, attentifs à tout ce qui sortait de la maison.

« Ces billets, dit-il, et une quantité d'autres messages que je recevais de divers côtés, me recommandaient de ne point négliger les précautions à prendre au sujet des papiers que Mirabeau laisserait après sa mort. Je sentais parfaitement moi-même l'importance de ces précautions et la nécessité de mettre à l'abri les personnes qui seraient compromises si on venait à découvrir les traces écrites des rapports qui avaient existé entre la cour et Mirabeau. Je n'aurais pas été averti sur ce point comme je le fus, que

j'aurais deviné la conduite que j'avais à suivre dans
cette circonstance par les démarches de gens de
toute sorte autour de la maison du malade. On y
voyait rôder sans cesse les agents de M. de Lafayette, ceux des Jacobins, qui auraient bien voulu
ne pas laisser échapper une telle occasion de se
procurer des témoignages accusateurs. Mais le plus
intrépide de tous nos surveillants était M. de Sémonville, qui, soit par crainte d'être lui-même compromis dans les papiers de Mirabeau, soit par le désir
d'obtenir des pièces qui lui offriraient de nouveaux
moyens d'intrigue, ne quittait presque pas la maison
du malade. Je ne pouvais y entrer ou en sortir
sans le rencontrer toujours sur mes pas, regardant,
observant partout, et causant avec tous les domestiques. Je vis donc bien qu'il n'y avait pas de temps
à perdre, et je résolus d'entamer cette question avec
Mirabeau, quelque délicate qu'elle fût à traiter. Il
avait conservé toute sa tête, sauf à de rares instants
de délire, et même, lorsqu'il ne pouvait plus parler,
il conserva encore la force morale et physique d'exprimer ses pensées par écrit.

» Trois jours avant sa mort, dans un moment où
je le voyais plus calme, quoiqu'il sût déjà qu'il y
avait peu d'espoir pour lui d'échapper à la mort,
j'allais lui parler de la question des papiers, lorsque, de lui-même, il vint au devant de ce que
j'avais à lui dire.

« Mon ami, me dit-il, j'ai chez moi beaucoup
» de papiers compromettants pour bien des gens,
» pour vous, pour d'autres, surtout pour ceux que
» j'aurais tant voulu arracher aux dangers qui les
» menacent. Il serait peut-être plus prudent de dé-
» truire tous ces papiers, mais je vous avoue que
» je ne puis m'y résoudre: c'est dans ces papiers
» que la postérité trouvera, j'espère, la meilleure
» justification de ma conduite dans ces derniers
» temps ; c'est là qu'existe l'honneur de ma mé-
» moire. Ne pourriez-vous emporter ces papiers,
» les mettre à l'abri de nos ennemis, qui, dans le
» moment actuel, pourraient en tirer un parti si
» dangereux en trompant l'opinion publique? Mais
» promettez-moi qu'un jour ces papiers seront con-
» nus, et que votre amitié saura venger ma mé-
» moire en les livrant à la publicité. »

» Je lui répondis sur-le-champ que je prendrais
l'engagement qu'il réclamait de moi avec d'autant
plus d'empressement que je partageais complétement
ses sentiments sur ce point, comme je les avais presque tous partagés depuis le commencement de notre
intimité. Cette réponse parut lui causer un grand
soulagement, et il me donna les indications pour
rassembler ses papiers. J'appelai son secrétaire,
M. Pellenc, dont il m'avait prié de prendre soin
après sa mort. Nous réunîmes tous les papiers, et,
après en avoir brûlé un assez grand nombre de

moindre intérêt, je transportai le reste chez moi, dans la soirée, en prenant toute sorte de précautions pour n'être rencontré par personne.

» Malgré toute l'attention que nous mîmes, M. de Pellenc et moi, dans le triage de ces papiers, il y en eut cependant beaucoup d'importants de détruits dans l'agitation et le trouble au milieu desquels nous fîmes cette besogne. Ce sont les papiers sauvés dans cette occasion qui forment la plus grande partie de ceux que j'ai destinés à être publiés un jour pour accomplir le vœu de Mirabeau et la promesse que je lui ai faite.

» Je veux rapporter ici un incident qui arriva le jour même où j'avais transporté chez moi les papiers de Mirabeau; mais il faut que je donne une explication préliminaire. Dans le courant de l'année 1790, c'est-à-dire neuf ou dix mois avant la mort de Mirabeau, nous causions un jour ensemble sur divers sujets, quand tout à coup on vint à parler des belles morts. Ceci lui fournit un texte sur lequel il parla avec verve et éloquence, mais aussi avec une certaine emphase, en rappelant les morts les plus dramatiques de l'antiquité et des temps modernes. Ainsi que je faisais toujours en pareil cas avec lui, soit un peu par raison, soit beaucoup par le sentiment de mon infériorité devant son éloquent entraînement, je pris le côté opposé de sa thèse. J'essayais de diminuer le mérite de ce qu'on est convenu d'appeler de belles morts, en soutenant qu'elles étaient le plus souvent le résultat d'une orgueilleuse affectation. Quant à moi, dis-je, les morts que je trouve les plus belles, ce sont celles auxquelles j'ai assisté sur le champ de bataille et dans les hôpitaux, où des soldats, d'obscurs malades, conservaient tout leur calme, n'exprimaient pas un regret de quitter la vie, et se bornaient à demander qu'on les plaçât dans une position où, souffrant moins, ils pussent mourir plus commodément. « Il y a beaucoup de vrai dans » ce que vous dites là, » répliqua Mirabeau. Et puis nous parlâmes d'autre chose.

» J'avais oublié toute cette conversation, lorsque, le jour où je transportai les papiers de Mirabeau, étant ensuite revenu chez lui, je m'étais assis près de la cheminée de la chambre où il était couché ; bientôt après il m'appela. Je me lève, je vais près de son lit, il me tend la main, et, serrant la mienne, il me dit : « *Mon cher connaisseur en belles morts, êtes-vous content ?* » A ces mots, quoique naturellement froid par caractère, je ne pus retenir mes larmes. Il s'en aperçut, et me dit alors les choses les plus affectueuses et les plus touchantes sur son amitié et sa reconnaissance pour moi. Je ne puis répéter ici ce qu'il me dit d'amical. Quand la modestie ne me commanderait pas la réserve, je ne saurais jamais bien exprimer tout ce qu'il trouva d'élévation et d'énergie dans son esprit, de chaleur et d'élan dans ton âme pour me témoigner son attachement. »

XVII.

Cette sensibilité s'étendait jusque sur ses serviteurs. Il en était adoré, comme tous les hommes qui ont assez de cœur pour en prodiguer autour d'eux. Il considérait dans ses domestiques non le service, mais le sentiment qui ennoblit la domesticité.

Depuis le commencement de sa maladie, la jeune femme de son cocher, nommée Henriette, n'avait pas voulu, quoique avancée dans sa grossesse, quitter ni le jour ni la nuit le chevet de son maître. « Henriette, » lui dit-il la veille de sa mort, « tu » portes un enfant dans ton sein ; tu vas risquer » pour moi d'en perdre un autre, et tu ne me » quittes pas ; tu te dois à ton mari et à tes en- » fants. Va-t'en, je le veux, je te l'ordonne ! » Aucun ordre ne put arracher cette femme aux soins que seule elle prenait de son maître.

XVIII.

Le matin du dernier jour, il éprouva ce calme trompeur qui n'est que le repos de la vie près d'arriver à son terme, quand elle cesse enfin de lutter inutilement contre la mort. Le ciel était pur; le soleil se levait plus splendide, comme pour se faire plus regretter; les oiseaux chantaient sur les premières feuilles du printemps; la chambre était inondée de lumière.

Il fit ouvrir les fenêtres, et dit à Cabanis (selon le récit de ce médecin matérialiste), qui avait veillé près de son lit : « Mon ami, je mourrai aujourd'hui! » Quand on en est là, il ne reste plus qu'une chose » à faire, c'est de se parfumer, de se couronner de » fleurs, de s'environner de musique, et d'entrer » agréablement dans ce sommeil dont on ne se ré- » veille plus! »

Ces mots, qui ne furent attestés par aucun autre témoin que Cabanis, font un si révoltant contraste avec les douleurs, la solennité et les pensées de l'agonie suprême, que les autres amis du mourant les ont révoqués en doute, ou du moins les ont crus arrangés pour la gloire du matérialisme. Nous partageons cette incrédulité. Quels que soient les doutes ou les croyances sur la vie future, on ne trompe pas ainsi la nature. On ne sort pas de la vie, on n'entre pas dans l'immortalité, ou même dans le néant, avec cette ivresse d'apparat d'un convive antique, en demandant des couronnes de fleurs, en respirant des parfums et en écoutant les fanfares des instruments de fête. La rectitude d'esprit et la convenance des sentiments de Mirabeau ne laissent pas croire à cette comédie de volupté devant la mort. Il aimait les fleurs, cela est vrai, et il put demander à voir et à respirer celles qui parfumaient ordinairement l'air de sa chambre; mais il ne demanda certainement pas les couronnes d'Anacréon sur sa tête, et la voix consolatrice et tendre de ses amis est la seule musique qui fût encore douce à l'oreille du mourant.

Il fit rouler son lit près de la fenêtre, et dit à son secrétaire Frochot, en lui montrant le soleil dans toute la splendeur d'un jour de printemps : « Si ce » n'est pas là Dieu, c'est à coup sûr son ombre ! »

Aucune autre allusion à la divinité ne sortit en ce moment de sa bouche. Mais on trouve dans ses lettres à Sophie, à une autre époque où la mort solitaire du cachot de Vincennes le laissait sans autre témoin que ses pensées, des appels à la miséricorde de Dieu et des certitudes éloquentes d'immortalité de l'âme qui démentent l'athéisme de Cabanis. L'homme était trop complet en lui, pour qu'il ne sentît pas Dieu dans la nature, dans la vie et dans la mort. L'athéisme est une borne dans l'horizon de l'infini. Le génie est le vainqueur du doute.

Mais les grands esprits de la fin de ce siècle vivaient et mouraient dans une apparence d'irréligion qui n'était pas l'impiété, mais qui était la solitude de l'âme. Ennemis des formes antiques, réformateurs des croyances populaires, qui, selon eux, avaient corrompu les dogmes immatériels du christianisme, convaincus de la nécessité de faire une révolution dans la foi religieuse pour en faire une dans les idées, voulant détacher l'âme du peuple de la tradition pour la donner au raisonnement, ces philosophes éloignaient Dieu de leurs derniers moments, de peur d'y laisser approcher le ministre du culte. C'est ainsi que Voltaire, Mirabeau, Condorcet, Bailly, Danton, Vergniaud, Chénier, Charlotte Corday, madame Rolland, mouraient sans invoquer d'autre divinité que la justice, la vengeance, la liberté, la nature. Ce n'était pas l'athéisme, c'était le vide entre deux autels, dont l'un, celui de la religion antique, n'existait plus pour eux, dont l'autre, celui de la raison pieuse, n'existait pas encore. De là ces morts qui ressemblent à une chute, sans l'apercevoir, dans le tombeau. Telle fut celle de Mirabeau ; mais elle ne fut pas un acte d'athéisme, elle fut une protestation contre le culte.

XIX.

Ses amis entrèrent et le trouvèrent paré par la main d'Henriette pour recevoir leurs derniers adieux. « Asseyez-vous sur mon lit, vous ici, vous là, » dit-il au comte de la Marck et à Frochot, les plus chers d'entre eux, « et retenez ce que j'ai à vous dire. » Il les entretint alors pendant trois quarts d'heure.

avec une étonnante lucidité de paroles et une admirable présence de cœur, de tout ce qui l'intéressait après lui sur la terre, dans ses sentiments, dans ses affaires, dans sa mémoire, et surtout dans le sort politique du pays. Il fut orateur jusqu'au dernier soupir et homme d'État jusqu'au delà du tombeau ; puis, prenant les mains du jeune Frochot et les mettant dans les mains du comte de la Marck , « Je vous lègue cet ami, » dit-il à la Marck; « vous avez vu son tendre attachement pour moi, il mérite le vôtre ! »

Puis, revenant sur l'avenir désespéré du roi et du peuple, qu'il allait laisser après lui, l'un sans conseiller, l'autre sans modérateur, au courant de l'anarchie et des factions, entraînant tout aux écueils , « J'emporte, s'écria-t-il, avec moi le deuil de la monarchie ! Après moi, les factieux s'en disputeront les lambeaux ! »

Il perdit l'usage de la parole et tomba pendant trois heures dans un sommeil troublé de rêves qui n'était ni le délire ni le repos. Le comte de la Marck, Frochot, Pellenc, de Comps, Cabanis, se tenaient penchés sur son visage pour surprendre le sens à ses balbutiements. Il s'apercevait de leurs tendres veilles, et remuait en souriant les lèvres, comme pour les embrasser. Ils réchauffaient ses mains dans les leurs; elles étaient déjà glacées. A l'approche de l'accès, il fit un geste qui indiquait la volonté d'écrire. On lui donna une plume et du papier. Il écrivit un seul mot : « Dormir ! » et le remit à Cabanis, en le regardant avec l'expression d'un tendre reproche. Ce mot faisait allusion à une promesse que lui avait fait la veille son médecin de lui faire boire de l'opium, afin de lui épargner des douleurs inutiles quand il n'y aurait plus d'espérance. On feignit de ne pas comprendre. Il insista, et reprenant la plume, « Peut-on, écrivit-il, sans cruauté, laisser mourir son ami par un cruel supplice prolongé plusieurs jours peut-être ? » On le satisfit par une potion calmante sans péril pour sa vie, s'il lui en restait encore. Il s'aperçut à ses douleurs qu'on l'avait trompé. « Ah ! vous m'avez trompé ! dit-il amèrement en recouvrant la parole. Vous n'étiez donc pas mes amis ? » Il se tut de nouveau et parut s'assoupir. Le canon, qu'on tirait au champ de Mars pour une cérémonie patriotique, le réveilla. « Sont-ce déjà les funérailles d'Achille ? » s'écria-t-il en pressentant ses propres funérailles, et en personnifiant glorieusement en lui le héros de la Révolution. Puis, se tournant sur le côté droit et levant ses yeux vers le ciel, il expira.

L'âme de la France parut s'exhaler avec ce dernier soupir. Un silence morne continua de régner dans Paris, comme si l'on eût craint encore d'éveiller son ombre. La douleur publique, d'abord immobile, devint folle par la réflexion. La France entière, sentant qu'elle était en perdition, attachait à ce grand homme ses dernières espérances, comme l'équipage d'un vaisseau qui sombre s'attache par un instinct convulsif au mât qui va sombrer avec lui. Mirabeau ne pouvait plus rien sauver, mais rien ne semblait encore perdu à tous les partis tant qu'il respirait au milieu de ce peuple. Il avait donné de sa force un sentiment surnaturel à la nation qui faisait espérer tout de lui, jusqu'à l'impossible. La destinée, plus clairvoyante que le peuple, l'enlevait au moment le plus favorable à sa gloire. On allait dire à toutes les crises renaissantes : « Ah ! s'il vivait ! »

C'est l'oraison funèbre de l'ignorance. La puissance et la sagesse qu'on lui suppose a grandi son nom de toutes les calamités qui suivirent sa mort. Nous doutons qu'il eût apporté désormais à la monarchie d'autre secours que de vaines paroles, et à la Révolution d'autre tribut que sa tête sur un échafaud. Son heure était passée. Chaque homme, quelque grand qu'il soit, n'en a qu'une. Mirabeau était mort avant Mirabeau. Mais il avait donné sa vie à la vérité, son nom à la Révolution, son génie à la France, son auréole au monde. Démosthènes n'avait parlé que pour la Grèce, Cicéron que pour Rome. Aussi éloquent et plus universel que ces orateurs, il avait parlé pour la raison et pour la philosophie ; ils · sont les orateurs d'un peuple, il est l'orateur de l'esprit humain.

On trouvera, à la première page de l'*Histoire des Girondins*, le jugement raisonné que nous avons porté de ce grand homme. Mais hâtons-nous de terminer ici cette histoire. Tout paraît petit après lui.

XX.

Ses funérailles, comme il l'avait prévu, furent l'apothéose de la Révolution. Une députation des sections de Paris demanda que son corps fût exposé au milieu du champ de Mars, sur l'autel de la patrie, seul socle digne d'une telle tombe. Le duc de la Rochefoucauld, président du département de Paris, se présenta à l'Assemblée au nom de la capitale.

« A la mort d'un citoyen, dit-il, dont la perte est une calamité nationale, ne convient-il pas de donner un grand exemple de reconnaissance à la postérité? Les temples de la religion ne doivent-ils pas contenir les autels de la patrie, et la tombe d'un grand homme qui consacre sa vie au peuple ne doit-elle pas être l'autel de la liberté? »

La capitale proposait, en conséquence, que l'édifice monumental dédié à la sainteté d'une bergère, idole du peuple, fût consacré à la sainteté du génie, des vertus et des services des hommes mémorables. Barnave s'honora en interdisant une discussion sur les titres du mort qui pouvait rompre l'unanimité

du deuil. Un artiste proposa de tracer, comme jadis
à Rome, une voie sacrée au milieu de l'avenue des
Champs-Élysées, et d'élever, de chaque côté, les
tombes des hommes illustres, exposés ainsi à la mémoire et à l'émulation de la patrie. Le monument
de Mirabeau inaugurerait, le premier, cette avenue
de la gloire.

L'Assemblée, qui n'osait rien consacrer que par la
main des pontifes, se prononça pour l'église de
Sainte-Geneviève. Pastoret, depuis chancelier sous
les rois, alors enthousiaste du tribun, composa la
belle épitaphe que les siècles effaceront et rétabli-
ront tour à tour, selon que les rois ou le peuple
inscriront leur victoire sur ce monument : « AUX
GRANDS HOMMES, LA PATRIE RECONNAISSANTE! »

XXI.

Pendant que l'Assemblée, le département, la commune de Paris, les Jacobins, le peuple, préparaient
à l'envi ces honneurs à Mirabeau, une scène tragique
et mystérieuse se passait dans la maison mortuaire,
auprès de son cercueil. Un jeune secrétaire de Mirabeau, nommé de Comps, copiste de ses écrits, dépositaire de ses papiers, économe de ses subsides,
confident quelquefois épouvanté de ses intelligences
avec la cour, à la nouvelle de la mort de son protecteur, se retirait à l'étage supérieur de la maison,

s'enfermait dans sa chambre, et se frappait de cinq coups de poignard. Les serviteurs et la garde, avertis par le bruit de sa chute sur le plancher et par ses gémissements, enfoncent la porte, le relèvent baigné de sang, l'interrogent, n'en reçoivent que des explications confuses attestant l'égarement et la douleur, et le rendent enfin à la vie.

De Comps, dans son égarement, avait mêlé à ses cris de désespoir les mots d'assassinat politique et de poison, appliqués à la mort de son ami. On crut qu'il avait des révélations et des indices, et qu'il avait voulu se soustraire par la mort à l'horreur de les révéler. Le peuple, qui ne croit jamais aux causes naturelles qu'après avoir épuisé les causes chimériques, crut Mirabeau empoisonné par la cour, pendant que les royalistes le croyaient victime des Jacobins. On ouvrit ses entrailles pour y chercher les traces d'une mort par le crime. La vengeance populaire était tellement prête à frapper, que si les médecins avaient déclaré seulement le doute, des massacres auraient ensanglanté les funérailles. Rien n'indiquait le poison. La vie seule avait empoisonné le corps. La tentative de suicide de de Comps n'était qu'un accès de démence motivé par le désespoir de perdre un ami, et par la terreur des révélations posthumes, des intelligences occultes avec la cour dont il avait été l'instrument, et dont il craignait la peine.

XXII.

Les ministres, le président de l'Assemblée, suivi de l'Assemblée presque entière; la commune de Paris, les électeurs, les sections, la garde nationale, le clergé, les Jacobins, se pressaient, le 4 avril au soir, dans la large rue de la Chaussée-d'Antin, attendant le cercueil de Mirabeau, remis à ce cortége par sa famille. A cinq heures, le cortége s'ébranla, précédé par une nombreuse cavalcade qui ouvrait lentement la foule. Lafayette, à la tête des députations de soixante bataillons; les invalides, ces vétérants de la patrie; les troupes suisses et nationales qui composaient la garnison de Paris, entouraient le corps. La couronne, l'épée civiques, décoraient le cercueil. Il était porté par douze grenadiers de la garde nationale; une armée nombreuse, les armes renversées, le suivait aux sons des instruments funèbres.

Quatre cent mille citoyens de Paris et des quatre-vingt-trois départements assistaient, recueillis, au cortége. La multitude, empressée de contempler le voile funèbre étendu sur tant de génie et sur tant de gloire, était si épaisse qu'il fallut trois heures pour se rendre de la maison du mort à l'église Saint-Eustache, où l'on devait prononcer le panégyrique. De distance en distance, les tambours drapés de noir rendaient un lugubre gémissement, semblable à celui d'un peuple; les instruments de cuivre jetaient, avec leurs notes aiguës, des sanglots dans l'air et des frissons dans la foule. L'impression était si intime et si forte, qu'elle imposait un silence et comme la terreur de l'avenir aux spectateurs. On eût dit que, selon les paroles du mourant, cet homme emportait le deuil non-seulement de la monarchie, mais de la patrie.

XXIII.

Quand le corps fut déposé devant l'autel de Saint-Eustache, une salve de la garde nationale, imprudemment tirée par dix mille fusils, fit trembler les piliers, écrouler des moulures, des corniches, et faillit ensevelir vingt mille citoyens dans la tombe d'un seul. L'abbé Cerutti, ancien jésuite, ivre depuis de philosophie et de patriotisme, orateur qui réunissait dans un même accent le mysticisme du prêtre, l'emphase du rhéteur, l'enthousiasme du patriote, prononça l'éloge officiel. Mais l'éloge était dans le vide que toutes les pensées mesuraient derrière ce cercueil.

La nuit était tombée sur la capitale avant que le cortége, sorti de Saint-Eustache, eût accompagné et déposé le corps dans un caveau du cloître de l'église Sainte-Geneviève. Il devait jouir peu de temps de cette sépulture. Il n'y a pas plus de paix, même dans la tombe, dans les temps de révolutions, pour les tribuns que pour les rois. On passe de l'apothéose aux gémonies avec les vicissitudes de la popularité mobile. Les passions qui s'agitent à la surface des empires retentissent jusque dans ces souterrains. Les trahisons de Mirabeau, en éclatant, ne devaient pas tarder à le proscrire même de son sépulcre. Déjà Marat, muet la veille, écrivait le lendemain :

« O peuple ! rends grâces aux dieux ! Ton plus redoutable ennemi vient de succomber ; il est tombé victime de ses trop nombreuses perfidies, victime de la barbare prévoyance de ses complices atroces ; ils ont tremblé d'avoir vu hésiter le dépositaire de leur affreux secret ! Quel homme de bien voudrait que ses cendres reposassent à côté de Mirabeau ? »

Celui qui écrivait ces lignes devait remplacer lui-même au Panthéon le corps de Mirabeau jeté en 1793 au cimetière de Clamart, et lui-même, à son tour, devait passer, en 1795, du Panthéon à l'égout.

XXIV.

L'Assemblée nationale semblait avoir expiré avec ce seul homme. Nul n'osait, pendant quelques jours, parler où il avait parlé. Quand une question d'État était soulevée, on tournait machinalement les yeux vers la place qu'il avait laissée vide. On semblait in-

viter, de la pensée, l'orateur invisible à remonter
à la tribune pour éclairer la nation. On voyait
souvent à sa place une branche de chêne déposée
et renouvelée par ses admirateurs et ses amis en
signe de mémoire et de deuil. L'Assemblée, qui
n'avait pas senti la présence, sentait l'absence. Elle
se hâtait de terminer la constitution et de rentrer
dans le silence après le silence d'une telle voix.

Déjà elle tombait dans le discrédit de l'opinion.
Mirabeau, en mourant, emportait le peu d'attention
qui restait en France à ses décrets. Les factions gran-
dies à son ombre, et encore contenues par Mirabeau,
allaient régner à sa place. La patrie et la révolution
étaient ingrates. Les membres de cette Assemblée,
insuffisants comme politiques à soutenir le trône,
avaient, comme législateurs, bien mérité du genre
humain. L'esprit moderne était né d'elle comme l'esprit nouveau qui doit renouveler une époque naît
toujours au milieu du vent, de la foudre, des tempêtes, des convulsions de l'atmosphère. Ces tempêtes
n'étaient ni la faute de l'Assemblée ni même la faute
du roi. Elles étaient le choc inévitable entre l'égalité
qui voulait naître et le privilége qui ne voulait pas
mourir. L'Assemblée constituante, interposée par sa
nature entre ces deux éléments incompatibles et
acharnés l'un à la conservation et l'autre à la conquête, ne pouvait échapper aux oscillations convulsives que le peuple, le clergé, l'aristocratie, la cour,

devaient fatalement imprimer dans leur lutte à sa tribune et à ses décrets.

Mais avec quelle imperturbabilité d'esprit, cependant, cette première assemblée délibérante de la France n'avait-elle pas dominé les préjugés ou les factions pour faire à chacun sa part de sacrifices et de conquêtes, et pour écrire d'une main sûre les formules de la loi? Une sagesse presque divine semble avoir inspiré, sous le nom d'opinion publique, les décrets de cette Assemblée au milieu des aberrations de ses membres. Concert sublime dont chaque instrument est imparfait et dont l'ensemble est majestueux à l'oreille. La Constitution n'était pas encore achevée, et déjà l'Assemblée constituante avait fait en quelques mois l'œuvre de plusieurs siècles :

La souveraineté transportée du roi au peuple;

La monarchie nationalisée et conservée comme le siége d'une magistrature encore nécessaire aux yeux, sinon à la raison du peuple ;

La noblesse, incompatible avec l'égalité civique, abolie dans ses priviléges et dans ses droits onéreux, mais conservée dans ses noms et dans ses souvenirs ;

Le clergé condamné à restituer à l'État les propriétés dont il avait fait le patrimoine d'une corporation dans l'État; mais le service largement rétribué des cultes remis à la charge de la nation, en at-

tendant qu'il soit remis à la charge des fidèles,
associés pour cause de foi ;

Les ordres monastiques, riches ou mendiants, faisant obstacle à la dissémination de la propriété ou
concurrence à la misère, abolis dans leurs priviléges
avec les égards, les indemnités et les subsides
viagers que la législation doit aux individus quand
il réforme les corps ;

La justice, sorte de souveraineté aristocratique et
héréditaire, enlevée aux parlements pour être remise
à des magistratures nationales ;

Le jury, ou la conscience publique tirée au sort,
devenu le seul tribunal de vie et de mort ;

· Les peines adoucies, les tortures répudiées, les
supplices réduits à la privation de la vie, garantie
réclamée alors par la société, non pour sa vengeance, mais pour sa sécurité. La peine de mort,
déjà ébranlée dans les discours de quelques philosophes, n'attendant, pour être elle-même répudiée,
qu'une révolution plus courageuse et plus humaine ;

La liberté individuelle des citoyens soustraite à
l'arbitraire du pouvoir politique, et constituant la plus
inviolable des propriétés, la propriété de soi-même ;

L'imprimerie, ce complément de la parole et cet
organe de l'opinion, libre dans ses facultés, réglée
dans son usage, et punie seulement, comme toutes
les autres facultés, dans ses crimes ;

L'élection, ce grand jury de la considération publique, substituée partout, excepté dans l'armée, aux nominations par l'hérédité, par l'arbitraire ou par la faveur;

Les finances éclairées par le contrôle de l'impôt, et l'impôt lui-même consenti et déterminé par ceux qui le paient;

Le roi lui-même salarié largement, pour le service suprême de sa magistrature et de sa dignité;

Les provinces, féodalités collectives ou fédérations imparfaites, dépossédées volontairement de leurs priviléges, de leurs *états*, de leurs administrations, de leurs douanes, et se confondant pour jamais, sous la seule subdivision administrative des départements, dans l'unité homogène et indivisible de la nation;

Les grades dans l'armée accessibles, comme les magistratures dans l'administration, à tous les citoyens, sans autre acception que la vocation, le mérite, le courage, l'aptitude;

La patrie, propriété de tous, défendue aussi par tous, et le recrutement de l'armée devenu un devoir de tout enfant né sur le sol;

Le droit de paix ou de guerre revendiqué comme le plus redoutable des droits, par la nation elle-même, dont ce droit engage la sûreté, l'honneur et le sang;

L'esprit de conquêtes répudié comme un attentat à la gloire, à la propriété des autres patries.

Voilà les principales conquêtes législatives faites en

si peu de mois par l'Assemblée constituante sur le despotisme, sur la théocratie, sur la féodalité, sur l'aristocratie, sur les traditions, sur les préjugés, sur les iniquités de l'ancienne civilisation française.

C'était toute une philosophie passée dans une constitution, l'idée du monde moderne devenue un fait européen.

L'Assemblée constituante n'avait pas laissé en souffrance, en arrière ou en oubli, une seule des vérités que la philosophie du dix-huitième siècle avait découvertes ou promulguées sur le monde. Elle avait eu non-seulement l'intelligence, mais le courage de ces vérités. Sa noblesse et son clergé avaient porté la main jusque sur eux-mêmes. L'Assemblée ne s'était arrêtée que devant le trône. Elle avait construit, en réalité, la république; mais elle avait continué, pour l'oreille du peuple, à appeler cette république monarchie.

Nous l'avons dit, nous le redisons ici, ce fut sa générosité, mais ce fut sa faute. La grande transformation sociale qu'elle opérait au milieu des impatiences, des ressentiments, des résistances, ne pouvait s'accomplir en ordre et en paix que sous un interrègne armé de toute la force anonyme d'une république. Un roi ne pouvait présider à la ruine de sa royauté, un chef de la noblesse à la dégradation de la noblesse, un allié de treize siècles avec l'Église à la réforme de l'Église, un souverain héréditaire à la destruction de l'hérédité. C'était demander à la nature un effort contre nature. Involontairement, le roi devait résister; fatalement, le peuple devait se croire trahi. Pendant que l'Assemblée constituante ferait des lois, le roi, chargé de les exécuter avec répugnance, et le peuple, pressé de les voir appliquer avec jalousie, ne pouvaient manquer de se combattre.

Témoin de ce combat, à qui l'Assemblée remettrait-elle le pouvoir nécessaire pour pacifier les circonstances? Si c'était au roi, la Révolution tombait à la merci de la cour et de l'armée; si c'était au peuple, la royauté, dégradée, emprisonnée et garrottée dans son palais, décréditait la loi dans ses mains, et ne représentait plus que le soupçon ou le mépris du peuple. L'Assemblée, par la générosité qu'elle avait eue de conserver le roi en détrônant la royauté, ne pouvait donc conduire la Révolution qu'elle accomplissait qu'à l'impuissance du pouvoir exécutif ou aux convulsions de l'anarchie. Le 21 juin, le 14 juillet, le 6 octobre, les désordres des provinces, les assassinats de Paris, les indisciplines des troupes, les émeutes armées de Nancy, la mollesse ou la connivence de la garde nationale, l'embarras de Lafayette, obéissant à ce qu'il paraissait commander, et ne recouvrant de popularité qu'en cédant aux factions, enfin la violence des pamphlets, des journaux, des clubs, qui transpiraient

le sang futur par tous les pores, tous ces symptômes le disaient assez à l'Assemblée constituante.
D'autres journées plus sinistres allaient le lui dire
en caractères plus sanglants. L'Etat se décomposait
en se régénérant. Les philosophes écrivaient une constitution pour la France, mais la France convulsive
n'écoutait plus que les tribuns.

XXV.

L'Assemblée constituante avait manqué de vue ou
de résolution, le lendemain du 14 juillet, en n'écar-
tant pas respectueusement un roi impuissant, une
cour suspecte, et en ne saisissant pas la dictature
sous le nom d'interrègne, de nation, de révolution
ou de république. Cette dictature, elle ne pouvait pas
l'exercer elle-même : les assemblées ont mille langues,
mais point de mains. A moins de se concentrer, comme
la Convention, dans des comités de salut public anonymes, irresponsables et terribles, qui sont des tyran-
nies et non des dictatures, les assemblées pensent et
n'agissent pas. Mais l'Assemblée constituante avait sous
la main des hommes suffisamment désignés par le
génie, par le rang, par la popularité, pour exercer
temporairement sur la nation cet interrègne, cette
magistrature sans loi que tous les peuples ont jugée
nécessaire à leur salut dans des circonstances suprêmes et dans la disparition de toutes les lois.

C'était la situation et la nécessité de la France en 1790. Il faut le dire, à la honte des hommes d'État de cette assemblée, ils ne le comprirent pas. Des tribuns seuls le comprirent. Illuminés par la flamme révolutionnaire qui les éclairait en les consumant, Marat, Robespierre, Danton, furent les seuls qui proposèrent alors cet expédient de force, de salut, et, peut-être, de modération à la Révolution. Entre Mirabeau, Lafayette, le duc d'Orléans, tous trois désignés également à la dictature, l'Assemblée constituante avait à se prononcer. Le duc d'Orléans n'était désigné que par sa faction; la nature s'était prononcée pour Mirabeau, la popularité pour Lafayette. L'un ou l'autre pouvait assumer cette responsabilité de l'état de siége de la France pendant qu'elle renouvelait ses organes et que sa vie était suspendue. Mirabeau était au niveau de ce titre, comme homme d'Etat; Lafayette, comme patriote. L'un pouvait monter, comme Marius; l'autre redescendre, comme Sylla. Nous aurions préféré que le choix de l'Assemblée constituante tombât sur le premier; mais tous deux étaient préférables à l'inévitable anarchie qui allait dévorer la Monarchie, la République, la Révolution et la France!

Le ciel et l'imprévoyance humaine en avaient décidé autrement. En écrivant cette triste et sublime histoire, on est sans cesse combattu entre l'admiration de la philosophie qui l'inspire et la douleur des

événements qui la déconcertent. On s'écrie partout :
GLOIRE A LA RÉVOLUTION ! PITIÉ POUR LES HOMMES !
C'est la nature : les idées sont divines, les instruments
sont des hommes. Le poids de l'idée qu'ils portent
les écrase. Ils la soulèvent un moment, puis ils la
laissent retomber dans la lassitude ou dans le sang.
Il faut des générations pour porter une idée jusqu'à
la place que la Providence lui destine, c'est-à-dire
jusqu'à l'état d'institution. Ne nous décourageons pas :
l'homme est court, l'humanité est longue, et Dieu
est éternel !

FIN DE L'HISTOIRE DES CONSTITUANTS.

3

Lightning Source UK Ltd.
Milton Keynes UK
UKHW010304220119
335963UK00013B/1002/P